Romane und Erzählungen
deutscher Schriftstellerinnen
um 1800

Helga Gallas / Anita Runge

ROMANE UND ERZÄHLUNGEN DEUTSCHER SCHRIFTSTELLERINNEN UM 1800

Eine Bibliographie mit Standortnachweisen

Unter Mitarbeit von Reinhild Hannemann, Imma Hendrix, Ingrid Klöpper und Elke Ramm

VERLAG J. B. METZLER
STUTTGART · WEIMAR

Gedruckt mit Unterstützung der Freien Universität Berlin

Die Deutsche Bibliothek – CIP-Einheitsaufnahme

Gallas, Helga:
Romane und Erzählungen deutscher Schriftstellerinnen um 1800
: eine Bibliographie / Helga Gallas ; Anita Runge.
Unter Mitarb. von Reinhild Hannemann ... – Stuttgart ; Weimar : Metzler, 1993
   ISBN 3-476-00900-9
NE: Runge, Anita:; HST

Gedruckt auf säure- und chlorfreiem, alterungsbeständigem Papier

ISBN 3-476-00900-9

Dieses Werk einschließlich aller seiner Teile ist urheberrechtlich geschützt. Jede Verwertung außerhalb der engen Grenzen des Urheberrechtsgesetzes ist ohne Zustimmung des Verlages unzulässig und strafbar. Das gilt insbesondere für Vervielfältigungen, Übersetzungen, Mikroverfilmungen und die Einspeicherung und Verarbeitung in elektronischen Systemen.

© 1993 J. B. Metzlersche Verlagsbuchhandlung
und Carl Ernst Poeschel Verlag GmbH in Stuttgart
Satz: Wallstein, Göttingen
Druck: Druck-Partner Rübelmann, Hemsbach
Printed in Germany

Verlag J. B. Metzler Stuttgart · Weimar

INHALT

Einleitung	7
Benutzungshinweise	17
Bibliographie der Romane und Erzählungen	23
Anhang A: Titel anonymer Verfasserinnen	177
B: Titel männlicher Verfasser unter weiblichem Pseudonym	178
Quellen- und Literaturverzeichnis	181
Verfasserinnen- und Werkregister	193
Titelregister	207
Namenverweise	221

EINLEITUNG

ANLAGE DER BIBLIOGRAPHIE

Die hier vorgelegte Bibliographie umfaßt alle selbständig erschienenen Prosaarbeiten (Romane und Erzählungen) deutschsprachiger Schriftstellerinnen zwischen 1771 und 1810. Für die fünf wichtigsten Autorinnen der Epoche wurden auch die nach 1810 veröffentlichten Titel berücksichtigt.[1]

Aufgenommen wurden im einzelnen:
- Romane und Erzählungen sowie Erzählsammlungen, sofern es sich um selbständige Veröffentlichungen handelt;
- Reisebeschreibungen, Lebensbeschreibungen, Märchen;
- Anthologien von Texten einer Autorin (d. h. Mischformen aus Prosa, Lyrik und Dramatik), sofern der überwiegende Teil des Titels erzählende Prosa ist.

Nicht aufgenommen wurden:
- Romane und Erzählungen in Zeitschriften, Almanachen und Anthologien, lediglich wenn ein Werk zunächst in einer Zeitschrift (teil-)abgedruckt war, erfolgt ein Hinweis im Textfeld Bemerkungen;
- Werke, deren Titel zwar auf einen Roman oder eine Erzählung hinweist, bei denen es sich aber um epische Texte in Versform handelt (z. B. Hedwig Louise de Pernet: *Versuch in Fabeln und Erzählungen, nebst einem komischen Trauerspiel in Versen.* Gräz 1770 (29: D. Litt. 1440);
- ökonomische, hauswirtschaftliche und pädagogische Schriften, sofern es sich nicht um fiktive Erziehungsliteratur handelt;[2]
- anonyme Titel, die auf eine weibliche Protagonistin oder Erzählerin verweisen, bei denen aber kein Anhaltspunkt für eine weibliche Verfasserschaft vorhanden ist (z. B. *Julie von Warteburg geborne von Langdorf. Eine wahre Geschichte aus Originalbriefen gezogen.* Halberstadt 1781 (1a: Yw 760), oder *Geschichte der Francisca Hartenstein in Briefen. Ein Beitrag zu unsern teutschen Originalromanen.* Berlin und Leipzig 1779 (1a: Yw 636)[3];
- Übersetzungen, sofern es sich nicht um freie Bearbeitungen handelt.

Alle Titel wurden autoptisch bibliographiert, d. h. die Titelüberprüfung anhand des Originals war unverzichtbarer Bestandteil der Erhebung (lediglich 54 Titel konnten nicht mehr gefunden werden).

1 Zu den Erweiterungen und Ausnahmen s. u.
2 Bei Werken, für die kein Standort mehr gefunden werden konnte, haben wir uns in Zweifelsfällen, etwa, wenn die Gattung aus dem Titel nicht eindeutig zu erkennen war, für die Aufnahme entschieden.
3 In den Quellen sind solche Titel manchmal wie Autorinnennamen geführt.

Aufgenommen wurden alle zwischen 1771 und 1810 veröffentlichten Titel. Entscheidend für die Aufnahme war das Erscheinungsjahr, nicht der beschriebene Zeitraum oder das Entstehungsjahr.

Die Begrenzung des Erfassungszeitraumes ergibt sich aus der Konzentration auf eine bestimmte literarische Tradition: den relativ großen, bislang weitgehend vernachlässigten Anteil von Frauen an der sich in Deutschland erst seit der Mitte des 18. Jahrhunderts literarisch langsam etablierenden Gattung Roman. Vor 1771 ist kein entsprechendes Werk zu finden; mit Anna Maria Sagars *Die verwechselten Töchter* (1771) und Sophie von La Roches *Geschichte des Fräuleins von Sternheim* (1771/72) liegen die ersten Zeugnisse der Romanproduktion von Frauen im 18. Jahrhundert vor.

Das Jahr 1810 markiert in etwa einen Endpunkt dieser frühen weiblichen literarischen Tradition, als zu diesem Zeitpunkt der Roman als anerkannte literarische Gattung durchgesetzt und gleichzeitig die Teilung der Literatur in die sogenannte „höhere" und „niedere" theoretisch begründet war.

Im späten 18. Jahrhundert erlaubte die relative Offenheit der ästhetisch noch nicht so angesehenen Gattung Roman sowie die Geltung eines moralisch begründeten Nützlichkeitspostulats für die Literatur den Autorinnen zumindest die Illusion einer Partizipation am Verständigungsprozeß einer literarisch interessierten und gebildeten Öffentlichkeit – vorausgesetzt, sie verstießen mit ihrer schriftstellerischen Tätigkeit nicht offen gegen deren moralische und gesellschaftliche Normen. Seit Beginn des 19. Jahrhunderts ist die weibliche Romanproduktion deutlich vom Bewußtsein einer geschlechtsspezifischen Trennung der literarischen Sphären geprägt, was nicht heißt, daß sich alle Autorinnen nun als Unterhaltungsschriftstellerinnen verstanden.

Eine Ausdehnung der bibliographischen Erfassung auf die Gesamtwerke aller Autorinnen, deren schriftstellerische Tätigkeit in der Zeit zwischen 1771 und 1810 begonnen hat, d. h. die Erstellung von Werkverzeichnissen aller für diesen Zeitraum ermittelbaren Verfasserinnen, war aus zeitlichen und kapazitären Gründen nicht möglich. Um dieses Defizit wenigstens partiell ausgleichen zu können, wurde der Erfassungszeitraum für die wichtigsten Autorinnen dieser Epoche ausgedehnt, und zwar für: Auguste Caroline Fischer, Therese Huber, Sophie von La Roche, Benedikte Naubert und Friederike Helene Unger. Für diese Autorinnen wurden alle, also auch die nach 1810 erschienenen Romane und Erzählungen erfaßt. In Einzelfällen wurden darüberhinaus nach 1810 erschienene Titel aufgenommen, sofern sie innerhalb einer vor 1810 begonnenen Reihe erschienen sind (z. B. Werke von Fanny Tarnow in der *Kleinen Romanbibliothek von und für Damen*) oder sofern es sich um Autorinnen handelt, die unmittelbar nach 1810 noch ein oder zwei Titel veröffentlicht haben und damit ihre schriftstellerische Tätigkeit abgeschlossen hatten (z. B. Caroline Paulus).

Auch eine ursprünglich ins Auge gefaßte Erweiterung der bibliographischen Erfassung auf alle unselbständig erschienenen Prosawerke von Frauen des Zeitraumes zwischen 1771 und 1810 – beinahe alle Autorinnen haben in Zeitschriften, Periodika und Sammelbänden publiziert[4] – erwies sich als nicht realisierbar, insbesondere, weil die Identifizierung entsprechender Veröffentlichungen aufgrund der in der Regel anonym bleibenden Verfasserinnenschaft außerordentlich schwierig ist, so daß in den meisten Fällen auf eine Zuschreibung verzichtet werden muß[5]. Auswertungen, auf die zurückgegriffen werden könnte, liegen nicht vor[6], Belege, mit deren Hilfe solche Entschlüsselungen zweifelsfrei möglich wären, also Korrespondenzen mit den Verlegern bzw. Herausgebern von Sammelbänden und Periodika oder entsprechende zeitgenössische bibliographische Unternehmungen, sind für die in Frage kommenden Autorinnen in der Regel nicht vorhanden; hinzu kommt, daß unselbständig erschienene Prosaarbeiten von Frauen in den Rezensionszeitschriften des 18. Jahrhunderts im allgemeinen nicht erwähnt werden.

FORSCHUNGSPERSPEKTIVEN

Die vorliegende Bibliographie ist als Arbeitsinstrument für die Erforschung und Einordnung der beschriebenen frühen deutschsprachigen weiblichen literarischen Tradition sowie für die Beschäftigung mit einzelnen Autorinnen konzipiert.
    Bereits 1825 hatte Carl Wilhelm Otto August von Schindel in seinem Aufsatz *Ueber die Schriftstellerei der Frauen und ihren Beruf dazu*[7] die Bedeutung des Beitrags von Frauen u. a. zum zeitgenössischen Roman hervorgehoben. Die Literaturwissenschaft des 19. Jahrhunderts ist diesem Hinweis nicht gefolgt, und abgesehen von der trotz vieler bibliographischer Irrtümer noch immer wichtigen Arbeit von Christine

---

4   Vgl. Edith Krull: Das Wirken der Frau im frühen deutschen Zeitschriftenwesen. Phil. Diss. Berlin 1939.
5   Vgl. Index deutschsprachiger Zeitschriften (1750 – 1815). Hrsg. von der Akademie der Wissenschaften zu Göttingen. Erstellt durch eine Arbeitsgruppe unter der Leitung von Klaus Schmidt. Hildesheim 1990, S. XI.
6   Der Index deutschsprachiger Zeitschriften erfaßt lediglich 10% des Bestandes, vor allem die Auswertung der Rezensionszeitschriften, der Gelehrten Zeitungen sowie der Allgemeinen Deutschen Bibliothek ist darin noch nicht enthalten; Anonyma konnten nur teilweise entschlüsselt werden. Ein verbesserter Zugriff auf unselbständige Veröffentlichungen von Frauen wird möglicherweise in nächster Zeit durch die Micofiche-Volltext-Edition Deutsche Zeitschriften des 18. und 19. Jahrhunderts (in Vorbereitung durch: Georg Olms Verlag in Zusammenarbeit mit der Kulturstiftung der Länder) erreicht.
7   Carl Wilhelm Otto August von Schindel: Ueber die Schriftstellerei der Frauen und ihren Beruf dazu. In: Die deutschen Schriftstellerinnen des neunzehnten Jahrhunderts. Dritter Theil. Nachträge und Berichtigungen enthaltend. Leipzig 1825, S. V-XXVII. Hier: S. XXI f.

Touaillon[8] hat sich erst die literaturwissenschaftliche Frauenforschung seit den 70er Jahren des 20. Jahrhunderts mit der vergessenen deutschsprachigen Literatur von Frauen um 1800 beschäftigt. Von Silvia Bovenschen[9] ausgehend, gilt dabei dem Roman als der von Frauen am häufigsten verwendeten Gattung besonderes Interesse.[10]

Inzwischen liegen eine Reihe von Monographien und Sammelbänden zum deutschsprachigen Roman von Frauen um 1800[11] sowie Studien zu einzelnen Autorinnen vor. Gleichwohl sind in allgemeinen Darstellungen der Literatur der Empfindsamkeit, Spätaufklärung, Klassik und Romantik in aller Regel weder die betreffenden Autorinnen noch ihre literarischen Werke berücksichtigt, sieht man einmal von Sophie von La Roche ab; aufgrund des literaturgeschichtlich nicht aufgehobenen Wissens um diese Schriftstellerinnen und des schwierigen Zugangs zu den oft nur noch in Einzelexemplaren vorhandenen Werken bestand bislang – außer in der literaturwissenschaftlichen Frauenforschung – offenbar wenig Neigung, sich mit der weiblichen literarischen Tradition des ausgehenden 18. Jahrhunderts auseinanderzusetzen.

Die vorliegende Bibliographie bietet in der Form eines Kompromisses zwischen Sachbibliographie (Verzeichnis der selbständig erschienenen Romane und Erzählungen von Frauen im Zeitraum 1771 – 1810) und Personalbibliographie (Erfassung aller veröffentlichten Prosaarbeiten der fünf wichtigsten Autorinnen, die an der Entstehung der Gattung Roman beteiligt waren) ein wissenschaftliches Hilfsmittel für die fundierte Erforschung und Beurteilung des weiblichen Beitrags zur Entwicklung der bürgerlichen Literatur seit dem 18. Jahrhundert, insbesondere des Romans. Sie ermöglicht die Überprüfung und Korrektur empirisch bislang nicht begründeter bzw. begründbarer Annahmen über Art und Umfang dieser Roman-

---

8 Vgl. Christine Touaillon: Der deutsche Frauenroman des 18. Jahrhunderts. Wien/Leipzig 1919.
9 Vgl. Silvia Bovenschen: Die imaginierte Weiblichkeit. Studien zu kulturgeschichtlichen und literarischen Präsentationsformen des Weiblichen. Frankfurt/M. 1979.
10 Zum dramatischen Schaffen von Frauen liegt jetzt auch eine empirisch fundierte Studie vor: Susanne Kord: Ein Blick hinter die Kulissen. Deutschsprachige Dramatikerinnen im 18. und 19. Jahrhundert. Stuttgart 1992. Vgl. außerdem: Dagmar von Hoff: Dramen des Weiblichen. Deutsche Dramatikerinnen um 1800. Opladen 1989.
11 Vgl. Helga Meise: Die Unschuld und die Schrift. Deutsche Frauenromane im 18. Jahrhundert. Berlin/Marburg 1983 (Neuaufl. Frankfurt/M. 1992); Lydia Schieth: Die Entwicklung des deutschen Frauenromans im ausgehenden 18. Jahrhundert. Ein Beitrag zur Gattungsgeschichte. Frankfurt/M. u. a. 1987; Helga Gallas/Magdalene Heuser (Hrsg.): Untersuchungen zum Roman von Frauen um 1800. Tübingen 1990; Eva Kammler: Zwischen Professionalisierung und Dilettantismus. Romane und ihre Autorinnen um 1800. Opladen 1992.

produktion von Frauen, über die Generation dieser Autorinnen[12], sie erlaubt die Klärung von konkreten Unsicherheiten und Zweifelsfällen in bibliographischen Quellen und der Sekundärliteratur. So haben sich selbst bei der bisher am sorgfältigsten recherchierten Autorin, Sophie von La Roche, neue Erkenntnisse ergeben: Ihr Werk *Moralische Erzählungen. Nachlese zur 1. und 2. Sammlung* von 1787 ist identisch mit der Ausgabe *Neue moralische Erzehlungen* (!) von 1786, während der in fast allen Bibliographien geführte Titel *Moralische Erzählungen im Geschmacke Marmortels* von 1782/84 nicht zu existieren scheint; letzteres gilt auch für den Titel *Amalie und Minna* von Marianne Ehrmann. Im einzelnen läßt sich das bibliographische Material zur Behandlung und Klärung vieler literatur- und gattungsgeschichtlicher Fragestellungen nutzen, so im Hinblick auf die Geschichte des Romans und die Geschichte der Literatur von Frauen, zur Bearbeitung literaturästhetischer Probleme (Fragen nach dem ästhetischen Wert, der Kanonisierbarkeit, den Möglichkeiten der Rehabilitierung vergessener Werke etc.), kulturgeschichtlicher Aspekte (Bedeutung von Frauen bzw. Funktion der Vorstellungen von Weiblichkeit in der Kultur des betreffenden Zeitraumes), literatursoziologischer und sozialgeschichtlicher Fragen (z. B. Schriftstellerei als Broterwerb für Frauen) sowie verlags- und buchmarktgeschichtlicher Gesichtspunkte (Entwicklung eines konsument(innen)orientierten literarischen Marktes).

STATISTISCHE AUSWERTUNG

In der vorliegenden Bibliographie wurden 110 Autorinnen mit 396 selbständigen Veröffentlichungen erfaßt (davon sind 24 teilweise oder grundlegend veränderte Zweitveröffentlichungen von Werken unter anderem Titel). Nicht mitgezählt sind dabei die in den Lebensdaten erwähnten außerhalb des Zeitraums oder der Gattung erzählende Prosa erschienenen Werke. Das Titelregister führt insgesamt 500 Titel auf. Zusätzlich sind 3 Autorinnen nur mit ihren Lebensdaten bzw. einem Verweis vertreten. Von den 396 Veröffentlichungen erschienen 252 Titel anonym, 7 kryptonym, 7 pseudonym (wobei Zusätze wie „von der Verfasserin von ..." nicht als Pseudonyma, sondern als Anonyma gezählt wurden)[13].

---

12 So müßte etwa die These Ulrike Prokops, daß es sich bei den um 1750 geborenen „Schwestern der Genies des ‚Sturm und Drang'" um eine „stumme Generation" handelt, angesichts des bibliographischen Befundes relativiert werden. Vgl. Ulrike Prokop: Die Illusion vom Großen Paar. Band 1: Weibliche Lebensentwürfe im deutschen Bildungsbürgertum 1750 – 1770. Frankfurt/M. 1991, S.78 f.
13 46 Autorinnen veröffentlichten unter einem Pseudonym oder mehreren verschiedenen Pseudonyma; die entsprechenden Werke sind jedoch mehrheitlich nicht in dieser Bibliographie erfaßt, da sie in den Zeitraum nach 1810 fallen oder nicht zur Gattung Roman gehören.

Die meisten Autorinnen gehören der Generation der zwischen 1750 und 1770 geborenen Frauen an; die älteste ist 1727 geboren (Maria Anna Sagar), die jüngste 1773 (Caroline de la Motte-Fouqué). Von den 103 Autorinnen, deren Lebensdaten bekannt sind, waren 73% verheiratet, 27% unverheiratet, knapp 37% der verheirateten Schriftstellerinnen haben sich (mindestens) einmal scheiden lassen, das heißt, über die Hälfte der Autorinnen lebte allein oder zeitweilig allein bzw. ohne Ehepartner. 6 Autorinnen waren Schauspielerinnen, 9 Erzieherinnen, 3 verfaßten neben Erzählprosa auch pädagogische Schriften. 31 Autorinnen, also weniger als ein Drittel, gehörten dem Adel an.

Bei ihrer ersten selbständigen Veröffentlichung waren die erfaßten Autorinnen im Durchschnitt älter als 35 Jahre; dabei sind erhebliche Schwankungen zu berücksichtigen: Mit 19 Jahren waren Carus und Liebeskind am jüngsten; eine Reihe von Autorinnen hatte das fünfzigste Lebensjahr zum Zeitpunkt der ersten Romanpublikation schon überschritten (Blumenthal, Keyserling, Riedesel, Sprenger, Wahl)[14].

62 Autorinnen waren in dem Zeitraum 1770 – 1810 mit nur einer selbständigen Veröffentlichung vertreten. Die meisten Titel stammen von Wallenrodt (18), Ludwig (12), Lohmann (11), Ahlefeld (10), Ehrmann (9) und Albrecht (8). Die Autorinnen, für die Werkverzeichnisse angelegt wurden, sind dabei nicht mitberücksichtigt; für sie konnten folgende Veröffentlichungszahlen ermittelt werden: Naubert: 59 (bis 1810: 54), La Roche: 35 (bis 1810: 34), Huber: 15 (bis 1810: 4), Unger: 11, Fischer: 7 (bis 1810: 5).

Die erfaßten selbständigen Veröffentlichungen von Frauen erschienen in insgesamt 177 Verlagen; außer bei Weygand (42), Gräff (26) und Unger (19) wurden selten mehr als 4 Romane bzw. Erzählungsbände von Frauen in einem Verlag publiziert, die meisten Verlage sind nur mit einem Titel vertreten. Es ergibt sich eine Konzentration auf die Verlagsorte Leipzig (162), Berlin (61), Wien (21), Hamburg (13) und Altona (10) bzw. auf Orte, an denen eine Autorin bevorzugt veröffentlichte (in Offenbach erschienen etwa 8 La-Roche-Titel).

Bei den Erscheinungszahlen nach Jahren läßt sich ein allmähliches Ansteigen in den 80er Jahren des 18. Jahrhunderts feststellen, also etwa 10 Jahre nach den ersten Romanen von Sagar und La Roche. Wenn man Neuausgaben und Nachauflagen mitrechnet, erschienen 1791 die meisten Titel eines Jahres aufgrund der vielen von Benedikte Naubert verfaßten Romane. Zwischen 1796 und 1806 sind jährlich zwischen 16 und 23 Neuerscheinungen zu verzeichnen; danach nehmen die Zahlen etwas ab, um nach 1810 wieder anzusteigen.

---

14 Insgesamt läßt sich die Hypothese Susanne Zantops bestätigen, daß viele Autorinnen im 18. Jahrhundert erst im späteren Alter, nach einer Scheidung oder als Witwe, zu schreiben bzw. zu publizieren begannen. Vgl. Susanne Zantop: Aus der Not eine Tugend ... Tugendgebot und Öffentlichkeit bei Friederike Helene Unger. In: Gallas/Heuser (Hrsg): Untersuchungen zum Roman von Frauen um 1800, s. Anm. 11, S. 133 f.

Die statistische Auswertung der erfaßten Werke nach Genres (Briefromane, Familienromane, Reiseromane, Staatsromane etc.) sowie nach Themen, Motiven, Erzählstrukturen etc. muß einer späteren genaueren Auswertung des Textkorpus vorbehalten bleiben.

ZUR GENESE DES PROJEKTS

Die vorliegende Bibliographie hat eine lange Geschichte. Mit der bibliographischen Erfassung wurde vor ca. 12 Jahren begonnen, und zwar – zunächst unabhängig voneinander – in Bremen und in Berlin. An der Universität Bremen wurde 1987 ein Forschungsschwerpunkt zur Erfassung der deutschen „Literatur der Spätaufklärung" eingerichtet. Untersucht werden sollte, wie die Krise des deutschen Absolutismus im ausgehenden 18. Jahrhundert und das Ereignis der Französischen Revolution in der Romanliteratur verarbeitet wurden. Aus arbeitsökonomischen Gründen konzentrierte sich das Interesse zunächst auf die Bereiche Reiseroman und politischer Roman. Unter politischem Roman wurden Erzählwerke verstanden, „die sich erklärtermaßen mit aktuellen gesellschaftlich-kulturellen und politisch-ideologischen Problemen der Revolutionsepoche beschäftigen und – reflexiv oder appelativ, in jedem Fall engagiert meinungsbildend – in den öffentlichen Selbstverständigungsprozeß der Zeitgenossen eingreifen wollten"[15]. Es zeigte sich schnell, daß unter den Aspekten Reise- und politischer Roman gerade die von Frauen geschriebenen Werke nur unzureichend berücksichtigt werden konnten, da sie häufig als Familien-, Ehe- oder Erziehungsroman konzipiert und nicht explizit auf die aktuellen gesellschaftlichen Probleme bezogen sind; daß aber doch gerade diesen Romanen ein wesentlicher Anteil an der Erfahrungsvermittlung und eine beträchtliche meinungsbildende Funktion im Umbruch um 1800 zugekommen sein muß – zumal das lesende Publikum ja in der Hauptsache aus Frauen bestand. Eine gezielte bibliographische Recherche nach von Autorinnen veröffentlichten Romanen und Erzählungen aus dieser Zeit schien also lohnend. Seit 1980 wurde daher systematisch an einer Bibliographie dieser Werke gearbeitet, gleichzeitig wurde eine Bibliothek aus Originalen, Mikrofilmen und Fotokopien sowie eine Sammlung von Titelblattkopien aufgebaut[16]. Eine erste Analyse dieses Materials erfolgte in zahlreichen Lehrveranstaltungen; bisherige Ergebnisse liegen in Form mehrerer Staatsexamensarbei-

---

15 Hans-Wolf Jäger: ‚Die Literatur der Spätaufklärung'. Ein Forschungsprojekt der Universität Bremen. In: Jahrbuch der Wittheit, Bd. XXVII, Bremen 1983, S. 151.
16 Die Sammlung ist nicht über den Leihverkehr, sondern nur an Ort und Stelle einzusehen; die Bestände sind daher bei den Standortangaben dieser Bibliographie in der Regel nicht berücksichtigt.

ten und einer Dissertation vor[17]. 1989 fand in Bremen ein Symposium zum Roman von Frauen um 1800 statt, das von den Universitäten Bremen (Helga Gallas) und Osnabrück (Magdalene Heuser) veranstaltet wurde[18].

Die bibliographische Erfassung gestaltete sich außerordentlich schwierig. Bisherige traditionelle bibliographische Quellenzugänge, wie etwa Heinsius, Hamberger/ Meusel, Korn usw. erwiesen sich als unzureichend, da sie aufeinander verweisen und so eine Fülle von Fehlinformationen, falschen Zuschreibungen, Verschreibungen usw. tradieren. Alle im Forschungsschwerpunkt „Spätaufklärung" begonnenen Bibliographien waren daher von Anfang an als autoptische angelegt.[19] Wird auf die Autopsie verzichtet, sind die so entstehenden Bibliographien von zweifelhaftem Wert. So sind z. B. in der Bibliographie von Elke Frederiksen: Women Writers of Germany, Austria and Switzerland (London 1989) alle unseren Zeitraum betreffenden und von unseren Daten abweichenden Angaben – und das ist der größere Teil – falsch.

Nach Schließung des Forschungsschwerpunkts bestand das Projekt als selbständiges weiter, und für die Endphase der Arbeit an der Bibliographie erfolgte seit 1988 eine verstärkte personelle Ausstattung durch die Universität Bremen und die Fritz Thyssen Stiftung. Ein Jahr später wurde die Bremer Bibliographie mit den in Berlin gesammelten Daten zusammengelegt.

In Berlin entstand 1982 im Zusammenhang mit einer Lehrveranstaltung am Fachbereich Germanistik der Freien Universität Berlin zur „Frauenliteratur des 18. Jahrhunderts" der Plan, die schwer zugängliche und teilweise nur noch in Unikaten vorhandene Romanproduktion von Frauen zu sichten, bibliographisch aufzunehmen und teilweise neu aufzulegen. In Zusammenarbeit mit dem Olms Verlag, Hildesheim, wurde der Reprint einer größeren Anzahl von entsprechenden Werken geplant. Im Rahmen der Reihe „Frühe Frauenliteratur in Deutschland"[20] werden seit 1987 Romane von Caroline Auguste Fischer, Therese Huber, Friederike Helene Unger, Caroline von Wobeser, Isabella Eleonore von Wallenrodt und Sophie Tieck-

---

17 Eva Kammler: Zwischen Professionalisierung und Dilettantismus. Romane und ihre Autorinnen um 1800. Opladen 1992; eine weitere Dissertation: Autobiographische Schriften von Frauen um 1800 (Elke Ramm) wird voraussichtlich 1993 abgeschlossen sein; gearbeitet wird auch an einer Untersuchung der von Frauen vorgelegten politischen Schriften und Staatsromane sowie an der Vorbereitung eines Romanführers, der die interessantesten Texte mit Inhaltsangabe und kurzem Kommentar vorstellt.
18 Die Symposiumbeiträge sind erschienen als: Untersuchungen zum Roman von Frauen um 1800, hrsg. von Helga Gallas und Magdalene Heuser. Tübingen 1990.
19 Vgl. Wolfgang Griep und Annegret Pelz: Bibliographie Frauenreisen 1700 – 1810, erscheint Ende 1993, Temmen Verlag, Bremen.
20 „Frühe Frauenliteratur in Deutschland", hrsg. von Anita Runge. Die bislang vorliegenden Bände sind in der Bibliographie bei den jeweiligen Titeln verzeichnet.

Bernhardi-Knorring nachgedruckt. Vorarbeiten zur Herausgabe und Analyse dieser Romane sowie zur bibliographischen Erfassung des Gesamtbestandes wurden – insbesondere unter gattungstheoretischen und -geschichtlichen Aspekten (der größte Teil der von Frauen um 1800 verfaßten Prosawerke sind Briefromane) – in ein Forschungsprojekt zum Thema „Der Brief als kommunikatives und literarisches Faktum. Ein interdisziplinärer Beitrag zur Theorie und Geschichte des Briefes – unter besonderer Berücksichtigung der Frau als Autorin und Adressatin" eingebracht. Das Projekt wird von der Freien Universität Berlin seit 1987 finanziell gefördert, und in diesem Rahmen konnte die Arbeit an der Bibliographie mit Sachmitteln unterstützt werden.

Berlin erwies sich als *ein* Standort der bibliographischen Recherche als besonders günstig, da sich sehr viele, wenn nicht die meisten der betreffenden Ausgaben in den Beständen der ehemaligen Königlich Preußischen Bibliothek[21] befanden und in den Besitz der heutigen Staatsbibliothek zu Berlin – Preußischer Kulturbesitz übergegangen sind. Im Gegensatz zu anderen Teilen dieses Altbestandes sind sie im Zweiten Weltkrieg glücklicherweise nicht verlorengegangen. Wir haben uns bemüht, die in diesem Bestand vorhandenen Romane von Frauen unseres Erfassungszeitraumes vollständig aufzunehmen, was erst nach der Öffnung der Berliner Mauer und der damit verbundenen Erreichbarkeit der Ostberliner Magazinbestände möglich war.

DANKSAGUNGEN

Bei der Erstellung dieser Bibliographie waren uns eine Reihe von Personen und Institutionen behilflich, denen unser ausdrücklicher Dank gilt:
Da sind zunächst die weiteren Mitarbeiter und Mitarbeiterinnen zu nennen: Kerstin Dreyer, Gudrun Kämper, Silke Knäblein, Thomas Kuhlmann, Christiane Schlegel, Regina Weber, Christine Westphal (alle Bremen), Jutta Raulwing, Irmgard Kizilgün (Berlin).
  Für die Überlassung eigener Recherchen danken wir Jeannine Blackwell (Angaben zu Benedikte Naubert), Helga S. Madland (zu Marianne Ehrmann), Hannelore Scholz (zu Sophie Tieck-Bernhardi-Knorring), Susanne Zantop (zu Unger) sowie Magdalene Heuser, die sich zeitweilig für dieses Projekt engagiert hat und uns zur Kontrolle ihre bibliographische Auswertung der Arbeit von Christine Touaillon überließ.

---

21 Zum Bestandsaufbau der Königlich Preußischen Bibliothek zwischen 1770 und 1810 vgl. Schochow, Werner: Die Erwerbungspolitik der Kurfürstlichen und Königlichen Bibliothek zu Berlin vom 17. bis zum 19. Jahrhundert. In: Bibliothek und Buchbestand im Wandel der Zeit. Bibliotheksgeschichtliche Studien. Hrsg. von Franz A. Bienert und Karl-Heinz Weimann. Wiesbaden: Harrassowitz 1984. (= Buchwissenschaftliche Beiträge aus dem Deutschen Bucharchiv München. Bd. 8), S. 7-36. Hier: S. 11 f.

Für wichtige Hinweise danken wir weiter: Barbara Becker-Cantarino, Anke Bennholdt-Thomsen, Wolfgang Griep, Eva Kammler, Michael Maurer, Helga Meise, Ute Pott, Lydia Schieth, Erich Schön und Günter Tiggesbäumker.

Für finanzielle Unterstützung danken wir der Thyssen Stiftung, der Kommission für Forschung und Wissenschaftlichen Nachwuchs (FNK) der Freien Universität Berlin und insbesondere der Universität Bremen, die die Arbeit an dieser Bibliographie jahrelang förderte.

Unser Dank gilt auch allen Bibliotheken, die uns bei der Suche nach Originalwerken unterstützt haben, ganz besonders den Mitarbeiterinnen der Fernleihe der Universitätsbibliothek Bremen sowie den Leitern der Benutzungsabteilungen der Staatsbibliothek zu Berlin – Preußischer Kulturbesitz, Haus 1 und 2, die uns Sonderbedingungen für die Beschaffung von Titeln ihres Bestandes erteilten.

Bremen und Berlin, im Februar 1993

Helga Gallas
Anita Runge

BENUTZUNGSHINWEISE

Der Titelaufnahme in dieser Bibliographie liegt folgendes Schema zugrunde[1]:
(Bibliographische Beschreibung)
Standort
Ausgabe/Auflage
Nachweise
Widmung
Bemerkungen

Für jede Autorin wurden vorangestellt:
(Name der Autorin)
(Lebensdaten)

Name der Autorin Als Name der Autorin wurde derjenige gewählt, den sie zur Zeit ihrer literarischen Tätigkeit trug oder unter dem sie am häufigsten in den Quellen genannt wird. Abweichende Geburts-, Ehe- oder Künstlerinnennamen sind im Feld **Lebensdaten** erwähnt. Das Register Namenverweise verzeichnet alle Varianten der Namensgebung, einschließlich abweichender Schreibweisen, und ordnet Pseudonyma und Kryptonyma zu. Im Namenregister ist „Verfasserin von ..." nur aufgeführt, wenn der entsprechende Titel nicht in der vorliegenden Bibliographie geführt wird. Anonyma sind über das Titelregister zu erschließen.

Der Name der Autorin ist in die **Bibliographische Beschreibung** des jeweiligen Titels nur dann aufgenommen, wenn er auf der Haupttitelseite angegeben ist. Namen von Herausgebern oder Herausgeberinnen werden ebenfalls nur dann genannt. In Einzelfällen wird der Herausgeber, sofern er das Vorwort namentlich unterzeichnet hat und es sich um einen bekannten Autor handelt, im Textfeld **Bemerkungen** bzw. in der **Bibliographischen Beschreibung** genannt.

Lebensdaten Die Angaben stützen sich zum größten Teil auf Elisabeth Friedrichs: Die deutschsprachigen Schriftstellerinnen des 18. und 19. Jahrhunderts. Ein Lexikon, Stuttgart 1981. Ergänzend wurde Carl Wilhelm Otto August von Schindel: Die deutschen Schriftstellerinnen des neunzehnten Jahrhunderts, Leipzig 1823-25, benutzt. Sofern beide Quellen keine biographischen Daten enthielten, wurde noch das Deutsche Biographische Archiv herangezogen. Da die **Lebensdaten** nur erste Informationen zur Einordnung der jeweiligen Autorin und zu ihrem Hintergrund

---

1 Es handelt sich um die der EDV-Erfassung zugrundeliegende Gestaltung des Dokumentaufbaus (Reihenfolge der Textfelder). Die Textfeldbezeichnungen in runden Klammern erscheinen nicht im Druck.

geben sollen, wurde auf weitergehende biographische Recherchen verzichtet. Die Angaben wurden lediglich durch bibliographische Funde ergänzt; offensichtliche Fehler wurden berichtigt.

Bibliographische Beschreibung In die **Bibliographische Beschreibung** ist jeweils die Ausgabe aufgenommen, die wir für die früheste, also die Originalausgabe halten; sofern sich dies nicht aus dem Erscheinungsjahr ergibt, wurde die Ausstattung des Werkes berücksichtigt sowie das Kriterium der Vollständigkeit der Angaben über Verlag und Verlagsort (Nachdrucke erscheinen oft ohne Erscheinungsvermerk sowie ohne Frontispiz und/oder Titelvignette oder gestochenen Titel).

Sternchentitel verweisen darauf, daß das Werk bereits früher unter anderem Titel erschienen ist oder daß es sich um eine stark veränderte oder erweiterte Neuauflage handelt.

Die Titelaufnahme in der **Bibliographischen Beschreibung** erfolgt vollständig und dokumentarisch nach der Haupttitelseite (diplomatische Umschrift) – mit allen zeitüblichen Schreibweisen und offensichtlichen Fehlern. Standardisiert sind die Angaben zu Bandzahl und evtl. Ausgabebezeichnung, zum Erscheinungsvermerk (Ort, Verlag, Jahr) und zum Kollationsvermerk (Umfangs- und Illustrationsangaben).

In *runden Klammern* stehen Angaben, die nicht der Haupttitelseite entnommen sind, sich aber aus dem Wortlaut an anderer Stelle der vorliegenden Ausgabe ergeben.

In *eckigen Klammern* stehen Angaben, die von uns bibliographisch ermittelt und hinzugefügt wurden.

Um die Verwechslung mit evtl. Druckfehlern unsererseits zu vermeiden, stehen in besonderen Zweifelsfällen Ausrufezeichen in eckigen Klammern, um die tatsächliche Übereinstimmung der Schreibweise mit der des Originals zu bezeichnen (z. B. la Roche statt La Roche, Erzehlungen statt Erzählungen oder begebenheiten usw.).

Sofern in der **Bibliographischen Beschreibung** in den **Nachweisen** keine Verfasserinnenangabe vorhanden ist, ergibt sich aus den genannten Quellen die Zuordnung des Werkes zu der betreffenden Autorin. Ob ein Werk anonym erschienen ist oder nicht, wird nicht zusätzlich vermerkt.

Jahreszahlen werden für alle Bände einzeln aufgeführt und durch Schrägstrich getrennt; sie sind ein Hinweis darauf, daß ein vollständiges Titelblatt für die Folgebände existiert, auch wenn die Teile zusammengebunden sind.

Bei nur *einer Jahreszahl für ein mehrbändiges Werk* ist davon auszugehen, daß die Unterteilung der Bände nur durch Zwischentitel erfolgt.

Bei den *Kollationsvermerken* wurde wie folgt verfahren:

Grundsätzlich wurde der Gesamtumfang eines Werkes unter Berücksichtigung sowohl der gezählten als auch der ungezählten *Seiten* ermittelt. Unpaginierte, aber mitgezählte Seiten werden nicht dokumentiert. Ungezählte oder römisch paginierte Seiten werden nach dem jeweiligen Inhalt aufgeschlüsselt (Reihentitel, Zwischentitel, Widmung, Vorwort, Inhaltsverzeichnis, Druckfehlerverzeichnis, Subskribentenverzeichnis, Verlagsanzeigen). Dabei steht die Angabe 2 ungez. S. (Widmung, Vorwort etc.) für eine oder zwei bedruckte Seiten; d. h. die zweite Seite kann auch vakat sein. Mitgezählt, bei der inhaltlichen Aufschlüsselung der ungezählten Seiten aber nicht berücksichtigt, sind jeweils 2 Seiten für das Haupttitelblatt (Vorder- und Rückseite). Endet die Paginierung des Werkes ungerade auf einer rechten Seite, so ist die nicht paginierte Rückseite als ungezählte Seite aufgenommen; sofern sie nicht vakat ist, wird ihr Inhalt angegeben.

Als *Frontispize* wurden alle vor der Haupttitelseite eingebundenen ganzseitigen Abbildungen bibliographisch erfaßt; es handelt sich dabei in der Regel um Kupferstiche. Abweichende Illustrationstechniken (etwa Holzschnitte) wurden nicht gesondert erwähnt, da sie in den Fällen, da uns nur Titelblattkopien zugänglich waren, oft nicht eindeutig identifiziert werden konnten.

Als *Titelvignette* sind alle Illustrationen auf Haupttitelseiten verzeichnet.

Angaben zu *Textkupfern* sind nicht mit aufgenommen worden. Da Bücher im 18. Jahrhundert in der Regel erst nach dem Kauf zum Binden gegeben wurden, sind die mitgelieferten Textkupfer oft an unterschiedlichen Stellen eingebunden, wenn nicht überhaupt entfernt oder zu späteren Zeitpunkten herausgerissen worden. Lediglich wenn ein Kupfer in einem Exemplar des Werkes als Frontispiz, in einem anderen als Textkupfer eingebunden ist, wird dies vermerkt.

Standort Die Standorte der von uns autoptisch überprüften Titel sind fett gesetzt; sie stimmen mit den in der **Bibliographischen Beschreibung** wiedergegebenen Angaben überein. Abweichungen sind in Klammern hinter dem jeweiligen Standort vermerkt, größere Abweichungen unter Bemerkungen registriert.

Die nicht fett gesetzten Standorte zeigen nur den Besitz des Werkes an, nicht die genaue Übereinstimmung mit den in der **Bibliographischen Beschreibung** gemachten Angaben.

Die Standorte werden auf der Grundlage des Sigelverzeichnisses der Bibliotheken der Bundesrepublik Deutschland in numerischer Reihenfolge angegeben[1]; zusätzlich wurden in einzelnen Fällen Bestände des Wieland-Archivs (Biberach/Riß) und des Grabbe-Archivs (Detmold) sowie einiger Bibliotheken im europäischen Raum aufgenommen.

Die Standortangaben erheben keinen Anspruch auf Vollständigkeit. Es wurde lediglich angestrebt, mindestens ein Exemplar im deutschsprachigen Raum nachzuweisen. War diese Suche erfolglos, wird ggf. auf die im NUC, BLC oder BMC verzeichneten Besitznachweise in den USA und Großbritannien verwiesen.

---

1 Vgl. Sigelverzeichnis für die Bibliotheken der Bundesrepublik Deutschland. Stand: 1990. Staatsbibliothek Preußischer Kulturbesitz / Deutsche Staatsbibliothek / Deutsches Bibliotheksinstitut (Hrsg.). Berlin: DBI 1991.

Die Angabe eines Standortes ist kein Hinweis auf den Zustand oder die Verleihbarkeit des Werkes. Der Zusatz (nicht verleihbar) verweist lediglich auf die Gründe, warum bei einem bestimmten Werk keine Autopsie stattgefunden hat, dann nämlich, wenn das offenbar einzige noch verfügbare Exemplar weder ausgeliehen noch verfilmt/photokopiert werden konnte und eine Archivreise zu dem betreffenden Standort nicht möglich war.

Im Interesse des Schutzes der hier mit Standort aufgenommenen Exemplare wird dringend geraten, von Fernleihbestellungen ausschließlich auf der Grundlage der angegebenen Signaturen abzusehen und die Kataloge anderer einschlägiger Bibliotheken auf der Suche nach weiteren Standorten zu konsultieren. Insbesondere bei der Staatsbibliothek zu Berlin – Preußischer Kulturbesitz wird nach der geplanten Zusammenführung der Altbestände in Ost- und Westberlin mit strengeren Ausleihmodalitäten zu rechnen sein.

Für *Titel ohne Standort* ist im entsprechenden Textfeld der Vermerk: Kein Bestandsnachweis zu finden. Diese Titel werden grundsätzlich nach einer oder nach zwei Quellen zitiert, und zwar denjenigen, die die ausführlichsten Angaben machen und nicht auf frühere Quellen zurückgreifen (und die dort gemachten Fehler mit aufnehmen) konnten. (Vgl. zu den Abweichungen in den Quellen die Erläuterungen zum Textfeld **Nachweise**).

Ausgabe / Auflage Das Textfeld **Ausgabe / Auflage** nennt alle uns bekannten Ausgaben bzw. Auflagen (nach 1810 nicht mehr systematisch recherchiert), entweder nach autoptisch aufgenommenen Exemplaren des Titels oder nach den Angaben in den Nachweisen. Für die Titelaufnahme gelten die für die **Bibliographische Beschreibung** festgelegten Grundsätze (s.o.).

Drei Punkte vor dem Erscheinungs- und/oder Kollationsvermerk weisen auf die Übereinstimmung mit den in der **Bibliographischen Beschreibung** gemachten Angaben hin.

Nachweise (Quellen) Die Angabe der Nachweise erfolgt stets in der gleichen Reihenfolge; sie entspricht der Bedeutung der Quellen für die Ermittlung der Werke, d. h.: zunächst werden die bedeutendsten zeitgenössischen und spezielleren, danach die späteren bzw. allgemeineren Nachschlagewerke genannt. Kosch neu wird nur dann aufgeführt, wenn Kosch keine oder entscheidend andere Angaben macht.

In der Regel werden die Abweichungen von den in der **Bibliographischen Beschreibung** gemachten Angaben bei den einzelnen Nachweisen nicht vermerkt; die Quellen weisen – was Autorinnenname, Titel, Jahr, Ort, Verlag usw. angeht – oft so erhebliche Unterschiede auf, daß deren Dokumentierung den Rahmen dieser Bibliographie gesprengt hätte. Konnte ein Exemplar mit Standortangabe ermittelt werden, so sind widersprechende Angaben in den Nachweisen als falsch anzusehen. Das gilt insbesondere für Angaben zu Jahr und Ort/Verlag, die Nachweise nennen öfter das (in der Regel ein Jahr vor dem eigentlichen Erscheinungsdatum liegende)

Jahr der Verlagsankündigung sowie (anstelle des Verlages) Name und Ort der Auslieferungsbuchhandlung. In den Fällen, in denen die Abweichungen jedoch Hinweise auf andere Erscheinungsjahre, -orte und damit auf andere, von uns nicht erfaßte Ausgaben / Auflagen enthalten könnten, wurden diese in Klammern hinter dem jeweiligen Nachweis aufgeführt.

Widmung Die Widergabe der Namen von Widmungsträgern und -trägerinnen wurde weitgehend normiert; Höflichkeitsformeln wurden weggelassen, Freundschafts- und Verwandtschaftsbezeichnungen sowie Adelstitel jedoch mit aufgenommen.

Bemerkungen Das Textfeld **Bemerkungen** vermerkt Ergänzungen (etwa Inhaltsangaben bei Anthologien, Verweise auf Fortsetzungen, Übersetzungen) und Abweichungen zu den in den anderen Textfeldern gemachten Angaben. Der Titel einer Übersetzung – sofern die Quellen ihn nennen – wird nur bei wesentlichen Abweichungen vom Originaltitel vermerkt.

BIBLIOGRAPHIE
DER ROMANE UND ERZÄHLUNGEN

In den bibliographischen Quellen (Nachweisen) und den unter Standort angegebenen Bibliotheken werden die Werke der Autorinnen sehr unterschiedlich geführt: unter Geburts- und/oder Ehenamen, unter einem Pseudonym oder anonym. Zu den in Frage kommenden Möglichkeiten vgl. das Register Namenverweise sowie die Angaben in den Lebensdaten.

Fast alle Verfasserinnen haben zusätzlich zu den in dieser Bibliographie dokumentierten selbständigen Veröffentlichungen auch Beiträge in Jahrbüchern und Zeitschriften publiziert (vgl. hierzu sowie zum Erfassungzeitraum dieser Bibliographie das Vorwort).

ADELUNG, FRIEDERIKE

1783 Stettin – ?
Pseud.: Klara; Clara. – Vater Justizrat; Nichte des Sprachforschers Johann Christoph Adelung. Frühe schriftstellerische Tätigkeit, ab 1817 Erzieherin. Korrespondenz und literarische Zusammenarbeit mit Gräfin Haugwitz.

Emma oder Liebe und Täuschung. Von Klara. – Breslau: Wilhelm Gottlieb Korn 1810. VI [2 S. Widmung, 2 S. Vorrede], 198 S.

Standort: **1a: Yw 6761**
Nachweise: Schindel 1, 4; Goed 6, 432; Heinsius 58; Kayser 74; Holzm-Boh 2, 21; Holzm-Boh Ps 149; MGT 22,1., 13; Ersch 7, 193.
Widmung: A... W... und C...

AHLEFELD, CHARLOTTE SOPHIE LOUISE WILHELMINE VON

1781 Stedten b. Weimar – 1849 Bad Teplitz/Erzgeb.
Pseud.: C.; Ernestine; Natalie; Elisa(beth) Selbig; Verfasserin der Erna; Verfasserin der Felicitas; Verfasserin der Marie Müller. – Geb. v. Seebach; verh. von Ahlefeld(t); gesch. – Vater Oberst; Ehemann Gutsbesitzer; Schwester der Schwiegertochter von Charlotte von Stein. – Bekenntnisse einer schönen Seele, 1806; Gräfinn Pauline, 1800; Melanie, das Findelkind, 1804; Der junge Franzose und das deutsche Mädchen, 1810, werden in den Quellen fälschlich Charlotte Ahlefeld statt Friederike Helene Unger zugeschrieben. Ein Großteil ihrer Werke erschien nach 1810.

Die Bekanntschaft auf der Reise. Eine wahre Geschichte. – Berlin: Johann Friedrich Unger 1801. 2 ungez., 216 S. (= Journal der Romane. 3. Stück).

Standort: 1a: Yt 541; im Journ. 3. Stück folgt weitergez. S. 217-338, 2 ungez. S. [Verl.-Anz.]: [Schiller, Charlotte von:] Autun und Manon, s. dort; beigeb.: Journ. der Romane. 4. Stück. Spanische Erzählungen. 349 S.
Nachweise: Schindel 1, 6; Goed 6, 428; Kayser 5; Hayn-G 3, 460; Holzm-Boh 1, 166; MGT 22,1., 18f.; Ersch Rep III, Bd 2, XIV. 1274; Ersch 153f.; Koch 31.
Bemerkungen: Der Titel: Die Bekanntschaft auf der Reise, 2 Bde. Prag 1804, den die Quellen als Nachdruck anführen (Schindel 1, 6; Goed 6, 428; MGT 22, 1., 18f. und, mit dem Titelzusatz „... oder Liebe und Zweifelsinn", Germer 2, 44), ist nicht identisch mit Ahlefelds Roman. Vgl. dazu NADB 95, 70ff.

Briefe auf einer Reise durch Deutschland und die Schweiz im Sommer 1808. von [!] Charlotte von Ahlefeld, gebohrne von Seebach. – Altona: Johann Friedrich Hammerich 1810. 256 S.

Standort: 1: 9 P 267; 18: A 226190; 76: LK 1093; 8; 12; 66; 138 (Kopie)
Nachweise: Schindel 1, 7; Goed 6, 428; Heinsius 1, 45; Kayser 1, 36 (1818); Holzm-Boh 1, 261; MGT 17, 8; Ersch 6, 120; Koch 31.
Widmung: Caroline von L... geb. von S...

Einfache Darstellungen aus dem menschlichen Leben. Von der Verfasserin der Marie Müller. Erster Band. – Berlin: Johann Friedrich Unger 1799. 246 S.

Standort: 1a: Yw 4697; 8; 12; 76
Ausg./Aufl.: Nur Koch nennt einen 2. Bd. Hohenzollern [Wien]: Wallishausser 1800.
Nachweise: Schindel 1, 6; Goed 6, 428; Heinsius 47; Kayser 30; Holzm-Boh 1, 369; MGT 22,1., 18; Ersch Rep III, Bd 2, XIV. 1321 (Verf. Unger); Hadley 296; Koch 30.

Die Frau von vierzig Jahren s. Huber, Therese.

Die Kokette. Ein Roman. – Breslau: [?] 1810.

Standort: kein Bestandsnachweis
Ausg./Aufl.: Die Kokette. Ein Roman von der Verfasserin der Erna, Felicitas u.s.w. Breslau: Josef Max und Komp. 1826. 7 ungez. [2 S. Vortitel, 2 S. Widmung], 336 S. – 1a: Yw 4704; 61: D. Lit. 5476; 26: Ott 1/182; 110 (ohne Signatur); 121: C 1514.

Nachweise: Goed 6, 428; Kayer 75; Hayn-G 3, 602; MGT 22,1., 20; Koch 34. –
Titel folgt Hayn-G.
Widmung (Ex. 1a): Friederike von Niebelschütz, geb. von Taubenheim.
Bemerkungen: Hayn-G verweisen ausdrücklich auf das Fehlen der Erstausgabe von 1810 bei Holzm-Boh 2, 369.

Liebe und Entsagung. Zwei Theile [in 1 Bd.]. Von der Verfasserin [!] Maria Müller. – Berlin: Johann Friedrich Unger 1805. 352 S.

Standort: **12:** P. o. germ 12 s; **68:** La 45 1149-1908
Nachweise: Schindel 3, 4; Goed 6, 428; Heinsius 126; Kayser 86; Holzm-Boh 3, 58; MGT 22,1., 19; Ersch 7, 181; Koch 31.
Widmung: Caroline von Linker, geb. von Schönberg.
Bemerkungen: Im Anhalt'schen Schriftsteller-Lexikon 1830 von Andreas Gottfried Schmidt, 528, wird das Werk irrtümlich Johanne Victorine Nordmann zugeschrieben.

Liebe und Trennung oder merkwürdige Geschichte der unglücklichen Liebe zweyer Fürstlichen Personen jetziger Zeit. – London: William Harris [Weissenfels: Severin] 1798. 2 ungez., 291, 1 ungez. S. [Verl.-Anz.], Frontispiz.

Standort: **1:** Yw 6493ª; **1a:** Yw 6493 (Ex. 1 und 1a ohne Verl.-Anz.);
70: D II 12/59a (1)
Ausg./Aufl.: 1.: Merkwürdige Geschichte der unglücklichen Liebe zweyer fürstlichen Personen, oder Liebe und Trennung. London: Harris [Leipzig: Hinrichs] 1811. 291 S. (Hayn-G).
2.: Neudruck in: Herbert Koch [Hrsg.]: Charlotte von Ahlefeld, Bd 1, Mainz 1977, S. 46-150.
Nachweise: Schindel 1, 6; Goed 6, 428; Heinsius 127; Kayser 86; Hayn-G 2, 586; Hayn-G 4, 172; Holzm-Boh 3, 58; Weller Fing 175; MGT 22,1., 18; Ersch Rep III, Bd 2, XIV. 1548; Hadley 278; Korn 111; Koch 30.

[Louise und Meiland. Ein Roman.] Th. 1. 2. [in 1 Bd.] – Berlin: Johann Friedrich Unger 1802. 422 S. (= Journal der Romane. 11. Stück).

Standort: **16: Waldberg** 3568 (Titelbl. fehlt)
Ausg./Aufl.: 1.: Louise und Meiland. Ein Charaktergemälde. Th. 1.2. [in 1 Bd.]. Leipzig: o. V. 1803/1803. 2 ungez., 192 S., Titelvign., Frontispiz; 2 ungez., 168 S., Titelvign., Frontispiz. – **68:** La 30.
2.: auch u. d. Reihentitel: Bibliothek für die gebildete Lesewelt. Bd. 1 (1803). – **1a:** Yt 545-1,1.2 (Reihentitel fehlt).
3.: Berlin: Unger 1807.

4.: Berlin: Unger 1812.
Nachweise: Schindel 1, 6 (nur 1807); Goed 6, 428 (nur 1807); Heinsius 108; Kayser 89 (nur 1807); Hayn-G 3, 461; Hayn-G 4, 285 (auch 1807); Holzm-Boh 3, 87 (nur 1807); MGT 22,1., 19 (nur 1807); Ersch 7, 154; Koch 31 (1803, 1807, 1812).
Widmung: Amalie Voigt, geb. Ludecus.

Marie Müller. – Berlin: Johann Friedrich Unger 1799. 2 ungez., 388, 2 ungez. S. [Verl.-Anz.], Titelvign.

Standort: **8: 15 pph 218/K 9974**
Ausg./Aufl.: 1.: Hohenzollern [Wien]: Wallishausser 1799. 220 S. (Koch 30).
  2.: ... von der Frau Charlotte von Ahlefeld, geb. von Seebach. Mit einem Kupfer [als Frontispiz]. Zweite vermehrte und verbesserte Auflage. Schleswig: R. Koch 1814. 252 S. – **1a: Y 4696**; Mar 1, H.
Nachweise: Schindel 1, 6; Goed 6, 428; Heinsius 146; Kayser 98; Holzm-Boh 3, 166; MGT 22,1., 18; Ersch 7, 181 (Verf. Unger); Hadley 296 und 307 (Verf. Unger); Koch 30.
Bemerkungen: Übers. ins Dän. Kopenhagen 1802 (Schindel 3, 4).

Die Stiefsöhne. Von der Verfasserin der Maria Müller. – Altona: Johann Friedrich Hammerich 1810. 310 S.

Standort: **1a: Yw 6760; 61: D Lit 5473; 76: BL 8.; 715: Man I 17**
Nachweise: Schindel 1, 7; Goed 6, 428; Heinsius 204; Kayser 136; Holzm-Boh 4, 123; MGT 22,1., 19; Ersch 7, 182; Koch 32.

Therese. Ein Roman in zwei Theilen [in 1 Bd.]. – Hamburg: B[enjamin] G[ottlob] Hoffmann 1805/1805. 6 ungez. [2 S. Zwischentitel, 2 S. Widmung], 199 S.; 2 ungez., 200-396 S.

Standort: **1a: Yw 5639; 7: Fab. Rom. VI 7493; 12: P. o. germ. 2061 e;**
  68: La 28 364-1906
Nachweise: Schindel 1, 6; Goed 6, 428; Heinsius 210; Kayser 5; Holzm-Boh 4, 169; MGT 22,1., 19; Koch 31.
Widmung: Wilhelmine Gensicken, geb. Hertz.

Albrecht, Johanne Sophie Dorothea

1757 Erfurt – 1840 Hamburg.
Pseud.: S. A. – Geb. Baumer; verh. Albrecht; gesch.; verh. von Hahn; nach Tod des zweiten Ehemannes Wiederheirat mit dem ersten. – Vater Medizinprofessor. Schauspielerin. Befreundet mit Friedrich Schiller. Nicht von ihr, sondern von Heinrich Christoph Albrecht ist der ihr von MGT (22,1., 31) und Kayser (9) zugeschriebene Titel: Geheime Geschichte eines Rosenkreuzers, aus seinen eigenen Papieren, hrsg. v. H. E. Albrecht. Hamburg: Gundermann 1791 (Meusel Lex 1, 61; Ersch Rep II, Bd 2, XIV. 623; Goed 7, 358).

Aramena eine Syrische Geschichte ganz für unsre Zeiten umgearbeitet von S. A. Th. 1[-3]. – Berlin: George Jacob Decker 1782[-1786]. 14 ungez. [12 S. Vorrede], 360 S., Titelvign., Frontispiz.

Standort: 1a: Yu 6121 (nur Bd. 1)
Nachweise: Schindel 1, 9; Goed 5, 409 (1782-86); Heinsius 18; Kayser 9 (1782-86); Hayn-G 1, 107; Holzm-Boh 1, 99; MGT 1, 47; Ersch 7, 166f. (1782-86); Hadley 91; Korn 10 (1782-86).
Bemerkungen: Albrechts Vorrede beschreibt im einzelnen die starken Kürzungen und Umarbeitungen, danach muß es sich um eine selbständige Arbeit handeln. Das Original von Herzog Anton Ulrich zu Braunschweig-Lüneburg: Die durchleuchtige Syrerinn Aramena ... erschien Nürnberg Hofmann 1669-1673 in 5 Bänden.

Erzählungen aus dem Dunkel der Vorzeit. Von Albrecht und Sophie Albrecht s. dies., Trümmer der Vergangenheit, Teil 3.

Frömmigkeit wird belohnt s. dies., Trümmer der Vergangenheit, Teil 2.

Gedichte und prosaische Aufsätze von Sophie Albrecht. Zweyter Theil. – Erfurt: in Kommißion bei Albrecht und Compagnie 1785. 16 ungez. [2 S. Widmung, 2 S. Gedicht, 9 S. Subskrib.-Verz., 1 S. Druckf.-Verz.], 316, 4 ungez. S. [Inh.-Verz.].

Standort: 18: A 258418
Ausg./Aufl.: Teil 1 Erfurt 1781; Teil 2 Erfurt 1785; Teil 3 Dresden 1791 (in den meisten Quellen aufgeführt als: Gedichte und Schauspiele 1-3).
Nachweise: obiger Titel nur in: Ersch Rep I, Bd 2, XIV. 630.
Widmung: Antoinette von Dalberg, Stiftsdame von St. Mergen im Kapitol zu Köln.
Bemerkungen: Enthält S. 201-316: Fragmente aus dem Tagebuche einer Unglüklichen.

Graumännchen oder die Burg Rabenbühl. Eine Geistergeschichte altdeutschen Ursprungs von S. A. – Hamburg und Altona: Buchhandlung der Verlagsgesellschaft 1799. 2 ungez., 169, 1 ungez. S.

Standort: **3: Goe 17**
Nachweise: Schindel 1, 9; Goed 5, 409; Heinsius 90; Kayser 56; Holzm-Boh 2, 237; MGT 9, 18; Ersch Rep III, Bd 2, XIV. 2221; Hadley 297.

*Das höfliche Gespenst. Legende von S. A. – Altona und Leipzig: Friedrich Bechtold 1797. 2 Bl., 124 S., Titelvign., Frontispiz.

Standort: kein Bestandsnachweis
Ausg./Aufl.: In den Quellen z. T. als Separattitel geführt, aber wahrscheinlich nur mit dem Reihentitelbl. Legenden erschienen, s. dort.
Nachweise: Schindel 1, 9; Goed 5, 409; Heinsius 87; Kayser 83; Hayn-G 4, 91; Holzm-Boh 2, 217; Hadley 265; Germer 2, 44; Korn 216. – Titel folgt Hayn-G.

*Ida von Duba das Mädchen im Walde. Eine romantische Geschichte aus den grauenvollen Tagen der Vorwelt. Mit 1 Kupfer [als Frontispiz]. – Altona: Friedrich Bechtold o. J. [um 1805]. IV [2 S. Vorrede], 124 S.

Standort: **7: 8° Fab. Rom. VI 6783 h; 725**
Ausg./Aufl.: auch u. d. T.: Legenden, s. dort; Das höfliche Gespenst, s. dort.
  Holzm-Boh nennen auch eine Ausgabe: Ida von Dueben, das Mädchen im Volke. Altona 1807.
Nachweise: Schindel 1, 9; Goed 5, 409; Heinsius 51 (1807); Kayser 68 (1807); Holzm-Boh 2, 314; MGT 13, 15.

Legenden von S. A. Erstes Bändgen [mehr nicht ersch.]. – Altona und Leipzig: Friedrich Bechtold (1797). 2 ungez. [Reihentitel], IV [2 S. Vorrede], 124 S., Titelvign., Frontispiz.

Standort: **1a: Yw 4720/60** (ohne 2. Titelbl.); **138: VI b 358**
Ausg./Aufl.: auch u. d. T.: Das höfliche Gespenst, s. dort; Ida von Duba das Mädchen im Walde, s. dort. Schröder 1, 44; Brüm (1) 1, 8; Lüb N 763; Gross 29 nennen eine weitere Ausgabe: Legenden aus den Zeiten der Wunder und der Erscheinungen. Hamburg 1800.
Nachweise: Schindel 1, 9; Goed 5, 409; Heinsius 87; Kayser 6 und 83; Hayn-G 4, 91; Holzm-Boh 3, 36; MGT 17, 17; Germer 2, 44; Korn 108.
Bemerkungen: Das 2. Titelblatt lautet (Ex. 138): Das höfliche Gespenst. Legende von S. A. Die Ausgabe ist bis auf das Titelbl. identisch mit Ida von Duba das Mädchen im Walde, s. dort.

Die reiche Anna s. dies., Trümmer der Vergangenheit, Teil 3.

Romantische Dichtungen aus der ältern christlichen Kirche. Herausgegeben von Sophie Albrecht. – Hamburg und Altona: Gottfried Vollmer o. J. [1808]. 4 ungez. [2 S. Inh.-Verz.], 124 S.

Standort: **43: Km 395**
Nachweise: Schindel 1, 9 (1808); Goed 5, 409 (1808); Heinsius 49; Kayser 6; Holzm-Boh 7, 115 (1808); MGT 22,1., 31 (1808); Hadley 343.

Trümmer der Vergangenheit, aus ihren Ruinen ans Licht gebracht von Albrecht. Th. [1]-3. – Hamburg: Benjamin Gottlob Hoffmann 1796/1797/1801. 2 ungez., 260 S., Titelvign., Frontispiz; 2 ungez., 284 S.; 2 ungez., 260 S.

Standort: **1a: Yw 4484** (nur Teil 1); **46: R ger 719 albr 3/912.1-3**.
Ausg./Aufl.: Teil 1 und 2: ... gebracht von [Johann Friedrich Ernst] Albrecht; Teil 3 mit dem Nebentitel: Erzählungen aus dem Dunkel der Vorzeit. Von Albrecht und Sophie Albrecht. – 1) Die Stimme im Rosenthal. 2). Der Geist Wittiwalds. Rächer des geheimen Unrechts. 3) Die reiche Anna. Hamburg: bey Benjamin Gottlob Hoffmann 1801.
Nachweise: Schindel 3, 6; Goed 5, 503; Kosch neu 1, 61; Heinsius 213; Kayser 6; Hayn-G 2, 192; Hayn-G 7, 718; Holzm-Boh 2, 60; Holzm-Boh 4, 195; MGT 13, 13f.; MGT 22,1., 29 und 30f.; Hadley 250 (Teil 3 Mitverf. Sophie A. 1801); Korn 191 (Teil 1 1796, Verf. Dr. Albrecht) und 219 (Teil 2 1797 Verf. Dr. Albrecht).
Bemerkungen: Teil 2 enthält auf S. 137-211: Vierte Trümmer. Frömmigkeit wird belohnt. Von Sophie Albrecht. Teil 3 enthält auf S. 195-260: Die reiche Anna oder Unserer lieben Frauen Bild in Litthauen Erzählung aus dem 12ten Jahrhundert von S..... A....... [Das Inh.-Verz. auf dem Reihentitelbl. des Bandes nennt: 3) Die reiche Anna. Von Sophie Albrecht].

Anschel, Julie (Juliane) Philippine Clara Auguste

1780 Helmstedt – ?
Pseud.: Theodora; von einer Dame. – Geb. Cappel. Vater, Bruder und Ehemann Ärzte. 1812 mit dem Ehemann Übertritt vom jüdischen zum christlichen Glauben. Schauspielerin.

Kleine Romane und Erzählungen aus dem Reiche der Dichtung und Wahrheit. Von Theodora. – Helmstädt: C. G. Fleckeisen 1811. 4 ungez. [2 S. Inh.-Verz.], 372 [vielm. 370] S.

Standort: 7: **Fab. Rom. VI 6317 n**
Nachweise: Schindel 1, 11; Goed 7, 343; Kosch neu 2, 476; Heinsius 5, 35; Kayser 139; Holzm-Boh 3, 392; MGT 17, 315; MGT 21, 35f.
Bemerkungen: Enthält: S. 1-80: Leichtsinn und Herzensgüte oder: Was vermag nicht Erziehung, S. 81-132: Aurelie Hilner, oder die belohnte Resignation, S. 133-186: Die Mesaliance, S. 187-262: Marie. Eine Erzählung, S. 163-304: Vermächtniß an meine Freundin Therese Risenach von Luise Werner, S. 305-372: Die Freunde. Eine Erzählung in Briefen.
S. 19/20 und S. 69/70 im Ex. 7 herausgetrennt.

BALDINGER, DOROTHEA FRIDERIKA

1739 Großottern/Thüringen – 1786 Kassel.
Geb. Gutbier; verh. Baldinger. Vater Pfarrer; Ehemann Arzt.

Lebensbeschreibung von Friderika Baldinger von ihr selbst verfaßt. Herausgegeben und mit einer Vorrede begleitet von Sophie, Wittwe von la Roche. – Offenbach: Ulrich Weiß und Carl Ludwig Brede 1791. 39, 1 ungez. S., Titelvign.

Standort: 1a: Pb 8032; 7: 8° H. lit. biogr. IV 9055; 23: Wa 1743 (K); 29; 66: Biogr B 40
Nachweise: Schindel 2, 206 (Verf. La Roche); Goed 4,1., 593 (Verf. La Roche); Heinsius 1, 171; Heinsius 2, 738; MGT 6, 387 (Verf. La Roche); Ersch Rep II, Bd 2, XIII. 4823.
Widmung: Hofrath Baldinger.
Bemerkungen: S. 3-10 Vorrede an Freifrau von Lühe, gez.: Sophie von la Roche; S. 11-14 Widmung: Hofrath Baldinger den 18ten Mai 1783, gez.: Friderika Baldinger. S. 17 Textbeginn mit der Überschrift: Versuch über meine Verstandeserziehung. An einen meiner Freunde.
Ex. 23 hat vorn eine ungez. S., dadurch gerade Seiten unüblich rechts.

BAMBERGER, ANTOINETTE CHARLOTTE VICTORIA

Zwischen 1732/1740 – 1805?
Geb. Sack; verh. Bamberger. Vater und Ehemann Pfarrer.

Ein Brief eines verheuratheten Frauenzimmers zum Muster freundschaftlicher Briefe. [Hrsg. von Prof. Zobel] – Greifswalde: [?] 1778.

Standort: kein Bestandsnachweis
Nachweise: Schindel 1, 34; Holzm-Boh 1, 259; MGT 1, 134; Baur 9. – Titel folgt Baur, Schindel.

BANDEMER, SUSANNE VON

1751 Berlin – 1828 Koblenz.
Pseud.: Susanne v. B. – Geb. v. Franklin (Nichte von Benjamin Franklin?); verh. von Bandemer, gesch.; verh. von Bohlen; gesch. – Erster Ehemann preußischer Major. Befreundet mit Wieland, Ramler, Herder, Karsch. Nicht Verfasserin des ihr zugeschriebenen Bandes: Biographische Skizze der Madame Ritz jetzigen Gräfinn von Lichtenau, s. unter Lichtenau. Verfasserin von: Zufällige

Gedanken über die Bestimmung des Weibes, und einige Vorschläge dieselbe zu befördern. In: dies., Gedichte und prosaische Kleinigkeiten von Susanne von Bandemer. Neue Auflage. Neustrelitz: Ferdinand Albanus 1811, S. 142-160 (18: A 35707; 23: Lo 237), sowie von: Schreiben einer deutschen Gräfin und Dichterin an das gesetzgebende Corps der französischen Republik, im July 1796 In: Allgemeiner Litterarischer Anzeiger v. 25. November 1797 (Sp. 1449f.), sowie von: Schreiben einer Mutter an ihren Sohn über die Revolution in Frankreich, Menschenrecht und Freiheit. In: Braunschweigisches Magazin v. 29. Januar 1791, S. 65-78.

Klara von Bourg eine wahre Geschichte aus dem lezten [!] Zehntheil des abscheidenden Jahrhunderts von Susanna von Bandemer gebohrne von Franklin. – Frankfurt a. M.: J. L. E. Zessler 1798. 12 ungez. [2. Titelblatt, 4 S. Widmung, 4 S. Vorrede], 3-328, 2 ungez. S. [1 S. Druckf.-Verz.], Titelvign., Frontispiz.

Standort: 1a: Yw 4886; 30: 17/79
Nachweise: Schindel 1, 35; Goed 5, 415; Kosch 1, 89; Heinsius 34; Kayser 12; Holzm-Boh 1, 329; MGT 9, 52f.; MGT 11, 41; Ersch Rep III, Bd 2, XIV. 1328; Ersch 7, 187; Hadley 279.
Widmung: Prinzessin Louise von Nassau-Usingen; Reichsgräfing Polixene von Leiningen-Dachsburg; Freyfrau Friederike von Holzhausen; verw. Sophie von La Roche.
Bemerkungen: Fortsetzung u. d. T.: Bruchstücke aus der Fortsetzung der Klara von Bourg. In: Zerstreute Blätter aus dem letzten Zehntheil des abgeschiedenen Jahrhunderts. Von Susanne von Bandemer, gebornen von Franklin. Koblenz: Gelehrten-Buchh. 1821. S. 71-188. – 51: D 648 Z.

BARTHEL, MARIE

Lebensdaten unbekannt.

Marie oder die Phantasie der Liebe. – Leipzig: E. Richter [1804]. (= Neue Bibliothek deutscher Romane. 1802-1804. 8. Theil).

Standort: kein Bestandsnachweis
Ausg./Aufl.: [als Separattitel] Mit 1 Kupfer. Leipzig 1805 (Hayn-G).
Nachweise: Heinsius 30; Kayser 17; Hayn-G 4, 416. – Titel folgt Heinsius.

BECKER, AGNES SOPHIE

1754 Neu Autz/Kurland – 1789 Halberstadt.
Pseud.: Sophie. – Verh. Schwarz. Vater Pfarrer; Ehemann Direktor des Stadtgerichts in Halberstadt. Befreundet mit Elisa von der Recke.

Briefe einer Curländerinn. Auf einer Reise durch Deutschland. Th. [1.] 2. [in 1 Bd.] – Berlin: Friedrich Vieweg d. Ä. 1791/1791. 10 ungez. [4 S. Widmung, 4 S. Vorrede], 175 S., Titelvign.; 2 ungez., 206 S.

Standort: 46: R ger 649 scwa 2/565; 188: 38/77/25924 (3);
188 (B 806): Pb 192 sekr.; Mar 1, H
Ausg./Aufl.: Das Reisejournal ist nach dem Tod der Autorin von ihrem Mann bearbeitet und herausgegeben worden. Erst 1884 erschien die Originalfassung: Vor hundert Jahren. Elise von der Reckes Reisen durch Deutschland 1784-86 nach dem Tagebuche ihrer Begleiterin Sophie Becker. Herausgegeben und eingeleitet von G. Karo und M. Geyer. Stuttgart: Spaemann [1884]. 248 S. (= Collection Spaemann. Deutsche Hand- und Hausbibliothek. 61).
Nachweise: Goed 5, 418; Kosch 3, 2174f. und 2659f.; Heinsius 1, 417; Kayser 1, 348; Holzm-Boh 1, 262; Meusel Lex 12, 628; Ersch Rep II, Bd 2, XIII. 410; Ersch 6, 190; Recke 4, 165.
Widmung: Ihro Durchlaucht die regierende Herzoginn von Curland.

BERGER, JULIE

Lebensdaten unbekannt. Bis 1808 Schauspielerin in Bremen.

Ida und Claire oder Die Freundinnen aus den Ruinen von Julie Berger. Th. 1. 2. – Bremen: Johann Heinrich Müller 1807/1807. 2 ungez., 200 S.; 2 ungez., 304 S.

Standort: 1a: Yw 6207; 138: VI a 75
Ausg./Aufl.: 1.: ... Leipzig: o. V. 1808. 317, 3 ungez. S. [Verl.-Anz.], Frontispiz. –
  1a: Yw 6207/10.
  2.: ... Erster Theil. Neue unveränderte Ausgabe. Leipzig: Weygand 1820. 2 ungez., 200 S. – 715: Man I 1574.
Nachweise: Schindel 1, 44; Goed 6, 432; Heinsius 104; Kayser 16 und 68; MGT 22,1., 214.
Bemerkungen: Die einbändige Ausgabe von 1808 ist eine gekürzte Fassung der Erstausgabe.

Kleine Romane. 2. Aufl. – Eisenberg: Schöne 1818.

Standort: kein Bestandsnachweis
Ausg./Aufl.: In den Quellen kein Nachweis der Erstausgabe.
Nachweise: Goed 6, 432; Kayser 16. – Titel folgt Kayser.

Die sonderbare Burg des Ritter Renno zwischen Himmel und Erde. Von Julia Berger. – Bremen: Johann Heinrich Müller 1807. 2 ungez., 234 S.

Standort: 1a: Yw 6200 R; 7: Fab. Rom. VI 5417
Ausg./Aufl.: Nur Kayser nennt eine Ausgabe 1803.
Nachweise: Schindel 1, 44; Goed 6, 432; Heinsius 37; Kayser 16; Holzm-Boh 1, 290; MGT 17, 139; Hadley 348.

Sophia oder die Folgen des Leichtsinns, und der Unwirthlichkeit eine wahre Geschichte Müttern, Jungfrauen und Gattinnen geweiht von Julia Berger. – Bremen: Johann Heinrich Müller 1807. 2 ungez., 280 S.

Standort: 1a: Yw 6231; 46: Brem. c 2574
Ausg./Aufl.: Nur Holzm-Boh und danach Hayn-G nennen eine Ausg. 1801.
Nachweise: Schindel 1, 44; Goed 6, 432; Heinsius 200; Kayser 132; Hayn-G 1, 231; Hayn-G 7, 351; Holzm-Boh 4, 98; MGT 13, 99f.

Das Wunderbare Verlöbniß oder Die steinerne Braut. Der hülfreiche Fisch. Das Kobermännchen Drey Märchen von Julie Berger. – Bremen: Johann Heinrich Müller 1807. 2 ungez., 348 S.

Standort: 7: 8 Fab. Rom. VI 5418
Ausg./Aufl.: Leipzig: Weygand 1820 (Heinsius 6).
Nachweise: Schindel 1, 44 (auch 1820); Goed 6, 432 (auch 1820); Heinsius 219; Heinsius 6 Anh Romane 48; Kayser 16 (nur 1820); MGT 22,1., 214 (auch 1820).
Bemerkungen: Enthält: S. 1-120: Das wunderbare Verlöbniß, S. 121-198: Der hülfreiche Fisch, S. 199-348: Das Kober=Männchen.

BERLEPSCH, EMILIE VON

1755 Gotha – 1830 Lauenberg.
Geb. von Oppeln; verh. von Berlepsch; gesch.; verh. von Harm(e)s. – Vater Vizekanzler zu Altenburg und Sachsen-Gotha. Befreundet mit Jean Paul. Verfasserin von: Einige Bemerkungen zur richtigern Beurtheilung der erzwungnen Schweitzer-Revolution und Mallet du Pan's Geschichte derselben;

von Emile von Berlepsch geborne von Oppel. Leipzig: Dykische Buchhandlung 1799 (6: 1 E 1731).

Caledonia Von der Verfasserin der Sommerstunden. In drey Theilen [4 Teile in 2 Bdn.]. – Hamburg: Benjamin Gottlob Hoffmann 1802/1802/1803/1804. XII [2 S. Vortitel, 8 S. Vorrede], 13-254, 2 ungez. S. [1 S. Druckernachweis]; 269, 1 ungez. S.; 275, 1 ungez. S. [Druckf.-Verz.]; 287, 1 ungez. S. [Druckf.-Verz.].

Standort: 7: **Itin. I** 1481; 43: Re 3324; 188 (B 806): Pb 395/10 sekr.; 32: Aa 6:613 e-g; 138 (Kopie); Hs2: C2900-01 (Teil 3 fehlt)
Nachweise: Schindel 1, 190; Goed 5, 413; Kosch 1, 835; Heinsius 1, 488; Kayser 1, 403f.; Holzm-Boh 1, 294f.; MGT 13, 104; Ersch 6, 545.
Bemerkungen: Die Verfasserangabe im Titel bezieht sich auf eine Sammlung kleinerer Arbeiten: Sommerstunden. Bd. 1 [mehr nicht ersch.]. Zürich: Orell, Geßner, Füßli und Compagnie 1794. 231, 1 ungez. S. [Druckf.-Verz.], Titelvign., Frontispiz. – **18:** A 50099; 32: Dd,3: 340.

BERNARD, ESTHER

1767 Breslau – 1836 London (Goed 17 (2), 298f.).
Geb. Gad; verh. Bernard; gesch.; verh. Domeier. – Zweiter Ehemann Leibarzt des Herzogs von Sussex. Um 1800 Übertritt vom jüdischen zum christlichen Glauben; nach der Taufe Vorname Sophie oder Lucy. Befreundet mit Dorothea Veit, Henriette Herz, Jean Paul, Mme de Genlis.

Briefe während meines Aufenthalts in England und Portugal an einen Freund von E. Bernard geb. Gad. – Hamburg: August Campe 1802. XIV [8 S. Widmung, 6 S. Vorrede], 433, 1 ungez. S., Frontispiz.

Standort: **48** : Geogr. 8° 3833 (nur Teil 1); 138 (Kopie; nur Teil 1)
Ausg./Aufl.: 1.: S. 433: „Ende des ersten Theils." Ein zweiter Teil der Ausgabe 1802 ist nicht nachweisbar. Das Buch trägt (nach der Vorrede) den Nebentitel: Neue Reise durch England und Portugal; wird in den Quellen oft fälschlich als selbständiger Titel geführt.
2.: Briefe über England und Portugal an einen Freund von E. Bernard geb. Gad, Neue Ausgabe. Th. 1.2. Hamburg: Campe 1808. XIV [8 S. Widmung, 6 S. Vorrede], 433, 1 ungez. S.; 467, 1 ungez. S. – **300:** 251.116-B Fid.
Nachweise: Schindel 1, 105; Goed 7, 434; Kosch 1, 363; Heinsius 1, 260 und 699; Kayser 2, 64; MGT 13, 105; MGT 22,1., 664; Ersch 6, 115.
Widmung: Herzogin von York.

Gesammelte Blätter von L. E. Domeier, geb. Gad. Erster Theil. – Leipzig: Carl Heinrich Reclam 1806. 2 ungez., 228 S.

Standort: 115: Soc. Bibl. D 344
Ausg./Aufl.: Ein zweiter Teil ist nicht nachweisbar.
Nachweise: Goed 7, 434; Kosch neu 3, 437; Kayser 2, 64; MGT 22,1., 663.
Bemerkungen: S. 7-10 fehlen. – Enthält: S. 3-108: Das allegorische Gemälde, S. 109-132: Einige Fingerzeige zu einer zweckmäßigen Wahl beim Lesen, S. 133-180: Brief eines jungen Frauenzimmers an ihre Freundin, S. 181-224: Einige Begebenheiten, in denen Ludwig XIV. eine Hauptrolle spielte, S. 225-228: Anhang.

BERNHARDI, ELISABETH ELEONORE

1768 Freiberg/Sachsen – 1849 Freiberg.
Pseud.: Philogyn; Verfasserin der Julie und Friederike. – Vater Jurist und Bürgermeister. Gründerin einer Töchterschule in Freiberg. Verfasserin pädagogischer Schriften und von: Reise einer Tante in vieler Herren Länder, von der Herausgeberin des sächsischen Wochenblatts für die mitleidige Jugend. Zum Besten der Armen in Sachsen. O. O. [Freiberg: Craz] 1817 (Standort: 56).

Julie und Friederike, von Philogyn, ein Roman. – Freyberg: Craz und G. 1799. 368 S.

Standort: kein Bestandsnachweis
Nachweise: Schindel 1, 45; Goed 7, 292; Heinsius 110; Kayser 71; Hayn-G 6, 179; Holzm-Boh 2, 345; MGT 19, 132; MGT 22,1., 233; Hadley 297. – Titel folgt Heinsius, Hayn-G.

Ungewöhnliche Menschen in gewöhnlichen Begebenheiten. Von der Verfasserin der Julie und Friederike. – Freyberg: Crazische Buchhandlung 1801. XII [10 S. Vorrede], 2 ungez. [Inh.-Verz.], 402 S.

Standort: 1a: Yw 5398
Nachweise: Schindel 1, 45; Goed 7, 292; Heinsius 141; Kayser 94; Holzm-Boh 3, 137; MGT 19, 132; MGT 22,1., 233.
Bemerkungen: Enthält: S. 1-168: Vier Jahre aus dem Leben eines edlen Mädchens, S. 169-266: Albert und Wilhelmine, S. 267-402: Geschichte einer alten ledigen Tante, von ihr selbst geschrieben. Vermuthlich etwas langweilig.

Ein Wort zu seiner Zeit. Für verständige Mütter und erwachsene Töchter. In Briefen einer Mutter. Herausgegeben von Karl Gottlob Sonntag, Oberpastor an der Kronskirche in Riga. – Freyberg: Crazische Buchhandlung 1798. XXVI [4 S. Widmung, 14 S. Vorrede des Hrsg., 6 S. Inh.-Verz.], 308, 2 ungez. S. [1 S. Druckf.-Verz.].

Standort: 1a: No 3751
Nachweise: Schindel 1, 45; Goed 7, 292; Heinsius 1, 262 (Verf. Karol. Louise B.); Kayser 6, 289 (Verf. Karol. Louise B.); Holzm-Boh 4, 413; MGT 22,1., 233; Ersch 1, 252; Ersch 8, 83.
Widmung: Für meine Freundin.
Bemerkungen: Verwirrung der Vornamen: Kayser 1, 226 z. B. verweist auf den Titel unter Bernhardi, El. Louise, auch auf die päd. Titel, nicht aber auf Philogyn-Titel. Bernhardi, Luise Caroline Ernestine, geb. Firle, Pseud.: Ludwig Fern, wurde lt. Friedrichs 1828 geboren, schrieb ab 1881.

BERNHARDI, SOPHIE

1775 Berlin – 1833 Reval.
Geb. Tieck; verh. Bernhardi; gesch.; verh. von Knorring. – Vater Seiler; erster Ehemann Gymnasialdirektor. Schwester von Ludwig und Friedrich Tieck. Nach ihrem Tod erschien anonym: Evremont. Ein Roman. Hrsg. von Ludwig Tieck. Th. 1-3. Breslau: Max u. Comp. 1836 (188: 38/78/90707).

Bambocciaden. Dritter Theil. – Berlin: Friedrich Maurer 1800. II [Vorrede], 363, 1 ungez. S. [Druckf.-Verz.], Titelvign.

Standort: 12: P. o. germ. 96 w; 180: (K) H. B. P 95 3; 1: Yw 4641[a]
Nachweise: Schindel 1, 258; Goed 6, 45 (Verf. Joh. Chn. Aug. Ferd. B.); Kosch neu 1, 444; Heinsius 22 (o. Verf.); Kayser 12 (Mitverf. Sophie B.); Holzm-Boh 1, 134 (Verf. Joh. Chn. Aug. Ferd. B. und Ludw. Tieck); MGT 23, 185 (Mitverf. Sophie B.); Ersch Rep III, Bd 2, XIV. 1280; Ersch 7, 209 (Verf. Joh. Chn. Aug. Ferd. B.).
Bemerkungen: Der Band enthält Erzählungen, Märchen, und ein Schauspiel: S. 1-46: Der Besessene, S. 47-148: Die Reise durch das Gottfriedland, S. 149-180: Der Greis im Felsen, S. 181-216: Die Höle [!], S. 217-228: Die gelehrte Gesellschaft, S. 229-263: Seebald oder der edle Nachtwächter. Familiengemälde in einem Akte [Schauspiel].
Nach Schindel hat Sophie Bernhardi den gesamten dritten Band des Werkes (1797/1799/1800) mit Ausnahme von Nr. 5 „Die gelehrte Gesellschaft und die edlen Nachtwächter" verfaßt. August Ferdinand Bernhardi nennt sich in

der Vorrede als Verfasser und gesteht ihr nur die beiden Titel Die Höhle sowie
Der Greis im Felsen zu. Kosch nennt Sophie B. als Verfasserin der folgenden
Bambocciaden: Der Besessene. Die Reise durch das Gottfriedland. Der Greis
im Felsen. Die Höhle. – Neben A. F. Bernhardi hat Johann Ludwig Tieck als
Herausgeber fungiert.

Julie Saint Albain. Th. 1. 2. [in 1 Bd.] – Dresden: Heinrich Gerlach 1801/1801.
2 ungez., 158 S., Frontispiz; 2 ungez., 182, 4 ungez. S. [Verl.-Anz.].

Standort: **188:** 38/72/16819(6)
Nachweise: Schindel 1, 257; Goed 6, 46; Goed 7, 491; Kosch neu 1, 444;
  Heinsius 10; Kayser 71; Holzm-Boh 2, 345; MGT 23, 185.

Wunderbilder und Träume in eilf Mährchen. – Königsberg: Nicolovius 1802.
374 S.

Standort: s. NUC 300, 531
Ausg./Aufl.: Wunderbilder und Träume von Sophie von Knorring geborne Tieck.
  Zweyte wohlfeile Ausgabe. Königsberg: Universitäts-Buchhandlung 1823.
  2 ungez., 374 S. – **1a:** Yw 5441.
Nachweise: Schindel 1,257; Schindel 3,188; Goed 6,46; Kosch 1,152; Heinsius 234;
  Kayser 153; Holzm-Boh 4, 419; MGT 23, 185.
Bemerkungen: Ex. 1a enthält: S. 3: Die Quelle der Liebe, S. 30: Die Stimme im
  Walde, S. 60: Die Blume der Liebe, S. 110: Der Einsiedler und die Nonne,
  S. 138: Alcandor und Angelica, S. 170: Das Vögelchen, S. 200: Der Unglück-
  liche, S. 232: Belinde, S. 258: Das Reh, S. 310: Die Waldgenossin, S. 314:
  Die Bezauberungen der Nacht. Ein dramatisirtes Mährchen.

BLUMENTHAL, LUISE JOHANNA LEOPOLDINE VON

1742 ? – 1808 Berlin.
Geb. von Platen; verh. von Blumenthal. Nichte des Generals von Ziethen.
Oberhofmeisterin der Prinzessin Heinrich von Preußen.

**Lebensbeschreibung Hans Joachims von Zieten, Königlich-Preußischen Generals
der Kavallerie, Ritters des schwarzen Adlerordens, Chefs des Regiments der
Königlichen Leibhusaren, und Erbherrn auf Wustrau. Mit einer Abbildung der
Zieten auf dem Wilhelmsplatz in Berlin errichteten Statue und einem Plane von
der Action bei Moldau-Tein.** – Berlin: Christian Friedrich Himburg 1797. XXVI
[2 S. Widmung, [[14 ungez. S. Subskrib.-Verz.]], 22 S. Vorrede], 2 ungez. [Zwi-
schentitel], 612, 2 ungez. S. [Schlachtplanerklärung], 1 Faltblatt [Plan], Frontispiz.

Standort: 14: H. Germ. biogr. 958
Ausg./Aufl.: 1.: ... Wustrau. Zweite, sorgfältig durchgesehene und verbesserte Auflage. ... Statue, und zwei Planen. Berlin: Himburg 1800. XXIV [2 S. Widmung, 4 S. Vorrede zur zweiten Ausgabe, 16 S. Vorrede zur ersten Ausgabe], 499, 3 ungez. S. [2 S. Schlachtplanerklärung], 1 Faltplan, Frontispiz. – 1a: Bibl. Varn. 1152; 188: 16 F 917/2 (ohne Frontispiz). Beide Ex. Widmung: Friedrich Wilhelm III.
2.: 3. Aufl. Berlin: Himburg 1805. – 1a: Sv 3426; 12: Biogr. 1266.
Nachweise: Schindel 1, 48; Heinsius 2, 755; Kayser 3, 499; Holzm-Boh 3, 27; MGT 9, 108; Ersch Rep III, Bd 2, XIII. 2690 a.b; Ersch 6, 273.
Widmung: Dem Könige und dem Vaterlande.
Bemerkungen: Vorrede zur ersten Ausgabe ist namentlich gezeichnet.
Übers. ins Franz. Berlin 1803. – 12: Don Lud 555; ins Engl.: The Life of Gen. de Ziethen etc.... London. 2. Aufl. Berlin 1810 (Kayser 3, 499).

BRACHMANN, LOUISE CAROLINE MARIE

1777 Rochlitz/Sachsen – 1822 Halle (Freitod).
Pseud.: Klarfeld; Sternheim; Louise B. – Vater Kreissekretär. Literarische Erziehung durch Novalis; befreundet mit Schiller, Benedikte Naubert, Clemens Brentano und Sophie Mereau. Verfasserin von Gedichten („deutsche Sappho" wie vor ihr Anna Louisa Karsch) und div. Beiträgen, auch längeren Erzählungen und kurzen Romanen, in Taschenbüchern und Zeitschriften. Biographische Angaben in: Auserlesene Dichtungen von Louise Brachmann. Hrsg. und mit einer Biografie und Charakteristik der Dichterin begleitet vom Professor Schütz zu Halle. Bd. 1.2. Leipzig: Weygand 1834 (1a: Yc 9404; 43: Km 7088).
In unserem Zeitraum keine Separatveröffentlichungen.

BROCKES, FRAU VON

? – ?
Geb. Gräfin von Ei(c)kstädt (auch: Eikstedt) zu Neubrandenburg/Meckl.; verh. von Brockes.

Natur, Roman und Empfindung. – Kiel und Lübeck: Iversen und Com. 1781. 16 ungez. [14 S. Subskrib.-Verz.], 190 S., Titelvign.

Standort: 23: Lo 673
Nachweise: Schindel 1, 65; Heinsius 150; Heinsius 3, 23; Kayser 100; Kayser 4, 211; Holzm-Boh 3, 202; MGT 9, 145; Hadley 84; Korn 218.

BRUN, FRIEDERIKE SOPHIE CHRISTIANE
1765 Gräfentonna/Thüringen – 1835 Kopenhagen.
Geb. Münter; verh. Brun. – Vater der Liederdichter Balthasar Münter; Ehemann dänischer Konsul in St. Petersburg. Befreundet mit Herder, Klopstock, den Brüdern Stolberg, Angelika Kauffmann, Wilhelm Grimm, Mme de Staël. Reiseschriftstellerin. Autobiographische Texte in: Wahrheit aus Morgenträumen und Idas ästhetische Entwickelung. Von Friederike Brun, geb. Münter. Aarau: Heinrich Remigius Sauerländer 1824 (1a: At 12411; 18: A 16228).

Auszüge aus einem Tagebuche über Rom aus den Jahren 1795 und 1796 s. dies., Prosaische Schriften, Bd. 3 und 4.

Cyane und Amandor eine Schweizergeschichte meinem Freunde Herrn Rathsherrn Füßli in Zürch [!] gewidmet von Friederike Brun geb. Münter. – Hamburg: Gebrüder Herold 1792. 47, 1 ungez. S., Titelvign.

Standort: 1a: Yw 3521; 18: A 36083
Ausg./Aufl.: 1.: auch in dies., Prosaische Schriften, Bd. 2, s. dort.
2.: auch in dies., Gedichte, s. dort.
Nachweise: Schindel 1, 78; Goed 5, 431; Goed 12, 49f.; Kosch 1, 236; Heinsius 46; Kayser 22; Holzm-Boh 1, 359; MGT 1, 462; Ersch Rep II, Bd 2, XIV. 2383 b; Hadley 191; Korn 36.

Episoden aus Reisen durch das südliche Deutschland, die westliche Schweiz, Genf und Italien in den Jahren 1801, 1802, 1803 nebst Anhängen vom Jahr 1805. Von Friederika Brun. Bd. 1-4. – Band 1. 2.: Zürich: Orell, Füßli und Compagnie 1806/1809. IV [2 S. Vorrede], 420 S. [S. 416-420 Druckf.-Verz.], Frontispiz; VIII [6 S. Inh.-Verz.], 406 S., Frontispiz; Band 3: Mannheim und Heidelberg: Schwan- und Götzische Buchhandlung 1816. 4 ungez. [2 S. Zwischentitel], 270, 2 ungez. S. [Inh.-Verz.], Frontispiz; Band 4: Leipzig: Hartleben's Verlags-Expedition 1818. XXIV [2 S. Nebentitel, 4 S. Gedicht, 8 S. Vorrede des Hrsg. Böttiger, 8 S. Inh.-Verz.], 350, 2 ungez. S. [1 S. Druckf.-Verz.], Faltfrontispiz.

Standort: **180**: Mh 242/1-4; 12: It. sing. 165
Ausg./Aufl.: Die Reihentitelblätter unterscheiden sich wie folgt:
Bd. 2: ... 1801, 1802, 1803, 1805 und 1807. Von Friederika Brun. Zweyter Band. Mit einem Kupfer, welches den Emissär des Albaner-Sees darstellt.
Bd. 3: ... Genf, das südliche Frankreich und Italien in den Jahren 1806 und 1807, mit Beilagen von 1812. Von Friederika Brun, geborne Münter. Dritter Band. Mit einer Landschaft bei Carrara [als Frontispiz]. – Das folgende Nebentitelbl. lautet: Reise von Genf in das südliche Frankreich und nach Italien.
Bd. 4: Episoden aus Reisen durch das untere Italien in den Jahren 1809 – 1810

mit spätern Zusätzen von Friederike Brun, geborne Münter. Vierter Band. Nebst einem Cortile nach dem Vorbilde in den Trümmern von Pompeji und Cicero's Grabmal in zwei Kupferstichen [1 Faltfrontispiz]. – Das folgende Nebentitelbl. lautet: Sitten- und Landschaftsstudien von Neapel und seinen Umgebungen in Briefen und Zuschriften entworfen in den Jahren 1809 – 1810 nebst spätern Zusätzen ... Cortile nach den Ruinen von Pompeji und Cicero's Grabmal in zwei Kupferstichen, s. dort.

Nachweise: Schindel 1, 78f.; Goed 5, 431 (nur Bd. 1-3); Kosch 1, 236 (nur Bd. 1.2); Heinsius 1, 444 (nur Bd. 1.2); Heinsius 6, 114; Kayser 1, 369; MGT 13, 182 (Bd. 1); MGT 17, 271 (nur Bd. 3), MGT 22,1., 406 (nur Bd. 2, Bd. 4 Pesth); Ersch 6, 118 (nur Bd. 1.2).

Gedichte von Friederike Brun, geb. Münter herausgegeben durch Friedrich Matthißon. – Zürich: Orell, Geßner, Füßli &. Comp. 1795. 2 ungez., XII [2 S. Vortitel, 2 S. Widmung, 4 S. Vorrede des Hrsg., 4 S. Inh.-Verz.], 178, 2 ungez. S. [1 S. Druckf.-Verz.], Titelvign.

Standort: **138: VI a 21**

Ausg./Aufl.: 2. verm. Aufl. Zürich 1798; 3. Aufl. 1803; 4. Aufl. 1806 (Ersch).

Nachweise: Schindel 1, 78; Goed 12, 49f.; Kosch 1, 236; Kayser 1, 369 (auch 1798, 1806); MGT 1, 462; MGT 9, 151 (1798); MGT 11, 109 (1803); MGT 13, 182 (1806); Ersch 7, 108 (Ausgaben bis 1806).

Widmung: Dem Andenken meines Vaters.

Bemerkungen: Das Werk enthält ab S. 105 die Prosabeiträge: S. 105-166: Cyane und Amandor, s. dort, S. 167-175 (Anhang): Die Schöpfung der Alpenrose, S. 176-178 (Anhang): Abendtraum.

Prosaische Schriften von Friederike Brun. Bdch. 1-4. Mit Kupfern [als Frontispize]. – Zürich: Orell, Füßli und Compagnie 1799/1799/1800/1801. 2 ungez., 338, 2 Frontispize; 4 ungez. [2 S. Inh.-Verz.], 296 S., Frontispiz; 2 ungez., 414 S., Frontispiz; 2 ungez., 436, 4 ungez. S. [Druckf.-Verz., nach S. 426 geb.], Frontispiz.

Standort: **1a: Ak 2111; 11: 3928 e** (nur Bd. 1.2); **25: E 5680 ap** (Abweichungen s. Bemerkungen); **Mar: 16870**

Ausg./Aufl.: Bei den in den Quellen „a. u. d. T." aufgeführten Titeln handelt es sich um Zwischentitel, die vermutlich nicht separat erschienen sind.

Bd. 1 und 2: Reise durch das südliche Frankreich, über Genf und durch die Schweiz. Zürich 1799.

Bd. 3 und 4: (Auszüge aus einem) Tagebuch über Rom. Goed nennt außerdem eine 2bändige Ausg. Zürich 1797/1798.

Nachweise: Schindel 1, 78; Goed 5, 431; Goed 12, 50; Kosch 1, 236; Heinsius 1, 444; Kayser 1, 369; Holzm-Boh 4, 52; MGT 9, 151; MGT 11, 109; Ersch Rep III, Bd 2, XIII. 2476 b; Ersch 6, 119; Ersch 7, 108.

Widmung: Band 1: An meinen lieben Bruder Friedrich Münter; Band 2: An meinen lieben Freund, Christian Grafen von Bernstorf.
Bemerkungen: 1.: Bd. 1 enthält: [Reisen durch Frankreich und die Schweiz]. – Bd. 2 enthält: [Reisen durch die Schweiz nebst Anhang, darin:] S. 201-258: Cyane und Amandor, s. dort; S. 261-266: Die Schöpfung der Alpenrose, s. auch dies., Gedichte; S. 267-269: Abendtraum, s. auch dies., Gedichte; S. 270-272: Die unterirdische Quelle, der Lorbeer, und die Waldtaube. 1795; S. 273-296: Herbstfreuden. 1796. – Bd. 3 enthält: Auszuge [!] aus einem Tagebuche über Rom. In d. J. 1795 und 1796. – Bd. 4 enthält: [Fortsetzung des Tagebuchs über Rom und weitere Abschnitte über Reisen nach Neapel, den Vesuv, Ischia usw.].
2.: Ex. 11, Bd. 1 nur 1 Frontispiz; Ex. 25 identisch mit 1a bis auf: S. 337/338 [Inh.-Verz.] folgen hinter Titelbl., Bd. 1 nur 1 Frontispiz; die Frontispize Bd. 2.3. sind vorgebunden.

Die Schöpfung der Alpenrose s. dies., Gedichte von Friederike Brun sowie dies., Prosaische Schriften, Bd. 2.

*Sitten- und Landschaftsstudien von Neapel und seinen Umgebungen in Briefen und Zuschriften entworfen in den Jahre 1809-1810 nebst spätern Zusätzen von Friederike Brun, geborne Münter. Mit einem Cortile nach den Ruinen von Pompeji und Cicero's Grabmal in zwei Kupferstichen [1 als Faltfrontispiz]. – Leipzig: Hartleben's Verlags-Expedition 1818. XXIV [2 S. Reihentitel, 4 S. Gedicht, 8 S. Vorrede des Hrsg. Böttiger, 8 S. Inh.-Verz.], 350, 2 ungez. S. [Druckf.-Verz.] (= Episoden auf Reisen. 4. Band).

Standort: ÖB d. Univ. Basel: Leseges C 577
Ausg./Aufl.: 1.: s. auch dies., Episoden aus Reisen.
2.: Pesth 1818 (MGT 22,1., 406).
Nachweise: Goed 5, 431; Kosch 1, 236 weitere Nachweise s. Brun, Episoden aus Reisen ..., Bd. 4.
Bemerkungen: Das Reihentitelbl. ist dem Nebentitelblatt nachgeheftet.

Tagebuch einer Reise durch die östliche, südliche und italienische Schweiz. Ausgearbeitet in den Jahren 1798 und 1799 von Friederike Brun geb. Münter. Mit Kupfern. – Kopenhagen: Friedrich Brummer 1800. 2 ungez., IV [Vorrede], 2 ungez. [Inh.-Verz.], 540 S., Frontispiz.

Standort: **1a: Ru 5164** (Kupfer fehlen); **46: R ger 719 brun 2/198**;
12: It. sing. 1404 g; Univ. Basel: Hoff. 1780. Bg 498 17 Dep
Nachweise: Schindel 1, 78; Goed 5, 431; Kosch 1, 236; Heinsius 1, 444; Kayser 1, 369; Holzm-Boh 4, 148; MGT 9, 151f.; Ersch Rep III, Bd 2, XIII. 713; Ersch 6, 452.

Tagebuch meiner ersten Reise. – O. O. [Kopenhagen]: o. V. 1782. 4 ungez. [2 S. Vorrede], 182 S.

Standort: **30:** S 10/389; **23**; **138** (Kopie)
Nachweise: nur Holzm.-Boh 4, 148.

BÜRGER, MARIE CHRISTIANE ELISABETH (ELISE)

1769 Stuttgart – 1833 Frankfurt a. M.
Pseud.: Theodora; Pilgerin nach dem Heimatlande. – Geb. Hahn; verh. Bürger; gesch. – Dritte Frau des Dichters Gottfried August Bürger. Nach der Trennung von ihm Schauspielerin und Deklamatorin.

Irrgänge des weiblichen Herzens von Elise Bürger. (Erster Band) [mehr nicht ersch.]. – Hamburg und Altona: Buchhandlung der neuen Verlagsgesellschaft 1799. 4 ungez. [2 S. Inh.-Verz.], 118 S.

Standort: **12:** P. o. germ. 206 k/m; **18:** A 16483; **1a:** Yw 5136; **7:** 8° Fab. Rom. VI 6265 k
Ausg./Aufl.: 2. Auflage Jena: Voigt 1812 (Kayser).
Nachweise: Schindel 1, 86 (auch 1812); Goed 5, 380 (auch 1812); Kosch 1, 248; Heinsius 108; Kayser 23; Hayn-G 3, 463; MGT 11, 116; MGT 22,1., 430 (1812); Ersch Rep III, Bd 2, XIV. 1282; Hadley 298.
Bemerkungen: 1.: Keine Quelle vermerkt einen 2. Bd.; die 3. ungez. S. (Ex. 18) nennt unter der Titelwiederholung: Erster Band.
2.: Touaillon 228 führt den Roman (unter dem Geburtsnamen E. Hahn) als „nicht auffindbar".

Mein Taschenbuch den Freundlichen meines Geschlechts geweiht von Elisa Bürger geb. Hahn. Bdch. 1. 2. [in 1 Bd.] – Pirna: Carl August Friese 1804/1804. X [2 S. Inhalt, 6 S. Vorreden], 198 S.; 9-182 S.

Standort: **23:** Lo 737
Ausg./Aufl.: 1.: Mein Taschenbuch erwachsenen Mädchen und jungen Frauen gewidmet von Elisa Bürger. Zweite Ausgabe. Bdch. [1.] 2. [in 1 Bd.]. Pirna: Carl August Friese 1809/1809. X [2 S. Inh.-Verz., 6 S. Vorreden], 198 S.; 182 S. – **1a:** Yf 300.
2.: Taschenbuch für Frauen und Mädchen. Pirna (oder Dresden) 1811. Aus den Quellen geht nicht eindeutig hervor, ob es sich um eine neue Ausgabe des obigen Titels handelt.
Nachweise: Schindel 1, 86; Schindel 3, 58 (auch 1811); Goed 5, 380; Goed 7, 223; Goed 8, 62; Kosch 1, 248; Heinsius 1, 467; Kayser 1, 388 (auch 1811); MGT 13, 194f.; MGT 22,1., 429 (1811) und 430.

Bemerkungen: Bd. 1 enthält: S. V-VIII: An den Eröfner, S. IX-X: An den Leser von dem Eröfner, S. 1-2: An Elisa an ihrem 16ten Geburtstage. [unterz.:] Daniel Schubart, Prof. der Aesth. in Stuttgardt, S. 3-40: Vierzigjährige Briefe zweier Frauenzimmer, S. 41-46: Mein Traum, S. 47-48: An Elisa bei ihrem Abschiede. [Gedicht, unterz.:] Friederike Lohmann, S. 49-63: Gespräch im Olimp, S. 64-65: An Elisa. [unterz.:] L....., S. 66-67: An Herrn Capellmeister Wölffl als er nach Paris gieng, S. 68-76: Reiseblätter, S. 77: Der Abend, S. 78-172: Amaliens Geschichte aus einer mündlichen Erzählung, S. 173-196: Sabinus und Eponine. Fragment, S. 197-198: An Elisa bei ihrer Abreise von ... (Aus der Theaterzeitung).
Bd. 2 enthält: S. 5-12: Ueber weibliche Freundlichkeit, an Sophie R. von Elisa, S. 13-15: Hofnung und Erinnerung, S. 16-43: Julie Wanner. Eine wahre Geschichte, S. 44-46: Scherzgedicht an Elisa zum neuen Jahr [unterz.:] L-z, S. 47-64: Ritter Rudolph oder der Nonnenraub. Ballade, S. 65-100: Das Impromptu, S. 101-102: An Jeanette von O.. Am Vorabend ihres Geburtstages, S. 103-105: Der Genesenen! an Elisa. [unterz.:] Evers, S. 106-109: Das Blümchen der küssenden Freundschaft. An +++, S. 110-112: An Elisa. [Gedicht, unterz.:] Hannover im Juni 1800. Böttcher, S. 113-116: Lied maurerischer Eintracht gesungen am Johannisfeste von Elisa, S. 117-132: Reiseblätter, S. 133-135: Scherzgedicht an Elisa, bei Uebersendung eines Kindes von Wachs zum Angebinde. [unterz.:] L....., S. 136-138: Selma und Salgar. Freie Uebersetzung, S. 139-179: Der Zufall, S. 180-182: An Elisa zum neuen Jahr. [Gedicht, unterz.:] Evers. Ex. 23: S. 5-12 fehlen in Bd. 2.

Schein und Wahrheit. Eine dialogisierte Geschichte. – Hannover: [?] 1799. 156 S.

Standort: kein Bestandsnachweis
Nachweise: Goed 5, 380; Kosch 1, 248; Hadley 313. – Titel folgt Goed, Hadley.

Über meinen Aufenthalt in Hannover gegen den ungenannten Verfasser der Schicksale einer theatralischen Abentheurerin von Elise Bürger. – Altona: o. V. 1801. 48 S.

Standort: **35: Mf; 46 (Film)**; im Band folgt: Carl Reinhard: Wahrhafte Darstellung einiger die hannövrische Schauspieler-Gesellschaft betreffende Begebenheiten ... Bremen 1801.
Nachweise: Schindel 1, 86; Goed 7, 223; Kosch 1, 248; Heinsius 1, 467; Kayser 1, 388; MGT 13, 194.
Bemerkungen: Das Werk enthält im Anhang: S. 3-32: Rechtfertigungsschrift von E. Bürger, S. 33-48: neun Entlastungsdokumente.

CARUS, JOHANNE CAROLINE

1772 Lübben/Niederlausitz – 1820 Leipzig.
Pseud.: C. Geb. Hornemann; verh. Carus. – Vater Landsyndikus; Ehemann der Leipziger Philosoph Friedrich August Carus.

Armand und Angela, oder das verkannte Geheimniß. Th. 1. 2. – Leipzig: Barth 1803/1804.

Standort: kein Bestandsnachweis
Nachweise: Schindel 3, 61; Heinsius 18; Kayser 9; Holzm-Boh 1, 105; MGT 22,1., 479. – Titel folgt Heinsius.

CHÉZY, WILHELMINE (HELMINA) CHRISTIANE VON

1783 Berlin – 1856 Genf.
Pseud: Helmina; Helmine; Sylvandra, -dry; Enkelin der Karschin. – Geb. von Klen(c)ke; verh. von Hastfer; gesch; verh. von Chézy. – Tochter der Schriftstellerin Caroline von Klen(c)ke, Enkelin von Anna Louisa Karsch. Befreundet mit Friedrich und Caroline Schlegel, Adalbert von Chamisso. Übernahm 1803 mit Cotta die Redaktion der Französischen Miscellen (Vorgänger des 1807 gegründeten Cottaschen Morgenblattes). Verfasserin der Autobiographie: Unvergessenes. Denkwürdigkeiten aus dem Leben von H. v. Ch. Von ihr selbst erzählt. Leipzig 1858.

Geschichte der tugendsamen Euryanthe von Savoyen. Herausgegeben von Friedrich Schlegel. Leipzig: Juniusische Buchhandlung 1804. 184 S. (= Sammlung romantischer Dichtungen des Mittelalters. Aus gedruckten und handschriftlichen Quellen. Herausgegeben von Friedrich Schlegel. Teil 2).

Standort: 1a: 326068 R; 5: Fa 56; 48: Philol. germ. 8° 1815; jeweils beigeb. dem Werk: Dorothea Schlegel, Geschichte des Zauberers Merlin, s. dort.
Ausg./Aufl.: 1.: Berlin: Vereinsbuchhandlung 1823 (Kayser 39).
2.: Euryanthe. Große romantische Oper in drei Akten. Dichtung von Helmine von Chézy, geb. Freyinn von Klenke. In Musik gesetzt von Carl Maria von Weber. Bremen: Johann Georg Heyse 1824. 32 S. – 46: R bre 755.7 668.
3.:- auch in: Kritische Friedrich-Schlegel-Ausgabe. Hrsg. von Ernst Behler. Bd. 33. Paderborn, München, Wien: Schöningh; Zürich: Thomas-Verlag 1980, S. 313-375.
Nachweise: Schindel 1, 95; Goed 6, 28 und 135; Kosch 1, 279; Heinsius 186; Heinsius 7 Anh Romane 13 (nur 1825); Kayser 39 und 118; Kayser 5, 23; Holzm-Boh 2, 193; MGT 22,1., 497 (1823).

Bemerkungen: Die Sammlung enthält im ersten Teil [Schlegel, Dorothea:] Geschichte des Zauberers Merlin, s. dort. Nach Goed 6, 28 war Helmina von Chézy neben Dorothea Schlegel Mitverfasserin von Merlin; Euryanthe wurde vollständig von ihr verfaßt.

Leben und Kunst in Paris seit Napoleon dem Ersten. Von Helmina von Hastfer, geb. von Klenck [!]. Th. 1. 2. – Weimar: Verlag des Landes Industrie-Comptoirs 1805/1806. 248 S.; 4 ungez. [2 S. Inh.-Verz.], 456, 2 ungez. S. [Druckf.-Verz.].

Standort: 12: Gall. rev. 402
Nachweise: Schindel 1, 93f.; Goed 6, 135; Kosch 1, 279; Heinsius 2, 285; Kayser 3, 58; Holzm-Boh 3, 19; MGT 14, 53; Ersch 8, 38.

Leben und romantische Dichtungen der Tochter der Karschin. Als Denkmal kindlicher Liebe herausgegeben von Helmina s. Klencke, Karoline Luise von.

CLODIUS, JULIE FRIEDERIKE HENRIETTE

1750 Altenburg/Thüringen – 1805 Dresden.
Geb. Stölzel; verh. Clodius. – Vater Kommissionsrat; Ehemann der Dichter und Philosoph Christian August Clodius. Mutter des Dichters Christian August Heinrich Clodius.

Eduard Montrefeuil. Zum Besten einiger Hülfsbedürftigen angekündigt von Julie verwittw. Professorin Clodius und nach deren Tode nebst einigen Fragmenten aus ihren Papieren herausgegeben von C[hristian] A[ugust] H[einrich] Clodius. – Leipzig: Karl Tauchnitz 1806. XVI [6 S. Vorrede, 8 S. Subskrib.-Verz.], 104 S., Frontispiz.

Standort: 3: AB 141564
Nachweise: Schindel 1, 100f., Goed 7, 284; Kosch 1, 287; Kayser 1, 463; MGT 13, 236; Ersch 7, 191.
Bemerkungen: Briefroman, freie Bearbeitung nach dem Englischen; lt. Vorrede verfaßt vom Sohn der Verfasserin auf der Grundlage des Nachlasses von Julie Clodius.

CURTIUS, CHARLOTTE AMALIE EHREGOTT

1780 Dresden – 1835 Dresden.
Pseud.: A. Cl.; Amalie Clarus. – Geb. Kretzschmar; verh. Curtius. – Vater Kaufmann; Ehemann Apellationsrat. Literarische Zusammenarbeit mit Wilhelmine Gensicke. Der ihr zugeschriebene Titel: Merkwürdige Lebens- und

Reisebeschreibung Antons v. *** (Dresden und Leipzig, 1776) lautet im Original: Merckwürdiges und Wunderbahres Schicksahl ANTONII ***, Als eine gantz besondere lustige Lebens- und Reise-Beschreibung. Auf Verlangen guter Freunde aufgesetzt, und mit vielen Kupffern gezieret. Dreßden und Leipzig, bey Johann Nicolaus Gerlachen. 1746 (1a: Yv 4001). 1776 erschien eine neue Ausgabe; C. kann daher nicht die Verfasserin sein. Div. Erzählungen in: Kleeblätter (hrsg. zusammen mit Emilie Hübner), 3 Thle., Chemnitz 1816/1818, sowie Einzelveröffentlichungen nach 1810, z. B.: Franziska oder die Verkettung des Schicksals. Von Amalia Clarus, Verfasserin der Antonie oder verkannte und belohnte Treue. Leipzig: Joachim'sche Buchhandlung o. J. [1815] (1a Yw 7589); Die Flucht aus dem Vaterhause. Von Amalie Clarus, Verfasserin der Antonie oder verkannte und belohnte Treue. Leipzig: Joachim'sche Buchhandlung o. J. [1815] (1a: Yw 6035; 7: Fab. Rom. VI 5378).

Antonie oder verkannte und belohnte Treue. Ein Roman in Briefen. Bdch. [1.] 2. – Kiel: Akademische Buchhandlung 1809/1809. 248 S.; 2 ungez., 217, 5 ungez. S. [4 S. Verl.-Anz.].

Standort: **1a: Yw 6558; 7: Fab. Rom. VI** 5375 (nur Bd. 1)
Ausg./Aufl.: ... Bd. 1.2. Neue Ausgabe. Kiel: Akademische Buchhandlung o. J. [1818]. 248 S.; 2 ungez., 217, 5 ungez. S. [4 S. Verl.-Anz.] – **17: 41/4826.**
Nachweise: Schindel 1, 102; Goed 10, 195; Kosch 1, 306; Heinsius 17; Kayser 9 (nur 1818); Holzm-Boh 1, 83; MGT 17, 370.

DAPPING, ?

Lebensdaten unbekannt.
Geb. Otterbein; verh. Dapping. Ehemann Hofrat. Erzieherin im Fräulein-Institut der Zarenwitwe in St. Petersburg; später Leiterin einer Erziehungsanstalt für Mädchen in Heidelberg.

Das schwarze Haus in Weiß-Rußland. – Heidelberg: Joseph Engelmann 1810. IV [2 S. Vorrede], 5-315, 1 ungez. S., Frontispiz.

Standort: **16**: G 7209 (ohne Frontispiz); **21**: **DK XI 1504 R**
Nachweise: Schindel 3, 73; Heinsius 95; Kayser 60; Holzm-Boh 2, 267; MGT 22,1., 576.

EBERHARD, ULRIKE WILHELMINE FERDINANDINE

1756 Rheinfels/Hessen – 1817 Marburg/Lahn.
Geb. Köhler; verh. Eberhard. Vater hessischer Offizier; Ehemann Regierungs-Prokurator.

Fünf und vierzig Jahre aus meinem Leben. Von Wilhelmine Eberhard, geb. Köhler. Eine biographische Skizze für Mütter und Töchter. – Leipzig: Kummer in Kommission 1802. 2 ungez., VI [2 S. Zwischentitel, 2 S. Widmung, 2 S. Vorrede], 2 ungez. [Zwischentitel], 349, 1 ungez. S. [Nachtrag der Verf.].

Standort: 1a: Yw 5453; 3: AB: 39 4/h, 36; 7: 8° Hlbi. V 2431
Ausg./Aufl.: auch u. d. T.: Das Weib ohne physische Liebe, s. dort.
Nachweise: Schindel 1, 111; Heinsius 103; Kayser 68; Hayn-G 2, 96; MGT 13, 302.
Widmung: Den Manen meiner verewigten Mutter geweiht.
Bemerkungen: Der 2. Titel lautet: Briefe von Helene Wilhelmine K..., geb. S... Nicht viel mehr als Bruchstücke aus dem Leben eines edlen deutschen Weibes. S. 1-49 enthalten Briefe der Mutter von W. Eberhard, S. 57 beginnt der Text der Tochter.

*Das Weib ohne physische Liebe. Eine wahre Geschichte von ihr selbst geschrieben. – Leipzig und Zeitz: Webel 1803. IV [2 S. Vorrede], 348 S.

Standort: 1a: Yw 5453-5
Ausg./Aufl.: 1.: auch u. d. T.: Fünf und vierzig Jahre aus meinem Leben, s. dort.
2.: Marburg: Krieger 1804 (Ersch).
Nachweise: Schindel 1, 111f.; Heinsius 227 (1804); Kayser 149 (1804); Hayn-G 2, 96; MGT 17, 467; Ersch 7, 190 (auch 1804); Germer 2, 42.

EHRMANN, MARIANNE

1755 Rapperswyl/Zürcher See ? – 1795 Stuttgart.
Pseud.: Verfasserin der Amalie; Verfasserin der Philosophie eines Weibs. Bühnenname: Sternheim. Geb. Brentano; verh. (Name des Ehem. unbekannt); gesch.; verh. Ehrmann. – Zweiter Ehemann Reiseschriftsteller und Übersetzer Theophilus Friedrich Ehrmann. Herausgeberin u. a. folgender Zeitschriften:
1. Amaliens Erholungsstunden. Teutschlands Töchtern geweiht von Marianne Ehrmann. Bdch. 1-4. Stuttgart 1790-1792 (24: Misc. oct. 654-6).
2. Die Einsiedlerinn aus den Alpen. Von Marianne Ehrmann. Bdch. 1-4, Jg. 1793; Bdch. 1-4, Jg. 1794. Zürich 1793/1794 (Zentralbibl. Zürich 36/542).

3. Flora. Teutschlands Töchtern geweiht von Freunden und Freundinnen des schönen Geschlechts. Tübingen 1793 (bis 1802). [24: d.D. oct. 27531 (1803)].
4. Frauenzimmerzeitung 1787.
Sie ist auch Verfasserin der Aphorismensammlung: Kleine Fragmente für Denkerinnen. Von der Frau Verfasserinn der Philosophie eines Weibs. 0. O. [Isny:] o. V. 1789 (Beu 1: 8° Paed. 173).

Amalie. Eine wahre Geschichte in Briefen, von der Verfasserin der Philosophie eines Weibes. Th. 1. 2. – [Bern: Hortin] 1788. 216 S.; 247 S.

Standort: s. NUC 157, 46
Ausg./Aufl.: Zum Titel Amalie und Minna vgl. Bemerkungen.
Nachweise: Kosch neu 3, 1009 (1787); Heinsius 13 (Bern: Typ. Soc. 1788); Meusel Lex 3, 58 (1787); Ersch Rep I, Bd 2, XIV. 2022 (o. O. 1787); Hadley 143; Germer 1, 44 (1787) Korn 8; Th. Ehrmann 174 (1787). Den Titel Amalie und Minna nennen: Goed 6, 427 (2 Bde., o. Verf.); Kosch 1, 418 (2 Bde. 1787); Heinsius 13 (3 Bde. Bern: Typ. Soc.); Kayser 35 (3 Bde. Bern: Typ. Soc. 1787); Holzm-Boh 1, 45 (1787); Hadley 133 (3 Bde. 1787). – Titel folgt AdB 90, 124.
Bemerkungen: Titelidentität mit Amalie und Minna sehr wahrscheinlich, vgl. Theophil Ehrmann 174: „Amalie. Eine wahre Geschichte in Briefen. 2 Bde. 1787. Ein moralischer Halbroman, z. T. ihre eigene Lebensgeschichte." Helga Stipa Madland zur Tradition des Titels Amalie und Minna: „Christine Touaillon, probably based on Goedeke, erroneously refers to this novel [Amalie. 2 vols. 1788] as AMALIE UND MINNA and assumes that the text is lost." (An Introduction to the Works and Life of Marianne Ehrmann..., S. 192 Anm. 13; auch S. 173).

Amalie und Minna s. dies., Amalie (Bemerkungen).

Amaliens Feyerstunden. Auswahl der hinterlassenen moralischen Schriften von Mariane Ehrmann. Bdch. 1. 2. [3.] – Hamburg: Mutzenbechersche Buchhandlung 1796/1798/1798. 307 S.; 352 S.; [400 S.].

Standort: kein Bestandsnachweis
Ausg./Aufl.: 1.: Bd. 1 mit dem Nebentitel: Amaliens Schreibtafel, s. dort.
2.: Bd. 2 und 3 mit dem Nebentitel: Antonie von Warnstein, s. dort.
Nachweise: Goed 6, 427; Kosch 1, 418; Heinsius 13; Heinsius 1, 742; Kayser 2, 104 (3 Jahrg. 1790-92 [vermutlich Verwechslung mit Amaliens Erholungsstunden]); Meusel Lex 3, 59; Ersch Rep III, Bd 1, VI. 829; Th. Ehrmann 182. – Titel folgt NADB 42, 275ff., Ersch Rep und ALZ 1799, III, 231f.
Bemerkungen: NADB 42, 275ff.: Amaliens Feyerstunden. Auswahl der hinterlassenen moralischen Schriften von Marianne Ehrmann. Erstes Bändchen. Amaliens

Schreibtafel. Hamburg, in der Mutzenbecherschen Buchhandlung. 307 S. [ohne Jahresangabe]. Die Rez. in ALZ 1799, III, 231f. bezieht sich auf: Amaliens Feyerstunden. Zweites Bändchen. Antonie von Warnstein. Erster Theil; vermutl. ist das in den Nachweisen genannte 3. Bdch. ersch als: Antonie von Warnstein, Zweiter Theil.

*Amaliens Schreibtafel, oder Fragmente für Freundinnen des Nachdenkens. – Hamburg: [Mutzenbechersche Buchhandlung] 1796.

Standort: kein Bestandsnachweis
Ausg./Aufl.: auch u. d. Reihentitel: Amaliens Feyerstunden, Bdch. 1, s. dort.
Nachweise: Kosch neu 3, 1009; Heinsius 1, 63; Kayser 2, 104; Meusel Lex 3, 59. – Titel folgt Meusel.

*Antonie von Warnstein. Eine Geschichte aus unserm Zeitalter. Von Marianne Ehrmann. Th. 1. 2. – Hamburg: Mutzenbechersche Buchhandlung 1798/1798. 352 S., Titelvign.; 400 S., Titelvign.

Standort: 1a: Yw 4347/20 Mf D-2
Ausg./Aufl.: auch u. d. Reihentitel: Amaliens Feyerstunden, Bdch. 2 u. 3, s. dort.
Nachweise: Goed 6, 427; Kosch 1, 418; Heinsius 226; Heinsius 1, 742; Kayser 35; Kayser 2, 104; Ersch Rep III, Bd 2, XIV. 1340; Hadley 251.

Erzählungen von Marianne Ehrmann Verfasserin von Amaliens Erholungsstunden. – Heidelberg: F. L. Pfähler 1795. 2 ungez., 239 S., Titelvign.

Standort: 1a: Yw 4346; 7: 8° Fab. Rom. VI 2842; B 706: 1870 G
Nachweise: Goed 6, 427; Kosch 1, 418; Heinsius 1, 742; Kayser 35; Meusel Lex 3, 59; Ersch Rep II, Bd 2, XIV. 3047; Hadley 237; Korn 44; Th. Ehrmann 180.
Bemerkungen: Theophil Ehrmann 180: „Keine neue [!] Versuche, sondern bloss aus zerstreuten Schriften gesammelte eigene Erzählungen der Verfasserinn."
Enthält: S. 1-18: Die Überraschung aus Dankbarkeit. Eine wahre Geschichte, S. 19-27: Der alte Bettler. Eine Beobachtung, S. 28-50: Geschichte eines Schnupftuchs, S. 51-59: Die Folgen des Leichtsinns. Eine ganz wahre Geschichte, S. 60-64: Die Gouvernante, wie es viele gibt. Eine Skizze, S. 65-104: Bianka de la Porta. Eine Geschichte aus der Vorzeit, S. 105-116: Was vermag das Unglück nicht! Nach einer wahren Geschichte, S. 117-132: Der Liebhaber der Mutter. Eine wahre Geschichte, S. 133-137: Der Bettelknabe. Eine Skizze, S. 138-208: Die unglückliche Hanne. Eine wahre Geschichte, S. 209-239: Karl Schwammer. Der Lohn folgt auf die That Nachtrag zur Geschichte der unglücklichen H...

Graf Bilding. Eine Geschichte aus dem mittleren Zeitalter. Dialogisirt von Der Frau Verfasserinn der Philosophie eines Weibs. – Isny: Typographische Gesellschaft 1788. S. 3-50.

Standort: 12: D. D. I. 5776 m (S. 1/2 nicht vorh.), beigeb.: [Goethe:] Götz von Berlichingen und: [Anonym:] Bürgertreue, oder: der Schwedenkönig Gustav Adolf in Bayern.; 24: HB 7597
Nachweise: Goed 6, 427; Kosch 1, 418; Kayser 18; Holzm-Boh 1, 240; Meusel Lex 3, 58; Ersch Rep I, Bd 2, XIV. 1724; Hadley 143; Korn 18; Th. Ehrmann 176.

Müssige Stunden eines Frauenzimmers. – Kempten: Typographische Gesellschaft 1784.

Standort: kein Bestandsnachweis
Nachweise: Goed 6, 427; Kosch 1, 418; Heinsius 3, 870; Kayser 5, 363; Holzm-Boh 4, 131; Meusel Lex 3, 58; Th. Ehrmann 172. – Titel folgt Heinsius.
Bemerkungen: Theophil Ehrmann S. 172: „… dies nun ganz vergriffene und verlorne Broschürchen".

Nina's Briefe an ihren Geliebten. Von der Verfasserinn der Geschichte Amaliens. – O. O. [Bern]: o. V. [Typographische Gesellschaft] 1788. 179, 1 ungez. S., Titelvign.

Standort: 1a: Yw 4347; 24: MC HB 7647; 61: D. Lit. 30659; 76: Bl 1035
Nachweise: Goed 6, 427; Kosch 1, 418; Heinsius 151; Kayser 101; Hayn-G 5, 388; Holzm-Boh 1, 273; Meusel Lex 3, 58; Ersch Rep I, Bd 2, XIV. 2033; Hadley 143; Th. Ehrmann 176; Korn 133.

Philosophie eines Weibs. Von einer Beobachterin. – O. O. [Kempten:] o. V. 1784. VI [4 S. Vorrede], 7-72, 2 ungez. S. [1 S. Druckf.-Verz.], Titelvign.

Standort: 1a: No 3663; 76: P. H. 667
Ausg./Aufl.: 2. Auflage 1785.
Nachweise: Goed 6, 427 (auch 1785); Kosch 1, 418; Heinsius 3, 182 (Kempten: Typ. Soc.); Kayser 4, 344 (auch 1785); Hayn-G 6, 182f. (auch 1785); Holzm-Boh 3, 273 (auch 1785); Meusel Lex 3, 58 (auch 1785); Hadley 109; Th. Ehrmann 173.
Bemerkungen: Übers. ins Franz. Bern: Typ. Soc. 1787 (Heinsius, Kayser).

ENGELHARD, CAROLINE PHILIPPINE HELENE

1781 Kassel – 1855 Kassel.

Pseud.: Julie; Verfasserin(n) von Juliens Briefen. – Tochter der Lyrikerin Magdalene Philippina Engelhard, geb. Gatterer. Befreundet mit Sophie Mereau. Nach 1810 mehrere Bände mit Erzählungen.

Gesammelte Briefe. Von Julie. Bd. 1. 2. [in 1 Bd.] 3. 4. [in 1 Bd.] – Leipzig: Heinrich Gräff 1806/1809/1809/1809. Mit einem Holzschnitt von Gubitz [als Frontispiz]. 4 ungez. [2 S. Zwischentitel], 284 S.,; **Mit einem Kupfer von Penzel** [als Frontispiz]. 4 ungez. [2 S. Zwischentitel], 244 S.; **Mit einem Kupfer von Penzel** [als Frontispiz]. 4 ungez. [2 S. Zwischentitel], 282 S.; **Mit einem Kupfer von Penzel** [als Frontispiz]. 4 ungez. [2 S. Zwischentitel], 224 S.

Standort: 1: Yw 8493 (nur Bd. 1.2); 56: I 46/565 (nur Bd. 3.4)

Ausg./Aufl.: 1.: ... Zweyte verbesserte Auflage. Th. 1.2. [in 1 Bd.]. Leipzig: Gräff 1818. Mit einem Holzschnitt von Gubitz [als Frontispiz]. 2 ungez., 288 S.; Mit einem Kupfer von Penzel [als Frontispiz]. 2 ungez., 244 S.; Th. 3.4. [in 1 Bd.]. Leipzig: Gräff 1818. Mit einem Kupfer von Penzel [als Frontispiz]. 2 ungez., 280 S.; Mit einem Kupfer von Penzel [als Frontispiz]. 2 ungez., 224 S. – 1a: Yw 8493² [in 4 Bdn.]; **15: Litt. Germ. 13688.**

2.: ... Dritte verbesserte Auflage. Leipzig: Adolph Wienbrack 1830. VI [4 S. Neue Vorrede zur 3. Auflage], 206 S.; 179, 1 ungez. S.; 201, 1 ungez. S. [Verl.-Anz.]; 162 S. – 1a: Yw 8493³; **12: P. o. germ. 308 h;** Mar 1, H; 48 (nur Bd. 1).

Nachweise: Schindel 1, 239; Schindel 3, 87f. und 181f.; Goed 6, 431; Kosch 1, 446; Heinsius 35; Kayser 70; Holzm-Boh 1, 272; Holzm-Boh Ps 144 (auch 1820).

Bemerkungen: Schindel 3, 87f. verweist auf die ungesicherte Verfasserschaft Caroline Engelhards, schränkt dies 3, 181f. weitgehend ein und sagt, daß die Briefe sicher nicht der Mutter Magdalene Philippine E. zuzuschreiben sind. In Schindel 1, 239 heißt es: „Die Vermuthung des Rec. in d. A. Hall. Liter.-Zeit. Dec. 1820, Louise Brachmann sei Verf., ist mithin zu berichtigen."

FELDHAHN, CHARLOTTE

? Friedeberg/Neumark b. Landsberg/Warthe – ?
Geb. Baumann; verh. Feldhahn. Ehemann Schulinspektor am Waisenhaus in Halle.

Der Schatz in der Waldburg. Eine moralische Novelle für Töchter aus den höhern Ständen. – Bayreuth: Johann Andreas Lübecks Erben 1798. 2 ungez., II [Vorrede], 88, 4 S. [Verl.-Anz.].

Standort: **3: Goe 469**; **76: BL 1252**
Nachweise: Schindel 1, 127; Kosch neu 4, 874; Heinsius 189; Kayser 121; Holzm-Boh 4, 29; MGT 9, 330; Hadley 281; Germer 2, 58.

FISCHER, KAROLINE AUGUSTE FERDINANDINE

1764 Braunschweig – 1842 Frankfurt a. M.
Pseud.: Auguste; Verfasser(in) von Gustavs Verirrungen und der Honigmonathe; Caroline Auguste. – Geb. Venturini; verh. Christiani; gesch.; verh. Fischer; gesch. – Vater Hofmusiker und Hoffourier; erster Ehemann Hofprediger und Leiter eines Erziehungsinstituts in Kopenhagen; zweiter Ehemann Privatgelehrter und Schriftsteller. Biographische Angaben in Kügler, Clementine: Caroline Auguste Fischer (1764 – 1842). Eine Werk-Biographie. Phil. Diss. Berlin 1989. Der Titel: Über die Weiber, Hamburg 1813, angekündigt in den Heidelbergischen Jahrbüchern der Literatur, Intelligenzblatt Nr. II, 1813, S. 16, ist nicht erschienen. Der ihr zugeschriebene Titel: Elisa oder das Weib wie es seyn sollte. Zweyter Theil. Enthaltend: Ueber den Umgang der Weiber mit Männern. Leipzig 1800 [zweites Titelblatt: Ueber den Umgang der Weiber mit Männern. Ein nothwendiger Anhang zu der bekannten Schrift: Elisa oder das Weib wie es seyn sollte. Leipzig 1800] stammt von ihrem zweiten Ehemann Christian August Fischer.

Der Günstling. Von der Verfasserin von Gustavs Verirrungen und der Honigmonathe. Mit einem Kupfer [als Frontispiz]. **– Posen und Leipzig: Johann Friedrich Kühn 1809.** 2 ungez., 173, 1 ungez. S.

Standort: **1a: Yw 6516**; **7: C 1926.2274**; **23: Lo 1421**; **76: BL 470**; **Mar 1, HH.B:1/186**
Ausg./Aufl.: Nachdruck mit einem Nachwort von Anita Runge. Hildesheim: Georg Olms Verlag 1988 (= Frühe Frauenliteratur in Deutschland. Hrsg. von Anita Runge. Bd. 4).

Nachweise: Schindel 1, 129; Goed 6, 430; Kosch 1, 515; Heinsius 92; Kayser 58; Hayn-G 2, 698; Holzm-Boh 2, 247; Holzm-Boh Ps 21; MGT 17, 58; Ersch 7, 189.
Bemerkungen: Den Ex. 7 und 23 ist ein zweites Titelblatt nachgeheftet (ohne zusätzliches Frontispiz), das das Erscheinungsjahr 1808 trägt, beide haben also 4 ungez. S.; Ex. Mar 1 hat nur das Titelblatt 1808, kein Frontispiz; Ex. 76 und Ex. 1a nur Titelbl. 1809.

Gustavs Verirrungen. Ein Roman. Mit [2] Kupfern [1 als Frontispiz]. – Leipzig: Heinrich Gräff 1801. 2 ungez., 224, 4 ungez. S. [Verl.-Anz.].

Standort: 7: 8° Fab. Rom. VI 4786 e; 76: BL 471, beigeb.: dies., Vierzehn Tage in Paris, s. dort.
Nachweise: Schindel 1, 129; Goed 6, 430; Kosch 1, 515; Heinsius 93; Kayser 58; Hayn-G 2, 709; Holzm-Boh 4, 290; Holzm-Boh Ps 21; MGT 17, 58; Ersch 7, 189; Germer 2, 59.
Bemerkungen: Ex. 76: 4 ungez. S. [2 S. Vorrede]; Frontispiz nach S. 26 gebunden; ohne Verl.-Anz., jedoch 1 S. Druckf.-Verz.

Die Honigmonathe von dem Verfasser von Gustavs Verirrungen. Th. 1. 2. [in 1 Bd.] – Posen und Leipzig: Johann Friedrich Kühn 1802/1802. 252 S.; 199, 1 ungez. S. [Verl.-Anz.].

Standort: 76: BL 554
Ausg./Aufl.: 1.: … [in 2 Bdn.]: Bd. 1 [hat neben dem Titelbl. 1802 ein 2. Titelbl.]: … 1r Theil. Neue mit Kupfern verm. Aufl. Posen und Leipzig: Kühn 1804. 2 ungez., 252 S., Frontispiz; Bd. 2: [identisch mit Ex. 76] – 7: Fab. Rom. VI 4786 h.
2.: Nachdruck mit einem Nachwort von Anita Runge. Hildesheim: Georg Olms Verlag 1987 (= Frühe Frauenliteratur in Deutschland. Hrsg. von Anita Runge. Bd. 1).
Nachweise: Schindel 1, 129; Goed 6, 430; Kosch 1, 515; Heinsius 102; Kayser 66; Hayn-G 3, 342; Holzm-Boh 2, 300; Holzm-Boh Ps 21; MGT 17, 58; Ersch 7, 189.
Bemerkungen: Verl.-Anz.: „Von dem Verfasser dieses Werkes erscheint künftige Ostermesse: Clementina ein Roman." [vermutl. nicht erschienen].

Kleine Erzählungen und romantische Skizzen von Carolinen Augusten Verfasserinn der Werke: Gustavs Verirrungen, Die Honigmonate u.s.w. Erster Theil. [mehr nicht ersch.] – Posen und Leipzig: Johann Friedrich Kühn 1818. 2 ungez., 326 S.

Standort: 7: 8° Fab. Rom. VI 4786 w; 17: 495821
Ausg./Aufl.: Nachdruck Hildesheim: Georg Olms Verlag 1988 (= Frühe Frauenliteratur in Deutschland. Hrsg. von Anita Runge. Bd. 2).
Nachweise: Schindel 1, 129 (Posen 1809 [wohl Druckf.]); Goed 6, 430; Kosch 1, 515; Heinsius 6 Anh Romane 27; Kayser 11; Hayn-G 2, 198; Holzm-Boh 2, 62; MGT 17, 58.
Bemerkungen: Enthält: S. 1-25: Riekchen, S. 27-73: William der Neger, S. 75-132: Mathilde, S. 133-256: Saphir und Mariah. Eine romantische Skizze, S. 257-326: Justine. – Vorabdruck der beiden ersten Erzählungen in der Zeitung f. d. elegante Welt 1817. Nr. 46 und 97.

Mährchen. – Berlin: [Johann Friedrich] **Ungers Journalhandlung** 1812. 272 S. (= Journal der Romane. 10. Stück).

Standort: 12: P. o. germ. 692/10; 19: 8° Maassen 2901 (Reihentitelblatt entfernt)
Ausg./Aufl.: Nachdruck Hildesheim: Georg Olms Verlag (in Vorbereitung).
Nachweise: Heinsius 108 (o. Verf.); Hayn-G 4, 360 (o. Verf.); Ersch 7, 154 (o. Verf.).
Bemerkungen: Enthält: S. 5-57: Selim und Zoraide, S. 59-99: Krauskopf und Goldlöckchen, S. 100-139: Paridamia oder die Krebsscheeren, S. 140-211: Der kristallene Thurm, S. 212-272: Prinz Kanzedir.
Hinweise darauf, daß Karoline Auguste Fischer die Verfasserin der drei ersten Märchen im Journal der Romane. Zehntes Stück, ist:
1. Allgemeines Verzeichnis der Bücher, welche in der Frankfurter und Leipziger Ostermesse des 1803 Jahres entweder ganz neu gedruckt, oder sonst verbessert wieder aufgelegt worden sind, auch inskünftige noch herauskommen sollen. Leipzig 1803, S. 283. Nach: Kataloge der Frankfurter und Leipziger Buchmessen, hrsg. von Bernhard Fabian. Hildesheim 1983 (Olms Microform), Karte Nr. 15; angekündigt wird: „Clementine, ein Roman v. d. Verf. von Gustavs Verirrungen u. der Mährchen im Journal der Romane. 10r Bd." [vermutl. nicht erschienen].
2. Intelligenzblatt der Allgemeinen Literatur-Zeitung (Jena) Nr. 146 (25. 8. 1802), Sp. 1184: „Madame C. A. F. Christiani, geborne Venturini, ist die Verfasserin der drey ersten Märchen im Romanjournale".
Verf. der letzten beiden Märchen bislang nicht ermittelt; evtl. Friederike Helene Unger oder Karoline von Günderrode.

Margarethe, ein Roman. Von der Verfasserin von Gustavs Verirrungen. – Heidelberg: **Mohr und Zimmer** 1812. 2 ungez., 354 [vielm. 356] S.

Standort: 1a: Yw 7185; 16: 6312; 7: 8° Fab. Rom. VI 4786 r; 25: E 5552; 76: BL 1073

Ausg./Aufl.: Nachdruck Hildesheim: Georg Olms Verlag 1989 (= Frühe Frauenliteratur in Deutschland. Hrsg. von Anita Runge. Bd. 3).
Nachweise: Schindel 1, 129; Goed 6, 430; Kosch 1, 515; Heinsius 5 Anh Romane 27; Kayser 91; Hayn-G 4, 399; Holzm-Boh 3, 114; MGT 22,1., 81.

Vierzehn Tage in Paris. Von dem Verfasser von Gustavs Verirrungen. – Leipzig: Heinrich Gräff 1801. 168, 4 ungez. S. [Verl.-Anz.], Frontispiz.

Standort: **48**: Philol. germ. 8° 5286; **76**: BL 471, beigeb. dem Werk: dies., Gustavs Verirrungen, s. dort; **70**: D III 12/100 a
Ausg./Aufl.: Nachdruck Hildesheim: Georg Olms Verlag (in Vorbereitung).
Nachweise: Schindel 1, 129; Goed 6, 430; Kosch 1, 515; Heinsius 207; Kayser 138; Hayn-G 6, 110; Holzm-Boh 4, 147; Holzm-Boh Ps 21; MGT 22,1., 81; Ersch 7, 189; Germer 2, 59.
Bemerkungen: Roman. Die Verfasserin nennt das Werk auf S. 2 eine Posse. Bei Tou, Holzm-Boh, Goed als Märchen bezeichnet.
Ex. 76: Frontispiz nach S. 130 gebunden; ohne Verl.-Anz.

FRÖMMICHEN, SOPHIE

1767 Helmstedt – ?
Vater Privatdozent. Vorsteherin einer Töchterschule in Heiligenstadt; Kinder- und Jugendschriftstellerin.

Briefwechsel der Familie von Bernheim. Eine Fortsetzung der Geschichte derselben. Zur Bildung der Jugend im Briefstyl. – Braunschweig: Schulbuchhandlung 1799. 2 ungez., 246 S.

Standort: **56**: I 46 625
Ausg./Aufl.: Zwischentitel (S. 1): Die Familie von Bernheim. Zweites Bändchen; Bd. 1 s. unter Kinderalmanach oder die Familie von Bernheim.
Nachweise: Schindel 1, 146; Goed 6, 427; Kosch neu 5, 815; Heinsius 1, 432; Kayser 1, 357; Holzm-Boh 1, 277; MGT 22,2., 251; Ersch Rep III, Bd 1, VII. 582 b; Ersch 7, 228.

*Emilie· von Wilmar oder Belohnung der Menschenfreundlichkeit. Von der Verfasserin der Familie von Bernheim. – Braunschweig: Schulbuchhandlung 1798. 2 ungez., 235, 1 ungez. S., Frontispiz.

Standort: **29**: Sch.L.A. II 676
Ausg./Aufl.: auch u. d. T.: Kinderalmanach oder Emilie von Wilmar, s. dort.

Nachweise: Goed 6, 427; Kosch neu, 815; Heinsius 232; Kayser 36; Holzm-Boh 2, 21; MGT 22,2., 251; Ersch Rep III, Bd 1, VII. 582 a; Hadley 281; Germer 2, 62.

Kinderalmanach oder die Familie von Bernheim. Ein angenehmes und lehrreiches Lesebüchlein. – Braunschweig: Schulbuchhandlung 1795. 256 S., Frontispiz.

Standort: **ZB Zürich: AM 6202**
Ausg./Aufl.: Evtl. auch u. d. T.: Die Familie von Bernheim oder: Die Geschichte der Familie von Bernheim. Eine Fortsetzung erschien u. d. T.: Briefwechsel der Familie von Bernheim, s. dort.
Nachweise: Schindel 1, 146; Goed 6, 427 (Die Familie Bernheim 1793, auch u. d. T.: Kinderalmanach Bd. 1); Kosch neu 5, 815 (Die Familie Bernheim 1793); Heinsius 28 (Die Familie von Bernheim, auch u. d. T. Kinderalmanach Bd. 1 1793); Heinsius 2, 582; Kayser 51 (Geschichte der Familie v. Bernheim); Kayser 3, 338; Hayn-G 2, 584 (Geschichte der Familie v. Bernheim); Holzm-Boh 2, 356; MGT 22,2., 251 (o. O., o. J.); Ersch 7, 228; Hadley 246 (Geschichte der Familie v. Bernheim); Germer 2, 31 (Geschichte der Familie ... Lesebuch).

Kinderalmanach oder Emilie von Wilmar. Ein angenehmes und lehrreiches Lesebüchlein, von der Verfaßerin der Familie von Bernheim. – Braunschweig: Schulbuchhandlung 1798. 235, 1 ungez. S., Frontispiz.

Standort: **ZB Zürich: AM 6203**
Ausg./Aufl.: auch u. d. T.: Emilie von Wilmar, s. dort.
Nachweise:Schindel 1, 146; Goed 6, 427; Heinsius 2, 582; Kayser 3, 338; MGT 22,2., 251.

Lida; ein Geschenk für die erwachsene Jugend. – Braunschweig: Schulbuchhandlung 1801. 328 S.

Standort: 70 (Verlust)
Nachweise: Schindel 1, 146; Goed 6, 427; Kosch neu 5, 815; Heinsius 1, 803; Kayser 3, 546; Holzm-Boh 3, 58; MGT 22,2., 251; Ersch Rep III, Bd 1, VII. 582 c; Ersch 7, 228; Germer 2, 63. – Titel folgt Germer.

FROHBERG, REGINA

1783 Berlin – 1850 Berlin ?
Geb. Salomo; verh. Friedländer; gesch. – Bei ihrem Übertritt vom jüdischen zum christlichen Glauben nahm sie den Namen Saling an, später hieß sie

[Pseud. oder Ehename] Frohberg. Ein Großteil ihrer Werke, auch Romane und Erzählungen, erschien nach 1810.

Louise oder kindlicher Gehorsam und Liebe in [!] Streit. Ein Roman. – Berlin: Braunes und Comp. 1808. 2 ungez., 158 S.

Standort: 7: **Fab. Rom.** VII 1471 g; 33: Ob V 5 5065
Nachweise: Schindel 1, 139; Goed 10, 213; Kosch 1, 587; Heinsius 131; Kayser 88; Hayn-G 4, 285; Holzm-Boh 3, 87; MGT 22,2., 251.

Schmerz der Liebe. Ein Roman. Von der Verfasserin des Romanes: Louise oder kindlicher Gehorsam und Liebe in Streit. – Berlin: C. Salfeld 1810. 211, 1 ungez. S.

Standort: **121: C 8° 1114 a**
Ausg./Aufl.: ... Ein Roman von Regina Frohberg. Zweite verbesserte Auflage. Wien: Anton Pichler 1815. 204 S., Frontispiz. – 1a: Yw 6748².
Nachweise: Schindel 1, 139; Goed 10, 213; Kosch 1, 587; Heinsius 190; Kayser 46 und 123; Hayn-G 7, 185; Holzm-Boh 4, 40; MGT 17, 638.

FRORIEP, AMALIE SOPHIE HENRIETTE

1752 Rostock – 1784 Gotha.
Geb. Becker; verh. Froriep. Ehemann Superintendent.

Amalie von Nordheim oder der Tod zur unrechten Zeit. Th. 1. 2. – Gotha: Carl Wilhelm Ettinger in Commißion 1783/1783. VIII [6 S. Vorrede], 296 S., Titelvign.; 2 ungez., 261, 1 ungez. S., Titelvign.

Standort: **39: Poes. 2383; 46 (Film)**
Nachweise: Goed 4,1., 618; Kosch neu 5, 837; Heinsius 151; Kayser 101; Hayn-G 5, 399; Holzm-Boh 1, 45; Meusel Lex 3, 552; Hadley 101; Germer 1, 46; Korn 133.
Bemerkungen: Der 1. Teil des Briefromans enthält [zwischen Brief 23 und 24]: S. 84-98: Lebensgeschichte des Archidiakonus Glanz, [zwischen Brief 47 und 48]: S. 207-217: Brieftasche. Der Eremit, oder die belohnte Wohlthat, eine Legende der Vorwelt, S. 218-226: [Gedicht] Adelheid und Zilli, S. 227-240: Selmar und Wunna oder Ehe im Himmel geschlossen, eine deutsche Idylle.

Gensel, Wilhelmine Christiane Charlotte

1767 Naumburg – 1826 Glauchau/Sachsen.
Pseud.: Elise von Honau; Verfasserin Elisens von Honau. – Geb. Thyme; verh. Gensel. – Vater Jurist. Ehemann Pfarrer und Privatgelehrter. Verfasserin einer Reihe von nach 1810 erschienenen Erzählungen, u. a.: Kleine Gemälde für fühlende Herzen meines Geschlechts von der Verfasserin Elisens von Honau. Ronneburg: Hahn 1811 (1a: Yw 6932); Verfasserin von: Sophron und Problemimus, oder die Dichter- und die Lebensweihe, ein Gebilde der Phantasie, von der Verf. der Elise von Honau, und d. Kleinen Gemälde f. fühlende Herzen. Leipzig: [?] Leich? 1822 (nicht nachweisbar).

Elisens von Honau und ihrer Erzieherinn Eulalia Waller Unterredung in Briefen. Allen gefühlvollen Mädchen bei ihrem Eintritt in die große Welt gewidmet. Th. [1.] 2. – Berlin: Friedrich Maurer 1803/1806. 2 ungez., IV [Vorrede], 218 S., Frontispiz; 4 ungez. [2 S. Vorrede], 348, 2 ungez. S. [Verl.-Anz], Frontispiz.

Standort: **1a**: Yw 5715/36 (nur Teil 1); **Univ. Breslau**: 1066171 (in 1 Bd.)
Nachweise: Schindel 3, 104; Goed 7, 303; Kosch neu 6, 195f.; Heinsius 102; Kayser 66; Holzm-Boh 4, 259; Holzm-Boh Ps 134; MGT 22,2., 326; Hadley 345.

Gensi(c)ke(n), Wilhelmine

1779 Weimar – 1822 Dresden.
Pseud.: W. W.; Wilhelmine Willmar (Willmer). – Geb. Herz; verh. Gensi(c)ke(n). – Vater Waisenhausinspektor; Ehemann Staatsbeamter. Befreundet mit Charlotte von Ahlefeld. Ein Großteil ihrer Werke, neben Gedichten auch Romane und Erzählungen, erschien nach 1810.

*Rosamunde oder Die Pfänder der Treue. Ein Roman von Wilhelmine Willmar. – Berlin: Julius Eduard Hitzig 1811. 4 ungez. [2 S. Reihenitel], 206 S. (= Kleine Romanenbibliothek von und für Damen. 2. Lieferung).

Standort: **1a**: Yt 561^2, beigeb. dem Band: La Motte-Fouqué, Die Frau des Falkensteins, s. dort; **20**: L.g.o. 1337 (Reihentitelbl. fehlt)
Ausg./Aufl.: 1.: s. auch La Motte-Fouqué, Kleine Romanenbibliothek 2.: ... Berlin: Dümmler 1815. – 12: P. o. germ. 1177 f.2., beigeb.: La Motte-Fouqué, Kleine Erzählungen, s. dort.
Nachweise: Schindel 1, 149; Goed 10, 158; Kosch 1, 630; Heinsius 5 Anh Romane 9; Kayser 115; MGT 17, 687.

GERSDORF, CHARLOTTE ELEONORE WILHELMINE VON

1768 Oberbellmannsdorf/Niederlausitz – 1847 Dresden.
Pseud.: Verfasserin der Familie Walberg; Eleonore F.; W. v. Morgenstern; J. van der Hall; W. v. G.; Glycere; Minna; F. P. E. Richter. – Geb. von Gersdorf. Vater sächsischer Kriegsrat und Domherr; Ehemann Kammerherr; Mutter der Schriftstellerin Agnes Ernestine Rosalie von Gersdorf. Befreundet mit Sophie Albrecht, die Gersdorfs ersten, von ihr mit 16 Jahren verfaßten Roman (Familie Walberg) herausgab. Verfasserin von Gedichtbänden, die z. T. Prosatexte enthalten, etwa: Glycerens Blumenkranz 1791/1793 (14: 39 8° 10351). Der Titel, den Goed 10, 39 als Roman führt: Der Tod Leopolds II., des treflichsten [!] Kaisers der Deutschen, beklagt von Glyceren ... Im März 1792. Zittau: Schöps 1792 ist nach ALZ 1793, II, 623 ein versifizierter Nachruf von 7 Seiten. Bei dem Titel: Die Kreuzfahrerinnen, oder Dedo von Egolfstein und Blanka von Heldenfels. Von der Verfasserin der Familie Walberg. Weißenfels und Leipzig: Friedrich Severin 1794 (3OO: 256.198) handelt es sich um ein Schauspiel. Ein Großteil ihrer Werke, auch Romane, erschien nach 1810.

Esther Raphael oder die Prosyliten [!] eine dialogisirte Familiengeschichte von der Verfasserin der Familie Walberg. Th. 1. 2. – Görlitz: Hermsdorf und Anton 1797/1797. VIII [6 S. Vorrede], 180 S., Titelvign.; 189, 1 ungez. S.

Standort: 45: Spr XIII 3b 275
Nachweise: Schindel 1, 157; Goed 10, 40; Heinsius 166; Kayser 39; Holzm-Boh 3, 330; MGT 22,2., 343; Hadley 267; Korn 145.

Die Familie Walberg Dramatisch bearbeitet von einer jungen Dame in Sachsen Herausgegeben von [Johann Friedrich Ernst] **Albrecht. Th. [1]-3.** – Prag und Leipzig: Albrecht und Compagnie 1792/1792/1792. IV [2 S. Vorrede], 252 S., Frontispiz; 2 ungez., 266 S., Frontispiz; 2 ungez., 290 S., Frontispiz.

Standort: 14: 4 A 2813
Nachweise: Schindel 1, 156; Goed 10, 39; Kosch 1, 642; Heinsius 223; Kayser 147; Holzm-Boh 4, 369; MGT 2, 548; Ersch Rep II, Bd 2, XIV. 2405; Hadley 193; Korn 200.

Familienscenen, von der Verfasserin der Familie Walberg. – Berlin: F. Oehmigke d. Ält. 1799. 288 S.

Standort: kein Bestandsnachweis
Nachweise: Goed 10, 40; Kosch neu 6, 265; Heinsius 67; Kayser 40; Holzm-Boh 6, 176; Ersch Rep III, Bd 2, XIV. 1430; Hadley 310. – Titel folgt Ersch Rep.

Bemerkungen: Enthält lt. Goed: Der Philosoph nach der Mode oder Freundschaft und Verführung. Ehrgeiz und Liebe oder die Mesallianz.

Mnemosyne Oder [!] meine Erinnerungen. Von der Verfasserin der Familie Walberg und der Situationen. Th. [1.] 2. [in 1 Bd.] − Oschatz: Friedrich Oldehop 1797/1798. VIII [4 S. Vorrede, 2 S. Inh.-Verz.], 224 S.; 4 ungez. [1 S. Gedicht, 1 S. Inh.-Verz.], 236 S.

Standort: 1a: Yw 4717
Ausg./Aufl.: 1811 erschien eine Gedichtsammlung Mnemosyne die Zweyte oder dichterische Erinnerungen von Wilhelmine v. G.*** (Leipzig: Georg Voß) − 1a: Yn 360.
Nachweise: Schindel 1, 157; Goed 10, 40; Kosch 1, 642 (auch: Mnemosyne die Zweite. 1812); Heinsius 144; Kayser 95; Holzm-Boh 3, 154; MGT 11, 268; MGT 17, 703 (Mnemosyne die Zweite. Leipzig 1812); Hadley 267; Korn 127.
Bemerkungen: Teil 1 enthält u. a. folgende Prosatexte: S. 1-6: Das Grabmal im Herbst, S. 7-24: Josephine oder der frühe Fall ins Verderben, S. 116-124: Lenardo und Gabriele. Eine Erzählung, S. 126-138: Die Gefilde der Unsterblichkeit. Eine Rapsodie, S. 143-168: Die brillanten Ohrgehänge. Eine wahre Geschichte.
Teil 2 enthält u. a. folgende Prosatexte: S. 1-7: Männertugend. Ein Gesang, S. 7-18: Das Grabmahl im Frühling, S. 111-142: Der diamantne Ring. Ein Pendant zum brillantnen Ohrgehänge, S. 148-175: Das Menschenleben [mit Gedichteinlagen].
Vorrede unterz.: Wilhelmine v. G.

Romantische Scenen der Würklichkeit. Dramatisch bearbeitet von der Verfasserin der Familie Walberg. − Dresden und Leipzig: Richtersche Buchhandlung 1794. 288 S.

Standort: 27: Art. lib. XIV o. 582
Nachweise: Schindel 1, 157; Goed 10, 39; Kosch neu 6, 265; Heinsius 188; Kayser 120; Holzm-Boh 4, 27; MGT 2, 548; Hadley 223.

Situationen, oder Geschichte Ottiliens von Stromau, Gemählde einer modischen Erziehung, von der Verfasserin der Familie Walberg. 2 Theile. − Weißenfels [und Leipzig]: Severin 1794. 420 S.

Standort: kein Bestandsnachweis
Ausg./Aufl.: Weißenfels und Leipzig: Severin 1811 oder Leipzig: Hinrichs 1811.
Nachweise: Schindel 1, 156 (... Ottiliens v. Sternau); Goed 10, 39; Kosch neu 6, 265; Heinsius 198 (Weißenfels und Leipzig: Hinrichs 1811); Kayser 53

(1811) und 131 (auch Leipzig: Hinrichs 1811); Holzm-Boh 4, 89 (Weißenfels 1811); MGT 2, 548; MGT 22,2., 343 (1811); Hadley 223; Korn 173. – Titel folgt Korn, Hadley.

GIOVANE DI GIRASOLE, JULIANA CHRISTINA JOSEPHA HERZOGIN

1757 Würzburg – 1805 Budapest.
Geb. Freiin von Redwitz gen. von Mudersbach; verh. Herzogin Giovane di Girasole; gesch. – Vermutlich Tochter des fürstbischöflichen Kammerherrn von Mudersbach; ging mit ihrem Ehemann an den Hof nach Wien. Gelehrte; Mitglied der Akademie der Wissenschaften in Berlin und Stockholm.

*Auf/Ueber die Aufhebung der Leibeigenschaft in Böhmen, eine Idylle s. dies., Gesammelte Schriften.

Gesammelte Schriften der Frau Herzoginn Julie von Giovane gebornen Reichsfreyinn von Mudersbach, Sternkreuz-Ordensdame, Ehrenmitgliedes der K. Akademie der Schönen Wissenschaften, Künste und Alterthümer zu Stockholm. Herausgegeben von Joseph Edlen v. Retzer. – Wien: Ignaz Alberti 1793. 8 ungez [4 S. Vorrede des Hrsg., 2 S. Inh.-Verz.], 5-48 S.; beigeb. 45 S.; beigeb. 71 S.; beigeb. 16 S.

Standort: 1a: Ak 1901; 20: Misc. 0.26; 70: W II 12/31
Nachweise: Schindel 1, 163; Goed 5, 450; Goed 6, 542; Kosch neu 6, 344; Heinsius 2, 123; Kayser 2, 383; Kayser 4, 156; Holzm-Boh 4, 387f.; MGT 2, 567; Ersch Rep II, Bd 2, XVI. 229; Ersch 8, 54.
Widmung: Salomon Gessner (im Teil: die vier Weltalter, S. 7).
Bemerkungen: Enthält: S. 5-40: Die vier Weltalter. Nach dem Ovid in vier Idyllen, S. 41-48: Auf die Aufhebung der Leibeigenschaft in Böhmen, eine Idylle; beigeb.: S. 1-45: Abhandlung über die Frage: Welche dauerhafte Mittel gibt es, die Menschen ohne äußerliche Gewalt zum Guten zu führen? Wien: Ignaz Alberti 1793 [1785]; 1 Leerblatt; beigeb.: S. 1-71: Lettres sur l'education des Princesses [fehlt im Ex. 20]; beigeb.: S. 1-16: Lettera di una Dama sul codice delle leggi di S. Leucio. Wien: Ignaz Alberti 1793 [1789]. – Die zusammengebundenen Teile mit getrennten Zählungen unterscheiden sich auch im Druck und im Seitenformat.
Bei dem in den Nachweisen genannten Titel: Idyllen, Würzburg 1785 (z. B. Schindel, Goed), handelt es sich vermutlich um: Die vier Weltalter. In vier Idyllen. Dieser Titel ist evtl. separat Würzburg 1784 erschienen; ebenso: Über (oder: Auf) die Aufhebung der Leibeigenschaft ... evtl. Wien 1783; auch in: La Roche, Pomona, Jg. 1 (1783), H. 8, S. 765-69.

Idyllen s. dies., Gesammelte Schriften.

Über den Vesuv. – Wien: [?] 1783.

Standort: kein Bestandsnachweis
Nachweise: Schindel 1, 162; Goed 5, 450; Kosch neu 6, 344; MGT 2, 567. – Titel folgt Goed.
Bemerkungen: Der Titel fehlt in den Gesammelten Schriften, s. dort.

Die vier Weltalter, in vier Idyllen s. dies., Gesammelte Schriften.

GLEIM, ADELHEID ELISABETH (BETTY)

1781 Bremen – 1827 Bremen.
Vater Kaufmann und Weinhändler; Nichte des Dichters Johann Wilhelm Ludwig Gleim. Erzieherin und Vorsteherin einer Erziehungsanstalt in Bremen. Verfasserin mehrerer Erziehungsbücher, z. B.: Erzählungs- und Bilderbuch, zum Vergnügen und zur Belehrung der Jugend. Herausgegeben von Betty Gleim. Mit radirten Kupfern von J. H. Menken. Zweite Auflage. Bremen: Wilhelm Kaiser [1817] (46: Brem c 1400; die 1. Ausgabe Leipzig: Göschen 1810, bei Schindel 1, 164, Kayser 2, 391, MGT 22,2., 377f. nachgewiesen, konnte nicht ermittelt werden); Kindermoral in Beispielen für Kinder von 6 – 10 Jahren. Th. 1.2. Bremen 1809/Leipzig 1810 (46: Brem c 1998); Erziehung und Unterricht des weiblichen Geschlechts, ein Buch für Eltern und Erzieher. Leipzig: Göschen 1810 (46: V pae 507 x 622). Schrieb keine Romane und Erzählungen.

GOLDSTEIN, AUGUSTE FRIEDERIKE FREIFRAU VON

1764 Breslau – 1837 Breslau.
Pseud.: Auguste von Wallenheim. – Geb. von Wallenrodt; verh. Fölsch; gesch.; Freifrau von Goldstein; gesch. – Tochter der Schriftstellerin Johanna Isabella Eleonore von Wallenrodt; Mutter von Klara Maria Aurora von Goldstein (1793-1811), deren Gedichte Auguste v. Goldstein 1812 herausgab.

Adelaide. Wahrscheinlich nur ein Roman, von der Verfasserin von Collmar und Claire. – Berlin: Braunes 1807.

Standort: kein Bestandsnachweis
Ausg./Aufl.: auch u. d. T.: Das Mädchen Wunderhold, eine abendländische Arabeske, im modernen Styl, s. dort.

Nachweise: Schindel 1, 170; Goed 7, 431; Kosch neu 6, 584; Heinsius 7; Kayser 4; Holzm-Boh 1, 28; MGT 21, 340f. – Titel folgt Heinsius.

*Astolpho, oder die Räuberhöhle. – Rostock: Stiller 1804.

Standort: s. NUC 24, 473
Nachweise: Heinsius 19; Kayser 11; Hayn-G 2, 194. – Titel folgt Heinsius.
Bemerkungen: zuerst ersch. in Goldstein, Erzählungen und dramatisch bearbeitete Scenen, s. dort.

Erzählungen und dramatisch bearbeitete Scenen zur Unterhaltung für Freunde romantischer Lektüre. – Rostock und Leipzig: Stiller 1800. VI, 1 Bl. Inh.-Verz., 326 S., Portr. Laura's [als Frontispiz].

Standort: kein Bestandsnachweis
Ausg./Aufl.: In den Nachweisen ist auch ein Titel genannt: Sammlung theils dialogisirter Geschichten, theils Erzählungen. 1. Bändchen. Rostock: 1798; vermutlich handelt es sich um den obigen Titel. Eine genaue Beschreibung des Exemplars geben nur Hayn-G und Ersch.
Nachweise: Schindel 1, 170 (Sammlung, 1798); Goed 5, 477 (1798); Goed 6, 426 (Sammlung, 1798); Kosch neu 6, 584 (Sammlung, 1798); Heinsius 63; Kayser 38 und 118 (Sammlung, 1798); Hayn-G 2, 194; Holzm-Boh 2, 61 (1798); MGT 21, 340 (Sammlung, 1798); Ersch Rep III, Bd 2, XIV. 1429; Hadley 289 (Sammlung, 1798) und 322. – Titel folgt Hayn-G.
Bemerkungen: Ausg. 1800 enthält lt. Hayn-G.: 1. Ludwig von der Leue, od. kurze aber traurige Biographie eines durch Spielsucht verlohrnen Jünglings. 2. Laura de Vastella. E. Skitze [!] nicht für die Empörer gegen Amors Herrschaft. 3. Stolz u. Liebe, od. Nettchen v. Rosenblüth und der arme Fritz. 4. Astolpho, od. die Räuberhöhle. 2-4 erschienen auch als Separatdrucke, s. dort.

Kollmar und Klaire. Eine vaterländische Geschichte. Th. 1. 2. – Leipzig: Voß und Leo 1793/1795. XVIII [16 S. Vorrede], 372 S., 2 Frontispize; ... **Von Auguste von Wallenrodt.** VIII [6 S. Vorrede], 352 S.

Standort: **70: Aleph 12/25**
Ausg./Aufl.: Die Rezension in NADB 11, 315f. nennt für Bd. 1 1793; verschiedene Quellen nennen als Erstausgabe: ... Geschichte in 2 Thlen. Leipzig 1791-1793.
Nachweise: Schindel 1, 170 (1791/1793); Goed 6, 426 (1791/1793); Kosch neu 6, 584 (1791/1793); Heinsius 116; Kayser 147; Holzm-Boh 1, 334 (1791/1793); MGT 8, 327; MGT 10, 328 (korrigiert MGT 5, 314); Ersch Rep II, Bd 2, XIV. 2419; Hadley 215; Korn 100.

*Laura de Vastella. E. Skitze [!] nicht für die Empörer gegen Amors Herrschaft.
– Rostock und Leipzig: Stiller 1804.

Standort: kein Bestandsnachweis
Nachweise: Hayn-G 8, 71.
Bemerkungen: zuerst ersch. in Goldstein, Erzählungen und dramatisch bearbeitete Scenen, s. dort.

*Das Mädchen Wunderhold eine Abendländische Romaneske im neuern Styl.
– Berlin: Friedrich Braunes 1810. 2 ungez., 296 S. Frontispiz.

Standort: 1a: Yw 3750/902
Ausg./Aufl.: 1.: auch u. d. T.: Adelaide, wahrscheinlich nur ein Roman, s. dort.
2.: ... abendländische ... Leipzig: o. V. 1810. 229, 1 ungez. S., Frontispiz.
– 1a: Yw 3750/900; 12: P. o. germ. 2041 u.
Nachweise: Schindel 1, 170; Goed 7, 431; Kosch neu 6, 584; Heinsius 234; Kayser 90; Hayn-G 4, 345; Hayn-G 8, 591; Holzm-Boh 4, 419; MGT 21, 341.
Bemerkungen: Ex. 1a: 3750/900: Ausgabe 1810 oder 1816, unleserlich; lt. alphabet. Katalog 1816.

Sammlung theils dialogisirter Geschichten 1798 s. dies., Erzählungen und dramatisch bearbeitete Scenen.

*Stolz und Liebe, oder Nettchen von Rosenblüh und der arme Fritz. – Rostock: Stiller 1804.

Standort: kein Bestandsnachweis
Nachweise: Heinsius 204; Kayser 136; Hayn-G 7, 447; Holzm-Boh 7, 411. – Titel folgt Hayn-G.
Bemerkungen: zuerst ersch. in Goldstein, Erzählungen und dramatisch bearbeitete Scenen, s. dort.

Der Traum und das Erwachen. Ein Fragment aus der wirklichen Welt. – Berlin: [?] 1809 (= Sammlung poetischer und historischer Aufsätze mehrerer beliebter Schriftsteller).

Standort: kein Bestandsnachweis
Nachweise: Schindel 1, 170; Goed 6, 426; Kosch neu 6, 584; Kayser 5, 465; Holzm-Boh 4, 188; MGT 21, 341. – Titel folgt Goed.

GRÜNDLER, CHARLOTTE

1771 Leipzig – 1843 Quaritz/Schlesien.
Pseud.: Adelheid; Lottchen. – Geb. Lenke; verh. Gründler. – Ehemann Schulrektor und Pastor; sie arbeitete als Lehrerin. Vorwiegend (lyrische) Beiträge in Zeitschriften.

Antonie Westau. Eine Geschichte aus dem südlichen Deutschland. Mit einem Holzschnitt von Gubitz und mit Musik. – Leipzig: Heinrich Gräff 1806. 2 ungez., 334 S.

Standort: 1a: Yw 6095
Nachweise: Schindel 1, 304; Goed 7, 434; Kosch 1, 756; Heinsius 230; Kayser 150; Hayn-G 8, 387; Holzm-Boh 4, 392; MGT 22,2., 473.
Bemerkungen: Holzschnitt fehlt Ex. 1a; 1 Notenblatt S. 78.

GÜNDERRODE, KAROLINE FRIEDERIKE LUISE MAXIMILIANE VON

1780 Karlsruhe – 1806 Winkel a. Rhein (Freitod).
Pseud.: Tian; Ion. – Vater badischer Kammerherr, Schriftsteller. Unglückliche Liebe zu Carl von Savigny und Georg Friedrich Creuzer; eng befreundet mit Bettina von Arnim. Lebte seit dem 19. Lebensjahr im adligen Kronstettischen Damenstift Frankfurt. Lyrikerin, Dramatikerin. Werkausgabe: Karoline von Günderrode. Sämtliche Werke und ausgewählte Studien. Hist.-kritische Ausgabe. Hrsg. von Walter Morgenthaler. Bd. 1-3. Basel, Frankfurt: Stroemfeld/ Roter Stern 1990-1991.

Geschichte eines Braminen s. La Roche, Sophie von: Herbsttage.

Haugwitz, Karoline Albertine Eleonore Louise von

1782 Daber b. Stettin – ?
Pseud.: Arminia. – Geb. von Rohr; verh. von Haugwitz. – Vater Offizier; Ehemann Forstrat und Schriftsteller. Literarische Zusammenarbeit mit Friederike Adelung. Verfasserin der Sammlungen: Waldblumen, in Tannenhains Thälern gesammelt von Arminia. Breslau und Leipzig: W. G. Korn 1809 (1a: Ym 9121); Bergblumen, gepflückt in den Trümmern des Kynasts. Breslau und Leipzig 1812 (1809?). Nach 1810 mehrere Bände mit Erzählungen.

Nanny und Adelinde oder die Macht der Sympathie. Von Arminia. – Breslau und Leipzig: Wilhelm Gottlieb Korn 1808. 8 ungez. [4 S. Widmung, 2 S. Vorrede], 299, 1 ungez. S.

Standort: **7: Fab. Rom. VI 6633**
Ausg./Aufl.: Leipzig: o. V. 1809. 252 S., Frontispiz. – **1: 8 Y 116** [ohne Widmung, ohne Vorrede].
Nachweise: Schindel 1, 199; Goed 5, 433; Kosch 2, 855; Heinsius 149; Kayser 100; Hayn-G 5, 294; Holzm-Boh 3, 200; MGT 22,2., 611.
Widmung: An meine Klara.

Hedwig, Clara Benedicte

1750 ? – 1826 ?
Geb. Salzberger; lebte in Leipzig; Witwe des Prof. Johann Hedwig.

Briefe junger Fräulein, zum Zeitvertreib für Kinder. 2 Thle. – Leipzig: Compt. für Litteratur und Kunst 1778.

Standort: kein Bestandsnachweis
Nachweise: Heinsius 1, 419; Kayser 1, 349; Holzm-Boh 1, 265; MGT 22,2., 632.
– Titel folgt Kayser.

Hille, Rosine Dorette

Lebensdaten unbekannt.

Geschichte der gräflichen Familie von R.. aus sichern Quellen geschöpfet von Rosine Dorette Hille. Mit einem Kupfer [als Frontispiz]. – Lüneburg: zu bekommen bey der Verfassserin 1800. 120 S.

Standort: 35: C/4649
Nachweise: Heinsius 84; Kayser 64; Hadley 323.
Bemerkungen: Auf der letzten Seite steht: Ende des ersten Theils. Ein weiterer Teil ist offenbar nicht erschienen.

HOLLMANN, MARGARETHE AUGUSTE ELISABETH

1762 Wolfenbüttel – nach 1822 ?
Geb. Werner; verh. Hollmann. Vater Kanzleiverwalter; Ehemann Kaufmann und Amtsvogt.

Hinko von Waldstein mit der eisernen Tasche. Geistergeschichte aus dem funfzehnten [!] Jahrhundert. Th. 1. 2. [in 1 Bd.] – Wolfenbüttel: Heinrich Georg Albrecht 1794/1797. 2 ungez., 292 S.; 2 ungez., 242 S.

Standort: 1a: Yw 3753
Nachweise: Schindel 1, 225; Goed 5, 525; Kosch neu 8, 45; Heinsius 224; Kayser 147; Holzm-Boh 2, 286; MGT 14, 175; Ersch Rep II, Bd 2, XIV. 3233; Hadley 224; Korn 200f.

HOLST, JOHANNE PAULINE AMALIA

1758 Altona – 1829 Groß Timkenberg b. Boitzenburg/Meckl.
Geb. von Justi; verh. Holst. – Vater Berghauptmann. Leiterin eines Erziehungsinstituts in Boitzenburg. Erhielt angeblich die Ehrendoktorwürde der Universität Kiel. Verfasserin von: Bemerkungen über die Fehler unserer modernen Erziehung von einer praktischen Erzieherinn. Herausgegeben vom Verfasser des Siegfried von Lindenberg [d. i. J. G. Müller]. Leipzig: Carl Friedrich Schneider 1791 (18: A 258401) sowie: Briefe an eine Freundin über [Wobeser:] Elisa, oder das Weib, wie es seyn sollte, s. dort. In: Musarion. Heft 4 und 5, Altona 1799, S. 345-61; S. 30-52.

Über die Bestimmung des Weibes zur höhern Geistesbildung. Von Amalia Holst, geb. von Justi. – Berlin: Heinrich Frölich 1802. XIV [6 S. Widmung, 6 S. Vorrede], 2 ungez. [Zwischentitel], 300, 2 ungez. S. [Druckf.-Verz.].

Standort: 1a: No 3782; 7: 8° Polit. IV 7099
Ausg./Aufl.: Nachdruck mit einem Vorwort und Nachwort von Berta Rahm. Zürich: Ala-Verlag 1983. 2. erw. Aufl. ebd. 1984.
Nachweise: Schindel 1, 227 (1807); Kosch neu 8, 55; Heinsius 2, 417; Kayser 3, 178; MGT 22,2., 827 (1807).
Widmung: Königin von Preußen.

Huber, Therese Marie

1764 Göttingen – 1829 Augsburg.
Pseud.: Therese; Therese H.; Verfasserin des Buches „Die Weihe der Jungfrau"; L. F. Huber. – Geb. Heyne; verh. Forster; gesch.; verh. Huber. – Vater der Altphilologe und Altertumsforscher Christian Gottlob Heyne; erster Ehemann Weltreisender, (Reise-)Schriftsteller und Übersetzer; zweiter Ehemann Schriftsteller und Redakteur der Stuttgarter Allg. Zeitung. Bis zu dessen Tod 1804 veröffentlichte sie ihre schriftstellerischen Arbeiten unter dem Namen ihres zweiten Mannes; übernahm 1816 die Redaktion von Cottas Morgenblatt für gebildete Stände. Offenbar nicht separat, sondern nur in der Zeitschrift Flora 1794 erschien: Abentheuer auf einer Reise nach Neu-Holland.

Bemerkungen über Holland aus dem Reisejournal einer deutschen Frau von Therese H. – Leipzig: Gerhard Fleischer d. J. 1811. 2 ungez., VIII [2 S. Vorrede, 6 S. Inh.-Verz.], 400 S.

Standort: 7: 8° Itin. I 1371; 76: LU 950
Nachweise: Schindel 1, 232; Goed 17, 601; Kosch neu 8, 191; Heinsius 5, 51; Kayser 1, 203; Holzm-Boh 1, 179; MGT 18, 223.
Bemerkungen: Übers. ins Engl. Melbournee 1966 (Frederiksen).

Die Blumenwelt. Eine Sammlung unterhaltender Erzählungen für die Kindheit und Jugend von der Verfasserin des Buches: „Die Weihe der Jungfrau" ec. – Leipzig: Gustav Schaarschmidt o. J. [1833]. 4 ungez. [2 S. Vorrede], 206 S., Frontispiz.

Standort: 1: 19 ZZ 727 Kinder B
Ausg./Aufl.: Kayser 9 nennt unter Therese Huber eine 2. Ausg. mit 5 kolorierten Kupfern. Leipzig: Krappe 1842.
Nachweise: Goed 17, 601; Heinsius 8,1., 97 (1834); Heinsius 9,1., 434 (Verf. Th(eorilde, nicht Therese) Huber); Kayser 7, 120; Kayser 9, 444; Holzm-Boh 1, 250; Wegehaupt 121 (1039) und 122.
Bemerkungen: Heinsius schreibt den Titel ausdrücklich nicht Therese, sondern Theorilde Huber zu.

Denkwürdigkeiten des Kapitän Landolph. Die Geschichte seiner Reisen während sechsunddreißig Jahren enthaltend. Nach dem Französischen bearb. von Therese Huber. – Leipzig: Brockhaus 1825. XXIV [?], 387 S.

Standort: 1a: Ng 20204 (Verlust)
Nachweise: Goed 17, 601; Kosch 2, 1074; Heinsius 7, 170; Kayser 1, 31; MGT 22,2., 860. – Titel folgt Goed.

Die Ehelosen. Von Therese Huber. Bd. 1. 2. – Leipzig: F. A. Brockhaus 1829/1829.
XXXII [2 S. Vortitel, 28 S. Vorrede], 339, 1 ungez. S.; 4 ungez. [2 S. Vortitel], 329,
3 ungez. S. [Verl.-Anz.].

Standort: 1a: Yx 814; 38
Ausg./Aufl.: Nachdruck mit einem Nachwort von Magdalene Heuser. Hildesheim:
   Georg Olms Verlag (in Vorbereitung).
Nachweise: Goed 5, 482; Kosch 2, 1074; Heinsius 8, 373; Kayser 66.

Ellen Percy oder Erziehung durch Schicksale. Von Therese Huber. Th. 1. 2.
– Leipzig: Brockhaus 1822/1822. VIII [2 S. Vortitel, 4 S. Vorrede] 308, 4 ungez. S. [Verl.-Anz.]; 4 ungez. [2 S. Vortitel], 344 S.

Standort: 1: Yw 9087ᵃ; 1a: Yw 9087; 48: Philol. germ. 8° 7158; 76: BL 563-564;
   110 (ohne Signatur)
Ausg./Aufl.:1.: Th. 1.2. Reutlingen: Mäcken 1825 (Goed 17, 600).
   2.: Wien 1827 (Goed).
   3.: Nachdruck mit einem Nachwort von Magdalene Heuser. Hildesheim:
   Georg Olms Verlag (in Vorbereitung).
Nachweise: Schindel 1, 232; Goed 5, 482 (auch Wien 1827); Kosch 2, 1074;
   Heinsius 7 Anh Romane 32; Kayser 66; MGT 22,2., 860.

Erzählungen von L[udwig] F[erdinand] Huber. Sammlung 1-3. – Braunschweig: Friedrich Vieweg 1801/1802/1802. 6 ungez. [4 S. Widmung], 361,
1 ungez. S., Titelvign., Frontispiz; 4 ungez. [2 S. Zwischentitel], 446 S.,
Titelvign., Frontispiz; 4 ungez. [2 S. Zwischentitel], 382 S., Titelvign., Frontispiz.

Standort: 1a: Yw 4406 R (nur Bd. 1); 35: Lh 2897: 1-3
Ausg./Aufl.: 1.: Fortsetzung in: Hubers gesammelte Erzählungen, s. dort.
   2.: s. auch Erzählungen von Therese Huber.
Nachweise: Schindel 1, 232; Schindel 3, 176; Goed 5, 482; Kosch 2, 1074; Heinsius 61; Kayser 66; MGT 14, 197; MGT 18, 222; Ersch Rep III, Bd 2, XIV.
   1290; Ersch 7, 160.
Widmung: Königin von Preußen.
Bemerkungen: Bd. 1 enthält: S. 3-30: Unglük [!] versöhnt. Eine schweizerische
   Anekdote, S. 31-83: Ergebung ist besser denn Opfer. Eine Erzählung, S. 84-
   252: Abentheuer auf einer Reise nach NeuHolland, S. 253-309: Nonchalante
   und Papillon. Mährchen nach dem Grafen Caylus, S. 310-361: Der gefährliche Nebenbuhler.
   Bd. 2 enthält: S. 1-60: Der Stekbrief [!], S. 61-137: Der Mann aus Kairo,
   S. 138-398: Geschichte einer Reise auf die Freite, S. 399-412: Kritisches Ge-

spräch, S. 412-446: Ueber Weiblichkeit, in der Kunst, in der Natur, und in der Gesellschaft.
Bd. 3 enthält: S. 1-45: Geschichte einer Verirrung, S. 46-224: Sophie, S. 225-257 [gedruckt 157]: Kontraste aus der französischen Revolutionszeit, S. 258-382: Rosette.
Lt. Goed 5, 481 sind alle Erzählungen ab Okt. 1793, die politischen ausgenommen, auch wenn sie L. F. Hubers Namen tragen, Therese Huber zuzuschreiben.

Erzählungen von Therese Huber. Gesammelt und herausgegeben von V[iktor] A[imé] H[uber]. In sechs Theilen. Th. 1-6. – Leipzig: F. A. Brockhaus 1830/ 1830/1831/1831/1833/[1833]. VIII [2 S. Vortitel, 4 S. Vorrede], 393, 5 ungez S. [2 S. Verl.-Anz., 2 S. Inh.-Verz.]; 4 ungez. [2 S. Vortitel], 393, 3 ungez. S. [2 S. Inh.-Verz.]; VIII [2 S. Vortitel, 4 S. Vorrede], 375, 1 ungez. S.; 4 ungez. [2 S. Vortitel], 417, 3 ungez. S. [2 S. Inh.-Verz.]; 4 ungez. [2 S. Vortitel], 399, 1 ungez. S.; 6 ungez. [2 S. Vortitel, 2 S. Inh.-Verz.], 385, 1 ungez. S.

Standort: 1: Yw 4421^b; 1a: Yw 4421; 1a: Yw 4421^a; 48: Philol. germ. 8° 7159 b (nur Bd. 1-5); 26: Ott 453 (nur Bd. 5)
Nachweise: Goed 5, 482; Kosch 2, 1074; Heinsius 8, 373; Kayser 66; Holzm-Boh 2, 61.
Bemerkungen: Bd. 1 enthält: S. 1-98: Fragmente eines Briefwechsels (1798-99), S. 99-142: Die Jugendfreunde (1819), S. 143-341: Klosterberuf (1811/1814), S. 343-393: Verstand kommt nicht vor Jahren.
Bd. 2 enthält: S. 1-90: Eine Ehestandsgeschichte (1804), S. 91-134: Noch war es Zeit! oder: Die goldene Hochzeit (1807), S. 135-188: Geschichte eines armen Juden (1815), S. 189-204: Der Ehewagen (1818), S. 205-326: Die ungleiche Heirath (1820), S. 327-393: Der Kriegsgefangene.
Bd. 3 enthält: S. 1-375: Die Familie Seldorf. Eine Erzählung aus der französischen Revolution, s. auch dort.
Bd. 4 enthält: S. 1-84: Kindestreue (1823), S. 85-138: Die Verkannte (1819), S. 139-152: Auch eine Hundegeschichte (1820), S. 153-204: Drei Abschnitte im Leben eines guten Weibes, S. 205-229: Sympathie und Geisterverkehr (1820), S. 231-266: Alte Zeit und neue Zeit. Auch ein Familiengemälde (1823), S. 267-319: Theorrytes, Geschichte eines Priesters, S. 321-371: Fragmente über einen Theil von Polen. Aus Briefen einer Engländerin, im Jahr 1789 geschrieben (1789), S. 373-417: Die lustigen Leute von Knöringen (1819).
Bd. 5 enthält: S. 1-50: Der Familienzwist, 51-118: Die Geschwister, S. 119-194: Die Frau von vierzig Jahren, s. auch dort, S. 195-214: Heidenbekehrung, S. 215-320: Der Wille bestimmt die Bedeutung der That, S. 321-352: Alte Liebe rostet nicht, S. 353-399: Die Hässliche.

Bd. 6 enthält: S. 1-92: Die früh Verlobten, S. 92-130: Die Geächteten, S. 131-170: Der Traum des Lebens, S. 170-248: Die Büßenden im Jurathale, S. 248-364: Der verlorene Sohn, S. 365-385: Ehestandsleben vom Landmann.
Der Titel Klosterberuf ist nicht identisch mit dem gleichnamigen Roman von Charlotte von Ahlefeld, Kiel: August Hesse 1812 (1a: Yw 7046).

Die Familie Seldorf Eine [!] Geschichte von L[udwig] F[erdinand] Huber. Th. 1. 2. – Tübingen: J. G. Cotta 1795/1796. VI [4 S. Vorrede], 299, 1 ungez. S., Titelvign., Frontispiz; ... Eine Geschichte herausgegeben von L[udwig] F[erdinand] Huber. 2 ungez., 346, 2 ungez. S. [1 S. Druckf.-Verz. T. 1].

Standort: 1a: Yw 4404; 24: Dt. D. 8° 5885; 46: R ger 719 hub 3/877-2 (T. 2); 7: 8° Fab. Rom. VI 5336; 31: Gym 816; Mar 1 Cotta Hss Slg
Ausg./Aufl.: 1.: auch in: Erzählungen von Therese Huber, Teil 3, s. dort.
    2.: Nachdruck mit einer Einleitung von Magdalene Heuser [in 1 Bd.]. Hildesheim: Georg Olms Verlag 1989 (= Frühe Frauenliteratur in Deutschland. Hrsg. von Anita Runge. Bd. 7).
Nachweise: Schindel 1,232; Goed 5, 482; Kosch 2, 1074; Heinsius 194; Kayser 66; Ersch Rep II, Bd 2, XIV. 2489; Ersch Rep III, Bd 2, XIV. 1359; Ersch 7, 186; Hadley 238; Korn 168.
Bemerkungen: Der Titel von Teil 2 lautet: Die Familie Seldorf. Eine Geschichte herausgegeben von L. F. Huber. Dazu vermerkt die Buchhandlung Cotta am Schluß von Teil 2: „Durch ein Versehen ist der Titel vom ersten Bande der Familie Seldorf anders ausgefallen, als der vom zweiten, und dieses nämliche Versehen in der Bezeichnung des Herausgebers, welcher nicht zugleich Verfasser ist, hat auch schon in den Fragmenten statt gefunden, welche von dieser Geschichte in der Flora gestanden haben. Tübingen, im Februar 1796." (S. 346).

Die Frau von vierzig Jahren. – Wien: Anton Pichler 1800. 115, 1 ungez. S.

Standort: 68: La 44 (unter Ahlefeld)
Ausg./Aufl.: auch in: Erzählungen von Therese Huber, Teil 5, s. dort.
Nachweise: Heinsius 74 (o. Verf.); Kayser 45 (o. Verf.); Hayn-G 2, 408 (o. Verf.); Hadley 337 (o. Verf.); Koch 30 (Verf. Ahlefeld).
Bemerkungen: Als Verfasserin wird Charlotte S. L. W. v. Ahlefeld angegeben (z. B. GV 2, 295 Sp 2); der Separattext wird in keiner Quelle unter Huber geführt. Auf Huber als Verfasserin deutet der Abdruck in: Erzählungen von Therese Huber, Bd. 5, S. 119-194, s. dort. – Keine Druck- bzw. Seitenidentität, aber inhaltliche Übereinstimmung. Lediglich S. 49 und S. 104-107 fehlen in den Erzählungen.
Eine 1829 erschienene Erzählung mit gleichlautendem Titel hat wahrscheinlich zur bibliographischen Verwirrung geführt: [Ahlefeld, Charlotte Sophie

Louise Wilhelmine von]: Die Frau von vierzig Jahren. Eine Erzählung aus dem wirklichen Leben. Von der Verfasserin der Erna, Felicitas, Amadea, des Römhildstiftes ec. Weimar: Wilhelm Hoffmann 1829. 2 ungez., 308 S. – 1a: Yx 815.

Die Geschichte des Cevennen-Kriegs. Ein Lesebuch für Ungelehrte. Nach Memoiren und geschichtlichen Nachrichten erzählt von der verstorbenen Therese Huber. – Stuttgart und Tübingen: Johann Georg Cotta 1834. 2 ungez., VIII [2 S. Vorrede, 4 S. Einleitung], 287, 1 ungez. S.

Standort: 46: R ger 719 hube 3/958
Nachweise: Goed 5, 482; Goed 17, 600; Kosch 2, 1074; Heinsius 8, 1., 373; Kayser 7, 457.

Hannah, der Herrnhuterin Deborah Findling. Von Therese Huber. – Leipzig: F. A. Brockhaus 1821. VIII [2 S. Vortitel, 4 S. Vorrede], 353, 1 ungez. S.

Standort: 1: Yw 8947^a; 1a: Yw 8947; 7: 8° Fab. Rom. VI 5341; 12: Gall. sp. 98 m; 51; 76: BL 562
Ausg./Aufl.: Nachdruck mit einem Nachwort von Magdalene Heuser. Hildesheim: Georg Olms Verlag (in Vorbereitung).
Nachweise: Schindel 1, 232; Goed 5, 482; Kosch 2, 1074; Heinsius 6 Anh Romane 24; Kayser 66; MGT 22,2., 860.

Hubers gesammelte Erzählungen, fortgesetzt von Therese Huber, geb. Heyne. Bd. 3. 4. – Stuttgart und Tübingen: J. G. Cotta 1819/1819. VI [4 S. Vorrede], 2 ungez. [Inh.-Verz.], 467, 1 ungez. S.; 4 ungez. [2 S. Inh.-Verz.], 470, 2 ungez. S. [Druckf.-Verz. Bd. 3, 4] (= Huber, Ludwig Ferdinand: Sämtliche Werke, Bd. 3.4).

Standort: 12: P. o. germ. 653 mp
Nachweise: Schindel 1, 232; Goed 5, 482; Heinsius 6, 389; MGT 22,2., 860.
Bemerkungen: Ex. 12 (Bd. 3.4): Die Bände enthalten keinen Reihentitel.
Bd. 3 enthält: S. 1-231: Deutsches Gemüth und französischer Geist. Eine wahre Geschichte aus der vergangenen Kriegszeit. Von Th. H. geb. H., S. 232-314: Mehr Glück als Verstand, eine Erzählung in Briefen. Von L. F. Huber [z. T. Briefwechsel zw. Julius und Juliette], S. 315-467: Das Urtheil der Welt, eine herrnhuthische Erzählung [S. 467 am Schluß der Erz.: L. F. Huber].
Bd. 4 enthält: S. 1-94: Zum Laufen hilft nicht schnell seyn, S. 95-238: Pauline Depuis. Von F. L. Huber, S. 239-422: Vergeltung, eine Erzählung, S. 423-470: Reichsstädtische Tugend, eine Geschichte aus dem 19ten Jahrhundert.
Lt. Goed 5, 481 sind alle Erzählungen ab Okt. 1793, die politischen ausgenommen, auch wenn sie L. F. Hubers Namen tragen, Therese Huber zuzuschreiben.

Jugendmuth. Eine Erzählung von Therese Huber. J'etais jeune et superbe. Th. 1. 2. – Leipzig F. A. Brockhaus 1824/1824. XIV [2 S. Vortitel, 10 S. Vorwort], 289, 3 ungez. S. [1 S. Druckf.-Verz.]; 4 ungez. [2 S. Vortitel], 390, 2 ungez. S. [1 S. Druckf.-Verz.].

Standort: 1a: Yw 9649; 7: 8° Fab. Rom. VI 5345 (in 1 Bd.);
12: P. o. germ. 654 u (in 1 Bd.); 110 (ohne Signatur)
Ausg./Aufl.: Nachdruck mit einem Nachwort von Magdalene Heuser. Hildesheim: Georg Olms Verlag (in Vorbereitung).
Nachweise: Schindel 3, 176; Goed 5, 482; Kosch 2, 1074; Heinsius 7 Anh Romane 32; Kayser 66; MGT 22,2., 860.

Luise. Ein Beitrag zur Geschichte der Konvenienz. – Leipzig: Pet. Phil. Wolfische Buchhandlung 1796. XXIV [22 S. Vorrede], 224 S.

Standort: 9: 12699
Ausg./Aufl.: 1.: ... Frankfurt a. M.: Gebrüder Sauerländer 1819. XXIV, 224 S.
– 7: 8° Fab. Rom. VI 5337 b.
2.: Nachdruck mit einem Nachwort von Magdalene Heuser. Hildesheim: Georg Olms Verlag 1991 (= Frühe Frauenliteratur in Deutschland. Hrsg. von Anita Runge. Bd. 10).
Nachweise: Schindel 1, 232; Heinsius 131; Kayser 88; Hayn-G 4, 284; Holzm-Boh 3, 87; MGT 22,2., 859; Ersch Rep III, Bd 2, XIV. 1552; Hadley 253; Korn 116.

Die Weihe der Jungfrau bei dem Eintritt in die größere Welt. Von Th. Huber. – Leipzig: Schaarschmidt und Volckmar o. J. [1831]. 215, 3 ungez. S. [Verl.-Anz.].

Standort: 1a: No 3948; 7: 8° Polit. I6596 (ohne Verf.-Angabe, ohne Verl.-Anz.)
Ausg./Aufl.: Nachdruck mit einem Nachwort von Magdalene Heuser. Hildesheim: Georg Olms Verlag (in Vorbereitung).
Nachweise: Goed 17, 601; Kosch neu 8, 191 (1831); Heinsius 8,1., 373 (Verf. Theorilde Huber, 1831); Kayser 3, 204 (1831); Kayser 7, 457 (1837); Holzm-Boh Ps 280.
Bemerkungen: Lt. Vorrede des Hrsg. stammen die Erzählungen aus dem Nachlaß der Th. H. Heinsius bezweifelt diese Autorschaft: „Ist fälschlich f. eine Schrift von Therese H. ausgegeben worden."

HÜBNER, HENRIETTE EMILIE

1794 Dresden – 1819 Chemnitz.
Pseud.: Henriette Steinau. – Geb. Hermann; verh. Hübner. – Vater Appellationsrat; Ehemann Kaufmann. Mitverfasserin von Werken ihrer Tante Wilhelmine

Gensicken. Herausgeberin von: Kleeblätter, 3 Bde., Chemnitz 1816-1818 (zusammen mit Amalie Curtius).

Asteria, oder der Partherkrieg. – Meißen: [?] 1810. 134 S.

Standort: kein Bestandsnachweis
Ausg./Aufl.: Meißen: Goedsche 1818 [Erstausgabe?].
Nachweise: Schindel 1, 234 (Chemnitz 1818); Goed 10, 338 (1818; Verweis auf Kayser 1810); Kayser 135 (auch 1818); Holzm-Boh Ps 269 (nur 1816-19); MGT 18, 225 (Chemnitz 1818). – Titel folgt Kayser.
Bemerkungen: Da außer Kayser keine Quelle das Erscheinungsjahr 1810 nennt, handelt es sich bei Kayser vermutlich um einen Fehler. H. Steinau lebte 1794-1819, wäre also 1810 16 J. alt gewesen. Vgl. auch Rez. in: Zeitung f. d. elegante Welt 1818 (9. Juni) Sp. 883.

HÜLSEN, THERESE HENRIETTE VON

1792 Ruppin (Neumark) – ?
Pseud.: Amalie v. Sel(d)t; Vater Major in Ruppin.

Erzählungen. – Berlin: Rücker 1806.

Standort: kein Bestandsnachweis
Ausg./Aufl.: Erzählungen von Amalia von Seldt. Berlin: August Rücker 1826. 286 S. – 1a: Yw 9951.
Nachweise: Goed 10, 320f. (1826); Kosch 2, 1081 (1826); Heinsius 7, Anh Romane 59 (1826); Kayser 129; Holzm-Boh Ps 256 (o. J.). – Titel folgt Kayser.
Bemerkungen: Lt. Schindel 3, 177 ist H. v. Hülsen 1792 geboren, wäre also 1806 14 Jahre alt gewesen. Da außer Kayser keine Quelle das Erscheinungsjahr 1806 nennt, könnte es sich bei Kayser um einen Fehler handeln.

KATHARINA II, KAISERIN VON RUSSLAND

1729 Stettin – 1796 St. Petersburg.
Geb. Sophie Auguste Friederike Prinzessin von Anhalt-Zerbst-Dornburg. 1745 Heirat mit dem späteren Zaren Peter III.; nach dessen Ermordung 1762 Zarin von Rußland. Autobiographie: Katharina II. in ihren 'Memoiren'. Aus dem Französischen und Russischen. Übersetzt und herausgegeben von Erich Boehme. Leipzig 1916 [erste vollständige Ausgabe in deutscher Sprache; neu hrsg. und kommentiert: Leipzig 1986/München 1987].

Erzählungen und Gespräche. Von I. K. M. d. K. a. R. Th. [1.] 2. – Berlin und Stettin: Friedrich Nicolai 1783/[1784]. 172 S., Frontispiz; 228 S.

Standort: **18: A 3050** (nur Teil 1)
Ausg./Aufl.: 1.: s. auch dies., Das Märchen vom Zarewitsch Chlor.
2.: auch in: Bibliothek der Großfürsten Alexander und Konstantin. Von I. K. M. d. K. a. R. [Hrsg. v. Friedrich Nicolai]. Th. 1.2. 1784/1784. 2 ungez. [Reihentitel], 172 S., Titelvign., Frontispiz; 8 ungez. [2 S. Reihentitel, 4 S. Vorrede des Hrsg. Friedrich Nicolai], 228 S., Titelvign., Frontispiz. – 7: **8° Did. 366/ 65**; **46: Mf** (von Ex. 7); Breslau: Mf 7847 po fragment (Fragment aus Teil 2, ohne Reihentitel) Die Titelblätter Erzählungen ... tragen die Jahreszahlen 1783/1784.
Nachweise: Goed 4,1., 628 (auch 1786); Kosch 2, 1229; Heinsius 1, 804; Kayser 2, 156; Holzm-Boh 2, 61; Ersch Rep I, Bd 2, XIII. 4028.
Bemerkungen: Teil 1 enthält: S. 3-6: Das Vorwort des Übers., S. 7-47: [Das Märchen vom Zarewitsch Chlor], S. 48-172: [Anekdoten, Notizen, Bemerkungen].
Teil 2 enthält (Ex. 7): S. 1-38: I. Grundlehren des bürgerlichen Unterrichts [117 Regeln, Lehren, Sentenzen], S. 39-104: II. Aufsätze betreffend die russische Geschichte. Erster Zeitraum [Vorrede und 20 Episoden d. russ. Gesch.], S. 105-130: III. Auswahl russischer Sprüchwörter [126 Sprichwörter], S. 131-176: IV. Fortsetzung der Lehren zum ersten Unterricht [118-209 Regeln, Lehren, Sentenzen], S. 177-228: V. Mährchen vom Zarewitsch Fewei.
Ex. 18 und 7 nicht druckidentisch; unklar, ob Bd. 2 ebenfalls separat (d. h. ohne Reihentitelbl.) erschienen.

Das Märchen vom Zarewitsch Chlor. Von J. K. M. d. K. a. R. – Berlin und Stettin: Friedrich Nicolai 1782. 47, 1 ungez. S., Titelvign.

Standort: **138: VI b 278**
Ausg./Aufl.: auch in dies., Erzählungen und Gespräche, s. dort.
Nachweise: Goed 4,1., 628; Kosch 2, 1229; Heinsius 135; Kayser 90; Holzm-Boh 3, 101; MGT 1, 568; Meusel Lex 2, 68; Hadley 98; Korn 118.

Bemerkungen: S. 3-6 Vorwort des Übers. a. d. Russ.
Übers. ins Franz. Berlin 1782.

Das Märchen vom Zarewitsch Fewei s. dies., Erzählungen und Gespräche.

Obidah, eine morgenländische Erzählung [deutsch und russisch]. – St. Petersburg: o. V. 1786. 15, 1 ungez. S.

Standort: **Staatsbibliothek Leningrad: Cn 4262 10c; 46 (Film)**
Nachweise: Kosch 2, 1229; Holzm-Boh 3, 225; MGT 1, 569; Meusel Lex 2, 69; Ersch Rep I, Bd 2, XIV. 2701; Ersch 7, 243.
Bemerkungen: Aus dem Titelblatt geht hervor, daß es sich bei der russ. Version um eine Übers. aus dem Deutschen handelt.

KEYSERLING, CHARLOTTE AMALIE REICHSGRÄFIN VON

1729 Königsberg – 1791 ?
Geb. Reichsgräfin von Truchses(s)-Waldburg; verh. Reichsgräfin von Keyserling; verw.; verh. Reichsgräfin von Gyllenband; verw. – Erster und zweiter Ehemann Russisch-Kaiserlicher Geheimer Staatsrat.

Nachrichten aus dem Monde. – Königsberg: [?] 1781.

Standort: kein Bestandsnachweis
Nachweise: Holzm-Boh 3, 187 (Verf.: Heinrich Christian von K. und Charlotte Amalie v. K.); MGT 4, 82 (Mitverf. Ch. A. v. K.); Meusel Lex 6, 484 und 485 (Verf. Heinr. Chr. v. K.). – Titel folgt MGT.
Bemerkungen: Charlotte Amalie von Keyserling ist Mitverfasserin.

KHASER, ANNA THERESIA

1854 Arnstorf/Bayern – ?
Eigentl. Kaser. Kammerjungfer bei Freifrau von Zindt in München.

Briefe eines Frauenzimmers. Zur Probe. – Augsburg: Eberhard Kletts sel. Wittwe und Franck 1780. 4 ungez. [2 S. Vorrede], 44 S., Titelvign.

Standort: **12: Epist. 379 n**
Nachweise: Schindel 1, 245; Kosch neu 8, 1129; Heinsius 1, 419; Kayser 1, 349; Holzm-Boh 1, 263; MGT 4, 82; Hadley 81; Weber/M 124.

KLENCKE, KAROLINE LUISE VON

1754 Fraustadt/Polen – 1802 Berlin.
Pseud.: Tochter der Karschin. – Geb. Karsch; verh. Hempel; gesch.; verh. von Klen(c)k(e). – Tochter von Anna Luise Karsch; Mutter von Helmina von Chézy. Verfasserin von Gedichten und Zeitschriftenbeiträgen; ihr Roman: August und Julie ist nicht separat erschienen, sondern in: Leben und romantische Dichtungen der Tochter der Karschin, s. dort.

Cäcilie, oder Beitrag zum Modeton. – [o. O.: o. V.] 1780.

Standort: kein Bestandsnachweis
Nachweise: Schindel 1, 254; MGT 4, 128.

Charakteristische Beobachtungen und Erfahrungen einer Mutter über ihre Kinder. – Berlin: Maurers Buchhandlung 1793.

Standort: kein Bestandsnachweis
Nachweise: Schindel 1, 254; Kosch neu 8, 1312; Heinsius 1, 247; Kayser 1, 213; Holzm-Boh 1, 186; MGT 4, 128. – Titel folgt Kayser.

Leben und romantische Dichtungen der Tochter der Karschin. Als Denkmal kindlicher Liebe herausgegeben von Helmina. – Frankfurt a. M.: Friedrich Wilmans 1805. 2 ungez., 502 S.

Standort: 1a: Yw 5951; B 701: L 235 Klen 1; 12 Don. Lud. 786
Nachweise: Schindel 1, 93; Goed 6, 135; Kosch 1, 279; Heinsius 121; Kayser 3, 97; Holzm-Boh 3, 19; MGT 14, 53; Ersch 7, 104.
Bemerkungen: Das Buch ist hrsg. von der Tochter Helmina [d. i. Chézy, Wilhelmine Christiane von]. Es enthält biographische und Tagebuchaufzeichnungen ihrer Mutter Karoline Luise von Klencke, ergänzt durch Erinnerungen der Tochter. Der Band enthält S. 201-502: August und Julie. Lt. Mitteilung d. Hrsg. S. 200 ist dieser Roman von der Mutter verfaßt.

KNAB, SUSANNE BARBARA

1741 Freudenstadt – 1792 Bad Cannstatt.
Geb. La Motte; verh. Knab(e). Ehemann Fabrikant.

Tagebuch einer jungen Ehefrau. – Stuttgart: Johann Benedict Mezler 1780. 238 S., Titelvign.

Standort: **18**: A 212494, beigeb. dem Werk: [Plank, Gottlieb Jakob]: Tagebuch eines neuen Ehmanns. Leipzig: S. L. Crusius 1779; ebenfalls beigeb.: Warnung an junge Eheleute wegen Fortpflanzung des Geschlechts. Leipzig: W. G. Sommern 1769.
Nachweise: Goed. 4,1., 924 (Verf. Wezel); Goed 5, 474; Kosch neu 8, 1386; Heinsius 4, 10; Kayser 5, 389; Hayn-G 7, 510; Holzm-Boh 4, 147; Meusel Lex 7, 105; Hadley 78; Weber/M 245 (= Teil 1 vom Tagebuch eines jungen Ehepaares, Teil 2 nicht ersch.).
Bemerkungen: Lt. Baur 54 schrieb Knab das Tagebuch „Noch unverheurathet" (geb. La Motte).

KROCKOW, MARGARETE REGINA LOUISE GRÄFIN VON

1749 Mohrungen/Ostpr. – 1803 Krockow bei Danzig.
Geb. von Göppel; verh. von Krockow; gesch./verw.?; verh. von Brauneck auf Sulitz.

Briefe einer Vaterlandsfreundinn an ihre Lieblinge. – Berlin: Johann Friedrich Unger 1794. 8 ungez. [2 S. Widmung, 4 S. Vorrede], 138, 2 ungez. S. [1 S. Inh.-Verz.].

Standort: **11: 65/A 4813**
Nachweise: Schindel 1, 57; Kosch neu 9, 496; Heinsius 1, 429; Kayser 1, 355; Holzm-Boh 1, 262; MGT 4, 278; Ersch Rep II, Bd 1, VI. 1016.
Widmung: Den Edlen gewidmet, die durch Bande der Natur, der Liebe und Freundschaft an mich gekettet sind!

KROOK, ANNA HELENA VON

1752 St. Petersburg – 1834 Dresden.
Geb. von Dietz; verh. von Krook (auch: Krock). Ehemann Etatsrat.

Briefe einer reisenden Dame aus der Schweitz. 1786. – Straßburg: Dannbach 1786. 132, XIX S. [Anhang].

Standort: kein Bestandsnachweis
Ausg./Aufl.: 1.: Basel: Serini 1787 (Heinsius, Kayser).
2.: ... Frankfurt und Leipzig: o. V. 1787. 111, 1 ungez. S., Titelvign.
– **1a: Ru 5090**, beigeb. dem Werk: Vertrauliche Erzählung einer Schweizerreise im Jahr 1786 in Briefen von D. Plouquet. Tübingen: Jakob Friederich Heerbrandt 1787.

Nachweise: Schindel 3, 190; Kosch neu, 524; Heinsius 1, 428; Kayser 1, 354; Holzm-Boh 1, 262; MGT 4, 277; Ersch Rep I, Bd 2, XIII. 1320 a.b; Ersch 6, 451; Recke 2, 552. – Titel folgt Recke, Ersch Rep.
Bemerkungen: Die Straßburger Ausgabe kam nicht in den Buchhandel und wurde nur in wenigen Exemplaren an die Freunde verteilt; sie enthält im Anhang französische Briefe von Anna Helena Krook an ihre Kinder. Ohne Wissen der Autorin wurde das Werk „mangelhaft" nachgedruckt, wie Recke/Napiersky 2, 552 schreiben, ebenso Schindel.
Übers. ins Holl. (Schindel).

KROSIGK, ERNESTINE VON

1767 Berlin – 1843 Berlin.
Pseud.: Emma; Ernestine K. – Geb. Krüger; verh. von Krosigk; gesch. – Vater Jurist; Ehemann Offizier. Vorsteherin einer Erziehungsanstalt in Berlin.

*Das Dörfchen Larcy oder Edelmuth und Liebe. Eine Novelle. Nebst: Victorine. Fragmente aus dem Leben einer Nonne. Von Ernestine von Krosigk. Neue Auflage. – Leipzig: Joachimsche Buchhandlung o. J. [1806]. 2 ungez., 111, 1 ungez. S.

Standort: 715: **Man I 482**
Ausg./Aufl.: auch in dies., Novellen, s. dort.
Nachweise: Schindel 1, 276 (1805); Goed 6, 427 (1805); Kosch 2, 1407 (1805); Heinsius 120 (1806); Kayser 76 (1806); MGT 23, 283 (1805).
Widmung: Kabinetsräthin Beyme.

Novellen von Ernestine von Krosigk geborne Krüger. – Leipzig: Joachims Buchhandlung o. J. [1805]. 2 ungez., 144 S.; 111, 1 ungez. S.

Standort: 7: **Fab. Rom. VI 6936**
Nachweise: Schindel 1, 276 (1805); Goed 6, 427 (1805); Kosch 2, 1407; Heinsius 152 (1805); Kayser 76 (1805); MGT 23, 283.
Bemerkungen: Enthält: S. 1-144: Riodoro oder Natur und Liebe, [neue Zählung:] S. 1-90: Dörfchen Larcy oder Edelmuth und Liebe, s. dort, S. 91-111: Viktorine (Fragmente aus dem Leben einer Nonne).

KRÜDENER, BARBARA JULIANE VON

1764 Riga – 1824 Karasubasar/Krim.
Geb. von Vietinghoff; verh. von Krüdener; gesch. – Vater Gutsbesitzer und Theaterbesitzer; Ehemann russischer Gesandter u. a. in Berlin. Befreundet mit

Dorothea Schlegel, Helmina von Chézy und Jung-Stilling. Verfasserin religiösmystischer Schriften.

Valerie, oder Briefe Gustav's von Linar an Ernst von G** Ein Gegenstück zur Delphine. Aus dem Französischen. Bd. 1. 2. [in 1 Bd.] Mit Kupfern. – Leipzig: Johann Conrad Hinrichs 1804. 2 ungez., 256 S., Titelvign., Frontispiz; 2 ungez., 220, 4 ungez. S. [Druckf.-Verz.], Titelvign.

Standort: 3: S 2055
Ausg./Aufl.: 1.: zuerst ersch. als: Valérie ou lettres de Gustave de Linar à Ernest de G... Tome 1.2. [in 1 Bd.]. Paris: Henrichs 1804. VIII [6 S. Préface], 261, 1 ungez. S.; 208 S. – 12: P. o. gall. 2170.
2.: 3 Bde. Hamburg: Vollmer 1804 (Heinsius, Kayser).
Nachweise: Schindel 1, 293; Kosch neu 9, 528; Heinsius 217; Kayser 142; Holzm-Boh 2, 377; Holzm-Boh 4, 279; MGT 18, 443; MGT 20, 130; Ersch 7, 199.
Bemerkungen: v. Krüdener hat das Werk in französischer Sprache verfaßt. Die Übersetzung Leipzig 1804 besorgten Dorothea Schlegel (Bd. 1) und Helmina von Chézy (Bd. 2), die Übers. Hamburg: Vollmer 1804 besorgte Heinrich August (G. F.? Gf.?) Müller.
Übers. ins Holl.
Unter Bezug auf N Nekr, 2. Jg, S. 1231 verweisen Recke/Nap. 2, 556 auf eine möglicherweise schon 1789 in Paris ersch. Ausgabe. Ansonsten geben Recke/Nap. für die franz. Ausgabe bei Henrichs 1803 an, für 1804 nennen sie drei weitere franz. Ausgaben.

KÜHN, FRIEDERIKE HENRIETTE

1779 Oschatz – 1803 Leipzig.
Pseud: Fioraventi. – Geb. Jedermann; verh. Kühn. – Vater Senator und Bürgermeister; Ehemann Ratsbuchhalter. Nicht Verfasserin von: Cäsar Cas(s)arelli Graf v. Cesara, der kühne Räuber-Herzog, Posen 1803, sowie: Die Wahl der Braut, oder Feierabende im Sonnenblumen-Boskett, Posen 1803 [Verfasser: Heinrich Frohreich].

*Eduard und Amanda eine Familiengeschichte. Seitenstück zu Rudolph und Julie von August Lafontaine. Bdch. 1. 2. – Neuburg und Aarnheim: Reichs-Commissions und Industrie Büreau o. J. [1803]. 6 ungez. [2 S. Zwischentitel, 2 S. Vorrede], 185, 1 ungez. S.; 2 ungez., 152 S.

Standort: 1a: Yw 5713
Ausg./Aufl.: auch u. d. T.: Die Stürme des Schicksals, s. dort.

Nachweise: Heinsius 53 (Leipzig: Joachim 1803, o. Verf.); Kayser 34 (Leipzig: Joachim 1803, o. Verf.); Holzm-Boh 2, 3 (Leipzig 1803).
Bemerkungen: In den Quellen kein Nachweis der Identität mit Stürme des Schicksals.

Gustav Moraldino, der edle Banditensohn. 3 Thle. Mit 3 Kupfern. – Posen: Kühn 1803.
Standort: kein Bestandsnachweis
Ausg./Aufl.: 2. Aufl. Posen 1806, 3. Aufl. Breslau 1845.
Nachweise: Schindel 1, 297 (auch 1806); Goed 6, 430 (auch 1806, 1845); Kosch 2, 1418; Heinsius 145 (1806); Kayser 42 (1806); Hayn-G 2, 263 (auch 1806, Breslau 1845); Holzm-Boh 3, 161 (auch 1806); Holzm-Boh Ps 90; MGT 17, 578 (auch 1806). – Titel folgt Hayn-G.
Hayn-G 2, 263 erwähnen ausdrücklich, bei Kayser fehle die Erstausgabe von 1803.

Die schöne Mathilde, überall und nirgends, oder der Schutzgeist der Unglücklichen. Eine Geistersage aus d. 9ten u. 10ten Jahrh. Mit Kupfer. – Chemnitz: [?] 1802.
Standort: kein Bestandsnachweis
Ausg./Aufl.: Chemnitz: Wilhelm Starke, 1814. Mit 1 Kupfer. 326 S. (Hayn-G).
Nachweise: Schindel 1, 297; Goed 6, 430 (auch 1814); Kosch 2, 1418; Heinsius 139; Kayser 93 (auch 1814); Hayn-G 4, 433; Holzm-Boh 3, 121. – Titel folgt Heinsius, Hayn-G.

Die Stürme des Schicksals, oder der Verführer; eine Familiengruppe. 2 Theile. – Leipzig: Joachim o. J. [1800].
Standort: kein Bestandsnachweis
Ausg./Aufl.: 1.: auch u. d. T.: Eduard und Amanda, s. dort.
2.: Die Stürme des Schicksals oder der Verführer. Eine Familiengruppe. Neue Auflage. Bd. 1.2. Berlin: o. V., o. J. [1805]/[1805]. 4 ungez. [2 S. Vorrede], 185, 1 ungez. S.; 152 S. – 1a: Yw 5200/625 [inhaltliche Identität dieser Ausgabe mit Amanda und Eduard].
Nachweise: Heinsius 205; Kayser 137; Hayn-G 7, 477; Holzm-Boh 4, 130; Holzm-Boh Ps 90; Hadley 325 (1800). In den Quellen kein Nachweis der Identität mit Eduard und Amanda, s. dort. – Titel folgt Heinsius, Hayn-G.

Verbildung und Leichtsinn, oder das Tagebuch eines Freudenmädchens, in der Lebensgeschichte der Emilie Berg. Zur Warnung und Lehre für junge Frauenzimmer, v. H. K. – Leipzig: Heinrich Müller 1800. 350 S.

Standort: kein Bestandsnachweis
Ausg./Aufl.: 1.: Hohenzollern [Wien]: Wallishausser 1800 (Goed).
2.: Zofingen [Leipzig: Joachim] 1804 (Weller Fing).
Nachweise: Schindel 1, 297; Goed 6, 430 (auch 1804); Kosch 2, 1418; Heinsius 218 und 207; Kayser 138 und 143 (Verf. H. A. Kerndörffer); Hayn-G 8, 87f.; Hayn-G 9, 332; Holzm-Boh 4, 283 (auch Verf. H. A. Kerndörffer); Holzm-Boh 7, 418; Holzm-Boh Ps 90; Ersch Rep III, Bd 2, XIV. 1589; Hadley 325 (350 S.); Weller Fing 194 (Verf. H. A. Kerndörffer). – Titel folgt Hayn-G. 8.
Bemerkungen: Hayn G 8, 88 zur Autorschaft: „Verf. dieses scandalösen Romans ist wirklich genannte Dame (...) Nach andern (z. B. Weller) hätte Heinr. Aug. Kerndörfer den Roman verfaßt. (??)"

LA MOTTE-FOUQUÉ, CAROLINE AUGUSTE FREIFRAU DE

1773 Nennhausen/Westhavelland – 1831 Nennhausen.
Pseud.: Verfasserin des Roderich; Serena. – Geb. von Briest; verh. von Rochow; gesch.; verh. de la Motte-Fouqué. – Vater Gutsbesitzer; zweiter Ehemann der Dichter Friedrich de la Motte-Fouqué. Ein Großteil ihrer Werke, auch Romane und Erzählungen, erschien nach 1810.

Drei Mährchen. Von Serena. – Berlin: Ludwig Wilhelm Wittich 1806. 162 S.

Standort: 23: Lo 1495
Ausg./Aufl.: Berlin: Julius Eduard Hitzig 1806 (Goed).
Nachweise: Schindel 1, 131; Goed 6, 131; Kosch 1, 537; Heinsius 195; Kayser 129; Holzm-Boh 3, 101; Holzm-Boh Ps 257; MGT 20, 444.
Bemerkungen: Enthält: S. 3-80: Die Blumen, S. 81-130: Der Vogel, S. 131-162: Die Thränen.

Die Frau des Falkensteins. Ein Roman in zwei Bändchen von der Verfasserin des Rodrich [in 1 Bd.]. – Berlin: Julius Eduard Hitzig 1810. 6 ungez. [2 S. Reihentitel, 2 S. Zueignung], 167, 1 ungez. S.; 2 ungez., 182, 2 ungez. S. [1 S. Druckf.-Verz., 1 S. Verl.-Anz.]. (= Kleine Romanenbibliothek von und für Damen. 1. Lieferung).

Standort: 1a: Yt 561¹, beigeb.: Willmar [d. i. Gensicke], Rosamunde, s. dort.
Ausg./Aufl.: 1.: s. auch La Motte-Fouqué, Kleine Romanenbibliothek.
2.: ... Berlin: Dümmler 1815. – 12: P. o. germ. 1177 f.1., beigeb.: Willmar [d. i. Gensicke], Rosamunde, s. dort.
Nachweise: Schindel 1, 131; Goed 6, 131; Kosch 1, 537; Heinsius 30; Kayser 17 und 44; Holzm-Boh 2, 118; MGT 18, 741; Ersch 7, 226.
Widmung: Königin Luise von Preußen.
Bemerkungen: Das Reihentitelbl. trägt den Namen der Verf.

Kleine Erzählungen von der Verfasserin des Rodrich, der Frau des Falkensteins, der Briefe über weibliche Bildung u.s.w. – Berlin: Julius Eduard Hitzig 1811. 6 ungez. [2 S. Reihentitel, 2 S. Zwischentitel], 234, 2 ungez. S. [1 S. Gedicht, 1 S. Verl.-Anz.] (= Kleine Romanenbibliothek von und für Damen. 3. Lieferung).

Standort: 1a: Yt 561³, beigeb.: Tarnow, Natalie, s. dort, sowie La Motte-Fouqué, Magie der Natur, s. dort; 26: Ott 234/4
Ausg./Aufl.: 1.: s. auch La Motte-Fouqué, Kleine Romanenbibliothek.
2.: ... Berlin: Dümmler 1815. – 12: P. o. germ. 1177, beigeb. dem Band: Willmar [d. i. Gensicke], Rosamunde, s. dort.
3.: ... Wien: Haas 1814. – 300 (ohne Signatur).

Nachweise: Schindel 1, 131; Goed 6, 132 (auch Wien 1814); Kosch 1, 537; Heinsius 5 Anh Romane 9; Kayser 115; Holzm-Boh 2, 62; MGT 18, 741f.
Bemerkungen: Enthält: S. 1- 36: Arnold und Marie, S. 37- 70: Das Seegestade, S. 71-104: Der Rosengarten, S. 105-140: Der Hochzeit=Abend, S. 141-180: Das Fräulein vom Thurme, S. 181-206: Der Ring von Savoien, S. 207-234: Keusche Minne.

Kleine Romanenbibliothek von und für Damen. [Hrsg. von Caroline Auguste de La Motte-Fouqué.].
Lieferung 1-5. – Berlin: Julius Eduard Hitzig 1810/1811/1811/1811/1812.
Lieferung 1-7. – Berlin: Ferdinand Dümmler 1815/1815/1815/1815/1815/ 1815/1817.

Standort: 1a: Yt 561 [in 2 Bdn. 1.2; 3.4.5); 12: P. o. germ. 1177 f (in 5 Bdn. 1; 2.3; 4.5; 6; 7)
Ausg./Aufl.: Die Lieferungen 1-5 erschienen in Berlin bei Hitzig 1810-1812; bei Dümmler 1815 mit neuem Reihentitelblatt (sonst druckidentisch); dort wurde die Reihe mit der 6. und 7. Lieferung 1815 und 1817 fortgesetzt.
Die Ausgabe der wiederaufgenommenen und fortgesetzten Reihe 1815-1817 enthält (Ex. 12):
1. Lieferung 1815: [La Motte-Fouqué:] Die Frau des Falkensteins. Ein Roman in zwei Bändchen von der Verfasserin des Rodrich [in 1 Bd.]. Berlin: Julius Eduard Hitzig 1810/1810. 6 ungez. [2 S. Reihentitel, 2 S. Zueignung], 167, 1 ungez. S.; 2 ungez., 182, 2 ungez. S [1 S. Druckf.-Verz., 1 S. Verl.-Anz.], s. auch dort.
2. Lieferung 1815: [Gensicke:] Rosamunde oder Die Pfänder der Treue. Ein Roman von Wilhelmine Willmar. Berlin: Julius Eduard Hitzig 1811. 4 ungez. [2 S. Reihentitel], 206 S., s. auch dort;
beigeb.: 3. Lieferung 1815: [La Motte-Fouqué:] Kleine Erzählungen von der Verfasserin des Rodrich, der Frau des Falkensteins, der Briefe über weibliche Bildung u.s.w. Berlin: Julius Eduard Hitzig 1811. 6 ungez. [2 S. Reihentitel, 2 S. Zwischentitel], 234, 2 ungez. S. [1 S. Gedicht, 1 S. Verl.-Anz.], s. auch dort;
4. Lieferung 1815: [Tarnow:] Natalie. Ein Beitrag zur Geschichte des weiblichen Herzens von Fanny. Berlin: Julius Eduard Hitzig 1811. 6 ungez. [2 S. Reihentitel, 2 S. Verl.-Anz.], 284 S., s. auch dort;
beigeb.: 5. Lieferung 1815: Magie der Natur. Eine Revolutions-Geschichte von Caroline Baronin de la Motte Fouqué. Berlin: Julius Eduard Hitzig 1812. 6 ungez. [2 S. Reihentitel, 2 S. Verl.-Anz.], 235, 1 ungez. S., s. auch dort.
6. Lieferung 1815: Kleine Erzählungen von Fanny Tarnow, Verfasserin der Natalie. Berlin: Ferdinand Dümmler 1815. 4 ungez. [2 S. Reihentitel], 281, 1 ungez. S., s. auch dort;
7. Lieferung 1817: Neue Erzählungen von Caroline Baronin de la Motte

Fouqué. Berlin: Ferdinand Dümmler 1817. 4 ungez. [2 S. Reihentitel], 351, 1 ungez. S. [Verl.-Anz.], s. auch dort.
Nachweise: Kayser 115f.; weitere Nachweise s. Einzeltitel.
Bemerkungen: Von Caroline de La Motte-Fouqué selbst sind die Lieferungen 1, 3, 5, 7.

Magie der Natur. Eine Revolutions-Geschichte von Caroline Baronin de la Motte Fouqué. – Berlin: Julius Eduard Hitzig 1812. 6 ungez. [2 S. Reihentitel, 2 S. Verl.-Anz.], 235, 1 ungez. S. (= Kleine Romanenbibliothek von und für Damen. 5. Lieferung).

Standort: **1a: Yt 561⁵**, beigeb. dem Band: La Motte-Fouqué, Kleine Erzählungen, s. dort, sowie Tarnow, Natalie, s. dort.
Ausg./Aufl.: 1.: s. auch La Motte-Fouqué, Kleine Romanenbibliothek.
2.: ... Berlin: Dümmler 1815. – **12: P. o. germ. 1277 f.5.**, beigeb. dem Band: Tarnow, Natalie, s. dort.
3.: Wien: Haas 1814 (Goed).
4. Nachdruck der Ausgabe von 1812 mit einer Einführung von Gerhart Hoffmeister. Bern, Frankfurt a. M., New York, Paris: Lang 1989 (= Seltene Texte aus der deutschen Romantik. Bd. 5).
Nachweise: Schindel 1, 131; Goed 6, 132; Kosch 1, 537; Heinsius 5 Anh Romane 9; Kayser 116; MGT 18, 742.

Neue Erzählungen von Caroline Baronin de la Motte Fouqué. – Berlin: Ferdinand Dümmler 1817. 4 ungez. [2 S. Reihentitel], 351, 1 ungez. S. [Verl.-Anz.] (= Kleine Romanenbibliothek von und für Damen. 7. Lieferung).

Standort: **12: P. o. germ. 1177 f.7**
Ausg./Aufl.: s. auch La Motte-Fouqué, Kleine Romanenbibliothek.
Nachweise: Schindel 1, 131f.; Goed 6, 132; Kosch 1, 537; Heinsius 6 Anh Romane 10; Kayser 44 und 116; MGT 22,2., 192.
Bemerkungen: Enthält: S. 1-58: Die unsichtbaren Schlingen, S. 59-98: Die Verwünschung, S. 99-156: Der Waldbrunnen. Eine Sage, S. 157-190: Der Cypressenkranz, S. 191-220: Der Abtrünnige, S. 221-256: Bilder aus dem Leben der Kaiserin Eudoxia, S. 257-314: Der heilige Athanasius, S. 315-351: Treu bis zum Tode.

Rodrich. Th. 1. 2. – Berlin: L. W. Wittich 1806/1807. 2 ungez., 317, 3 ungez. S. [1 S. Druckf.-Verz.]; 272 S.

Standort: **12: P. o. germ. 381 r; 188: 38/77/25919(9)** (Teil 2: 2 ungez. S. [1 S. Druckf.-Verz.] am Schluß); **14: 2 A 8552**

Ausg./Aufl.: Rodrich. Ein Roman in zwei Theilen, von Caroline, Baronesse de la Motte Fouqué. Th. 1.2. Berlin: Julius Eduard Hitzig o. J. 2 ungez., 320 S.; 272 S. – 1a: Yw 6081.
Nachweise: Schindel 1, 131; Goed 6, 131; Kosch 1, 537; Heinsius 177; Kayser 44; Holzm-Boh 3, 390; MGT 13, 404; MGT 18, 741.
Bemerkungen: Die Ausgaben bei Wittich und Hitzig sind im Textteil von Bd. 2 druckidentisch.

LA ROCHE, MARIE SOPHIE VON

1731 Kaufbeuren – 1807 Offenbach/Main.
Pseud.: S. L. R. – Geb. Gutermann; verh. La Roche. – Vater Arzt; Ehemann Kurmainzischer Rat und Sekretär des Grafen von Stadion, später Geheimer Rat, dann Kanzler beim Kurfürsten Clemens Wenzeslaus von Trier. Herausgeberin der Zeitschrift: Pomona für Teutschlands Töchter. Speyer: Enderes. Jg. 1 (1783), H. 1-12; Jg. 2 (1784), H. 1-12. Nachdruck hrsg. mit einem Vorwort von Jürgen Vorderstemann. München: K. G. Saur 1987. Autobiographische Dokumente und biographische Angaben in: Sophie von La Roche „Ich bin mehr Herz als Kopf". Ein Lebensbild in Briefen. Herausgegeben von Michael Maurer. München 1983. Wahrscheinlich nicht Verfasserin von: Oeconomisch-moralischer Hausbedarf für Mädchen von reiferm Alter und angehende Gattinnen. Von einer Freundinn ihres Geschlechts. Bd. 1.2. Leipzig: Supprian 1798/1799 (NADB 42, 277f. und NDAB 54, 190).

Briefe an Lina ...
s. dies., Briefe an Lina (als Mädchen). Bd. 1: 1785 (1788);
s. dies., Briefe an Lina. Bd. 2: Briefe an Lina als Mutter [Teil 1], 1795;
s. dies., Briefe an Lina. Bd. 3: Briefe an Lina als Mutter [Teil 2], 1797;
s. auch dies., Mütterlicher Rath für junge Mädchen in Briefen an Lina, 1797.

Nachweise: Schindel 2, 205f.; Goed 4,1., 592; Kosch 2, 1466; Heinsius 3, 404; Kayser 3, 482; Holzm-Boh 6, 110; MGT 6, 387; MGT 10, 492; MGT 11, 645; Ersch Rep I, Bd 1, VII. 429; Ersch Rep I, Bd 2, XVI. 551; Ersch Rep II, Bd 2, XVI. 511; Ersch Rep III, Bd 2, XVI. 509 a.b; Ersch 8, 80; Hadley 120; Germer 2, 84. Goed und nach ihm andere Quellen nennen fälschlich für die Bde. 1-3 die Jahre 1785-1787 [Druckf. für 1797?].
Bemerkungen: Briefe an Lina [Bd. 1] zuerst erschienen als Kernstück der Pomona, Speyer: Enderes 1783-84 [24 Briefe in Folge ab Jg. 1 (1783), H. 1, bis Jg. 2 (1784), H. 12].
Übers. ins Franz. Bd. 1 Leipzig: Heinrich Gräff 1799 (Ersch Rep III, Bd 2, XVI. 509 c); Bd. 1-3 Leipzig: Heinrich Gräff 1804 (Goed, Heinsius, Kayser).

Briefe an Lina. Von Sophie von la Roche. – Speier: Enderes 1785. 6 ungez. [4 S. Widmung], 284 S., Titelvign. [= Briefe an Lina. Bd. 1].

Standort: 5: FA 709/6, beigeb.: dies., Der schwermüthige Jüngling, s. dort, sowie dies., Der Eigensinn der Liebe und Freundschaft, s. dort; 38: RhS m/1307
Ausg./Aufl.: Neue Fassung u. d. T.: Mütterlicher Rath für junge Mädchen, s. dort.
1.: MGT 6, 387 und Goed 4,1., 592 sowie danach versch. andere Quellen geben eine weitere Ausgabe Mannheim 1785 an, keine Quelle nennt einen Verlag. Eine solche Ausgabe ist nicht auffindbar.
2.: Briefe an Lina von Sophie von la Roche. zweite [!] Auflage. Offenbach: Weiß und Brede 1788. 6 ungez. [4 S. Widmung], 284 S., Titelvign.
– 38: RhS m/1307.2.
3.: Briefe an Lina als Mädchen. Ein Buch für junge Frauenzimmer die ihr Herz und ihren Verstand bilden wollen von Sophie von La Roche. Erster Band. Zweyte, mit einem Anhange vermehrte Auflage. Leipzig: Ernst Martin Gräff 1788. 2 ungez., 266, 2 ungez. S. [Druckf.-Verz.], Frontispiz; S. 231-266 Anhang (Vom Tanzen, Nur noch zwey Fragen, An Lina und ihre Freundinnen, An Lina, Neue kleine Fragen). – 6: 1E 3241; 7: 8° Fab. Rom. VI 3717.
4.: Briefe an Lina als Mädchen. Ein Buch für junge Frauenzimmer die ihr Herz und ihren Verstand bilden wollen von Sophie von La Roche. Erster Band. Dritte verbesserte Auflage. Mit dem wohlgetroffenen Portrait der Verfasserin. Leipzig: Heinrich Gräff 1797. 8 ungez. [6 S. Widmung], 266 [S. 231-266 Anhang aus der Pomona], 2 ungez. S. [1 S. Verl.-Anz.] – **1a: Nd 8308-1 R** [Porträt fehlt]; 7: 8° Fab. Rom. VI 3717 (3); 12: Paed. Pr. 2012 (1); **188 (B 806): Pl 91/80 sekr.**; F 25: IX L 35/ E2/2.
5.: ... Vierte verbesserte Auflage. Mit dem wohlgetroffenen Portrait der Verfasserin [fehlt]. Leipzig: Heinrich Gräff 1807. 8 ungez. [6 S. Widmung], 264 S. [S. 231-264 Anhang aus der Pomona] – **1a: Bibl. Varnh. 619 R**.
Nachweise: s. oben Briefe an Lina ...
Widmung: Katharina II. von Rußland.

Briefe an Lina als Mutter. Ein Buch für junge Frauenzimmer die ihr Herz und ihren Verstand bilden wollen von Sophie von La Roche. Zweyter Band. Mit einem Kupfer [als Frontispiz]. – Leipzig: Heinrich Gräff 1795. XII [4 S. Widmung, 6 S. Vorrede], 249, 3 ungez. S. [2 S. Verl.-Anz., 1 S. Druckf.-Verz.] [= Briefe an Lina. Bd. 2].

Standort: **1a: Bibl. Varnh. 620 R** (ohne Druckf.-Verz.); **1a: Nd 8308-2 R** (ohne Widmung, ohne Druckf.-Verz.); 6: 1E 3241 (ohne Druckf.-Verz.);
7: 8° Fab. Rom. VI 3717; 8: 15 pws 518 Kf 973 (ohne Widmung);
12: Paed. Pr. 2012 (2) (nur 2 S. Widmung, ohne Druckf.-Verz.);
188 (B 806): Pl 91/80 sekr(ohne Widmung); 25; F 25: IX L 35/E2/2.

Ausg./Aufl.: Leipzig: Gräff 1807 (Goed 4,1., 592; Heinsius 3, 404; Ersch 8, 80).
Nachweise: s. oben Briefe an Lina ...
Widmung: Katharina II. von Rußland.
Bemerkungen: Ex. 1a: Nd 8308-2 R ohne Hinweis „Kupfer" auf Titelblatt, aber mit Frontispiz.

Briefe an Lina als Mutter. Ein Buch für junge Frauenzimmer die ihr Herz und ihren Verstand bilden wollen von Sophie von La Roche. Dritter Band. Mit einem Kupfer von Penzel [als Frontispiz]. **– Leipzig: Heinrich Gräff 1797. 240 S.** [= Briefe an Lina. Bd. 3].

Standort: 1a: **Nd 8308-3 R**; 6: **1E 3241**; 7: **8° Fab. Rom. VI 3717**;
  12: **Paed. Pr. 2012 (3)**; **188 (B 806)**: **Pl 91/80 sekr**; 25; **F 25: IX L 35/ E2/2**
Ausg./Aufl.: Leipzig: Gräff 1807 (Goed 4,1., 592; Heinsius 3, 404; Ersch 8, 80).
Nachweise: s. oben Briefe an Lina ...

Briefe an Sophia; nebst e. Schreiben von Lavater an Gellert. Hrsg. v. Frz. Horn. – Berlin: [?] **1820.**

Standort: kein Bestandsnachweis
Nachweise: nur Kayser 3, 482.

Briefe über Mannheim von Sophie La Roche. – Mannheim: C. F. Schwan und G. C. Götz 1791. 2 ungez., 374 S., Titelvign.

Standort: 1a: **Si 4086**; 12: **Germ. sp. 266**; 16: **Batt 404**; Wieland-Archiv
Ausg./Aufl.: ... Zürich: Orell, Geßner, Füßli und Compagnie 1791. 2 ungez., 374 S., Titelvign. – 4: **6 VI CC 692**; 16: **Batt 404**.
Nachweise: Schindel 2, 206; Goed 4,1., 593; Kosch neu 9, 960; Heinsius 3, 404; Kayser 3, 482; MGT 6, 387; Ersch Rep II, Bd 2, XIII. 805; Ersch 6, 327.

Der Eigensinn der Liebe und Freundschaft. Eine engländische Erzählung. Nebst einer kleinen deutschen Liebensgeschichte [!]. **Aus dem Französischen übersezt. – Zürich: Orell, Geßner, Füßli und Comp. 1772. 140, 4 ungez. S.** [Verl.-Anz.].

Standort: 1a: **Yv 7303**; 5: **Fa/709/6**, beigeb. dem Werk: Briefe an Lina, s. dort; ebenfalls beigeb.: dies., Der schwermüthige Jüngling, s. dort; **Mar 1, H 7440**; 12: **P. o. gall. 687**
Nachweise: Schindel 2, 205; Goed 4,1., 592; Kosch 2, 1466; Heinsius 55; Kayser 79; Holzm-Boh 2, 9; MGT 6, 387; Ersch 7, 177; Hadley 46.
Bemerkungen: Enthält: S. 3-91: Der Eigensinn der Liebe und Freundschaft. Eine engländische Erzählung, S. 92-140: Eine deutsche Liebesgeschichte.

1772 erschien auch eine französische Ausgabe in Zürich (Kayser, MGT). La Roche hat den Text vermutlich zuerst französisch verfaßt (vgl. Becker-Cantarino 108f., Anm. 42).

*Empfindungen der Verfasserin der Geschichte des Fräuleins von Sternheim und der Briefe Rosaliens, als Joseph der Zweite in Schwetzingen war. - Wien: [?] 1782.

Standort: 300 (Verlust)
Ausg./Aufl.: auch u. d. T.: Joseph der Zweite nahe bei Speyer im Jahr 1781, s. dort.
Nachweise: Schindel 2, 205; Holzm-Boh 2, 22; MGT 6, 387.

Erinnerungen aus meiner dritten Schweizerreise. Meinem verwundeten Herzen zur Linderung vielleicht auch mancher traurenden Seele zum Trost geschrieben von Sophie, Wittwe von la [!] Roche. - Offenbach: Ulrich Weiss und Carl Ludwig Brede 1793. 2 ungez., 504 S.

Standort: 1: Ru 5118 RAR; 12: It. sing. 546 b; Mar 1: H 2323; 25
Nachweise: Schindel 2, 207; Kosch neu, 9, 960; Heinsius 3, 404; Kayser 3, 482; MGT 6, 387f.; Ersch Rep II, Bd 2, XIII. 1091; Ersch 6, 451.

Erscheinungen am See Oneida. von [!] Sophie von La Roche. Bdch. 1-3. - Leipzig: Heinrich Gräff 1798/1798/1798. 6 ungez. [4 S. Widmung], 232, 4 ungez. S. [Verl.-Anz.], Titelvign., Frontispiz; 2 ungez., 236, 4 ungez. S. [Verl.-Anz.], Titelvign., Frontispiz; 2 ungez., 295, 1 ungez. S., Titelvign., Frontispiz.

Standort: 1: 19ZZ5919; 1a: Yv 7328 R; 16: G 5796 = 1/47;
188: 48/78/9847(7)R; F 25: IX L 35/E6/2; Wieland-Archiv
Nachweise: Schindel 2, 207; Goed 4,1., 593; Kosch 2, 1466; Heinsius 60; Heinsius 3, 404; Kayser 79 (1788); MGT 10, 492; Ersch Rep III, Bd 2, XIV. 1309 b; Ersch 7, 178; Hadley 284.
Widmung: Prinzessin von Wallis, geb. Prinzessin von Braunschweig.
Bemerkungen: Übers. ins Franz. Paris: J. E. G. Dufour 1803 (s. NUC 316, 441); Paris 1807 (s. BLC 184, 362).

Fanny und Julia. Oder die Freundinnen von Sophie von La Roche. Th. 1. 2. - Leipzig: Heinrich Gräff 1801/1802. 6 ungez. [2 S. Widmung, 2 S. Vorrede], 354 S., Frontispiz; 4 ungez. [2 S. Widmung], 412, 4 ungez. S. [Druckf.-Verz.], Frontispiz.

Standort: 1a: Yv 7336; 12: P. o. germ. 794 dp; F 25: IX L 35/ E7;
7: Fab. Rom. VI 3727; Wieland-Archiv

Nachweise: Schindel 2, 207; Goed 4,1., 593; Kosch 2, 1466; Heinsius 67; Heinsius 3, 404; Kayser 79; MGT 15, 179; Ersch 7, 178.
Widmung: Elise von Bethmann.
Bemerkungen: Zwischentitel Teil 1: Fanny und Julia (Ex. 1a); Fanny Orben Geschichte (Ex. 12).
Ex. 7 mit Untertitel: Eine romantische Geschichte von S. v. L. R.

Frauenzimmerbriefe s. dies., Rosaliens Briefe.

Freunde und Freundinnen von zwei sehr verschiedenen Jahrhunderten und die Baad-Bekanntschaft. von [!] Sophie von la [!] Roche. – Offenbach: Ulrich Weiß und Carl Ludwig Brede 1789. 2 ungez., 101, 1 ungez. S. [Verl.-Anz.].

Standort: 1: 17A12554 R; 12: E[inband]-Sammlung P. o. germ. 794 ad; 76: BL 789; F 25: IX L 35 / E 20
Ausg./Aufl.: s. auch dies., Neuere Moralische Erzehlungen [!] 1786 und Moralische Erzählungen 1799.
Nachweise: Schindel 2, 206; Heinsius 3, 404; Kayser 3, 482; MGT 6, 387; Korn 61.
Bemerkungen: beide Titel zuerst ersch. in: Pomona, Jg. 2 (1784), H. 9, S. 785-823 bzw. H. 12, S. 1090-1122.

Geschichte des Fräuleins von Sternheim. Von einer Freundin derselben aus Original-Papieren und andern zuverläßigen Quellen gezogen. Herausgegeben von C[hristoph] M[artin] Wieland. Th. 1. 2. – Leipzig: Weidmanns Erben und Reich 1771/1771. XXII [20 S. Vorrede], 367, 1 ungez. S., Titelvign.; 2 ungez., 302 S., Titelvign.

Standort: 1: Yv 7301ª R; 1: Bibliothek Diez 8439, 8440; 28: Cf-4440 (in 1 Bd.); 37: LD 4144 1-2; 25; F 25 IX L 35/E9/1
Ausg./Aufl.: 1.: Ridderhoff XXXVIf. (s. Nr. 6) nennt insgesamt drei Drucke der Ausgabe 1771, die sich nur durch Druckfehlerverbesserungen unterscheiden.
2.: auch mit dem Reihentitel: Bibliothek für den guten Geschmack. Bd. 1. Bern: Beat Ludwig Walthard 1772; Bd. 2. Bern: Beat Ludwig Walthard, und zu finden in Amsterdam bey Johannes Schreuder 1773. 311 S.; 236 S. (Ridderhoff S. XXXVIIf.) 3.: ... Th. 1.2. [in 1 Bd.]. Bern: Beat Ludwig Walthard und zu finden in Amsterdam bey Johannes Schreuder 1773/1773. 272 [15 S. Vorrede des Hrsg.], Titelvign.; 236 S., Titelvign. – Mar 1 (ohne Signatur).
4.: ... 3. Aufl. Reuttlingen: Johann Georg Fleischhauer 1776. 336 S.; 272 S. – 1: 8 Y 73 R; Mar 1 H: W G 831967; 12: Po. germ. 793 (3) (lt. Ridderhoff S. XXXVIII weiterer Druck dieser Ausgabe 1787).
5.: ... Th. 1.2. [in 1 Bd.]. Carlsruhe: Christian Gottlieb Schmieder

1783[!]/1777. XVI [2 S. Reihentitel, 12 S. Vorrede des Hrsg.], 256 S., Titelvign.; 208 S.,Titelvign. (= Sammlung der besten deutschen prosaischen Schriftsteller und Dichter. Carlsruhe 1777/1777. Bd. 57. 58) – 14: 36-8°/ 8007; B 706: 4090 G [ohne Reihentitel]; 1a: Yc 7465-57 und Yc 7465-58 [in 2 Bdn.; auf den Titelblättern: Christian Gottlieb Schmieder 1777/1777]; 7:° Scr. var. org. I 3000; Mar 1, Schiller-Bibl. II, 25a.

6.: ... Neudruck der Ausg. 1771, hrsg. v. Kuno Ridderhoff. Berlin: Behr [1907]. XL, 188; 189-345, 1 ungez. S. (= Dt. Literaturdenkmale des 18. u. 19. Jhdts. Nr. 138) – 46: A ger 649 lar 3/73; Nachdruck: Nendeln/Liechtenstein: Kraus 1968.

7.: ... Neudruck der Ausgabe von 1771. Hrsg. v. Fritz Brüggemann. Leipzig: Reclam 1938. 279 S. (= Deutsche Literatur in Entwicklungsreihen. Reihe Aufklärung. Bd. 14) – Nachdruck Darmstadt: Wissenschaftliche Buchgesellschaft 1964.

8.: ... Neudruck mit einem Nachwort hrsg. von Günter Häntzschel. München: Winkler 1976 (= Fundgrube. Bd. 56).

9.: ... Neudruck der Ausgabe 1771. Hrsg. von Barbara Becker-Cantarino. Stuttgart: Reclam (1983); 2. Auflage 1990 (Univers.-Bibl. 7934).

10.: ... Neudruck München: Deutscher Taschenbuch Verlag 1985 (= dtv 2144).

Nachweise: Schindel 2, 204; Goed 4,1., 592; Kosch 2, 1466; Heinsius 203; Kayser 79; Holzm-Boh 2, 190 und 195; MGT 6, 386; Ersch 7, 177; Hadley 42; Weber/M 158; Germer 1, 56; Korn 180.

Bemerkungen: Übers. ins Franz. 1772, 1773 (s. BLC 184, 363), 1774 und 1775; Übers. ins Engl. 1776 (s. BLC 184, 362; BMC 30, LAR 285; 110 (ohne Signatur) und 1777, ins Russ. 1780 (s. NUC 316, 440; Becker-Cantarino 92); ins Holl. Utrecht 1792 (Goed).

Geschichte von Miß Lony und der schöne Bund von Sophie, Wittwe von la [!] Roche. Mit zwey Kupfern [1 als Frontispiz]. – Gotha: Carl Wilhelm Ettinger 1789. 2 ungez., 282 S.

Standort: 1a: Yv 7325 (Kupfer fehlen); 12: P. o. germ. 794 ds;
188: 38/77/25921(8) (Frontispiz nach Titelblatt); 7: 8° Fab. Rom. VI 3713; 188 (B 806): Pl 91/200 sekr.; 18: R.71.L.13; 25; F 25: IX L 35/E8; Mar 1, H

Nachweise: Schindel 2, 206; Goed 4,1., 592f.; Kosch 2, 1466; Heinsius 130; Heinsius 3, 404; Kayser 79; MGT 6, 387; Ersch Rep I, Bd 2, XIV. 2587 e; Ersch 7, 177; Hadley 155; Germer 1, 56; Korn 114.

Bemerkungen: Enthält: S. 1-187: Das Schicksal von Miß Lony, S. 188-282: Der schöne Bund.

Die glückliche Reise, eine moralische Erzählung von der Verfasserin von Rosaliens Briefen. – Basel: Serini 1783.

Standort: kein Bestandsnachweis
Ausg./Aufl.: auch in: Moralische Erzählungen 1784, 1799, 1823, s. dort.
Nachweise: Schindel 2, 205; Goed 4,1., 592; Kosch 2, 1466; Heinsius 169; Heinsius 3, 404; Kayser 79; MGT 6, 387; Ersch 7, 177; Hadley 103 und 108; Korn 147. – Titel folgt Korn.
Bemerkungen: zuerst ersch. in: Pomona, Jg. 1 (1783), H. 7, S. 665-722.

Herbsttage. Von Sophie von La Roche. Mit einem Kupfer von Penzel [als Frontispiz] **und mit Musik. – Leipzig: Heinrich Gräff 1805.** IV [Vorrede], 324, 12 ungez. S. [Verl.-Anz.].

Standort: 1: Yv 7338ᵃ RAR (ohne Verl.-Verz.); 1a: Yv 7338 (ohne Verl.-Verz.); 7: 8° Fab. Rom. VI 3731; 12: P. o. germ. 794 l; F 25: IX L 35/ E 10; Mar 1, H; Wieland-Archiv
Nachweise: Schindel 2, 207; Goed 4,1., 593; Kosch 2, 1466; Heinsius 3, 404; Kayser 79; MGT 15, 179; Ersch 7, 154 (1803); Ersch 8, 83 (1808).
Bemerkungen: Verfasserin der Geschichte eines Braminen S. 24-27 ist Karoline von Günderrode. (Vgl. Karoline von Günderrode. Sämtliche Werke und ausgewählte Studien. Hist.-krit. Ausgabe. Hrsg. von Walter Morgenthaler. Basel, Frankfurt: Stroemfeld/Roter Stern 1991. Bd. 3, S. 158ff.).

Joseph II. nahe bei Speier im Jahr 1781. Von F. G. St. R. v. L. R. Verfasserin der Pomona. – Speier: Enderes o. J. [1781?]. 8 S.

Standort: 1: Rz 5532 RAR, beigeb.: An Ihro Kaiserliche Majestät Katharina die zweite, Selbstherrscherin aller Reussen sc. 4 S. [= Dank für Unterstützung der Pomona], sowie: Verzeichnis der Abonnenten auf Pomona Jahrgang 1783. 26 S.; 107 (ohne Signatur)
Ausg./Aufl.: auch u. d. T.: Empfindungen der Verfasserin, s. dort.
Nachweise: Schindel 2, 205 (1781); Goed 4,1., 592 (1783); Kosch neu 9, 959 (1783); Kayser 3, 482 (o. J.); Holzm-Boh 2, 334 (1781); MGT 6, 387 (o. J.).

Journal einer Reise durch die Schweitz s. dies., Tagebuch einer Reise durch die Schweitz.

Journal einer Reise durch Frankreich, von der Verfasserin von Rosaliens Briefen. – Altenburg: [Gottlob Emanuel] Richtersche Buchhandlung 1787. 2 ungez., 590 S., Titelvign.

Standort: 68: X r k 575; 188: 38/74/99692; 25; Mar 1, H.
Nachweise: Schindel 2, 206; Heinsius 3, 404; Kayser 3, 482; Holzm-Boh 2, 335; MGT 6, 387; Ersch Rep I, Bd 2, XIII. 1197; Ersch 6, 484; Hadley 134.

Kleiner Hausbedarf für Frauenzimmer, um glücklich zu werden; in unterhaltenden Erzählungen und Aufsätzen. Th. [1.] 2. – Leipzig: von Kleefeldsche Buchhandlung 1798/1800. IV [2 S. Inh.-Verz.], 224 S.; 8 ungez. [2 S. Widmung, 1 S. Vorrede, 3 S. Inh.-Verz.], 312 S.

Standort: 7: 8° Scr. var. org. VIII 3193
Ausg./Aufl.: Titel Teil 2: ... zu werden; in Erzählungen, Dichtungen und kleinen Aufsätzen.
Nachweise: Schindel 2, 208; Heinsius 2, 290; Kayser 3, 64; Holzm-Boh 2, 268; Ersch Rep III, Bd 2, XVI. 515; Ersch 8, 80.
Widmung: Teil 2: Johanna Dorothea L. in N-g.
Bemerkungen: Teil 1 enthält Prosatexte, kleine Erzählungen; Teil 2 enthält Aphorismen, Maximen (meist in Versen).

Lebensbeschreibung von Friderika Baldinger s. Baldinger, Friderika.

Liebe-Hütten. Von Sophie von La Roche. Mit Kupfern von Penzel [1 als Frontispiz neben Zwischentitel Teil 1]. Th. 1. 2. – Leipzig: Heinrich Gräff 1803/1804. 8 ungez. [4 S. Widmung, 2 S. Zwischentitel], 394, 2 ungez. S. [Druckf.-Verz.]; 4 ungez. [2. Titelbl. mit Vign.], 414 S.

Standort: 1: 7 Y 19 (nur Bd. 1); 1a: Yv 7334 R; 12: P. o. germ. 794 ds; 188: 38/79/19397(6)-1.2.; 7: 8° Fab. Rom. VI 3729; 25; F 25: IX L 35/E11
Ausg./Aufl.: Ex. 1 und 12: Teil 1: Mit einem Kupfer [nach Widmung]. 6 ungez. [2 S. Widmung, 2 S. Zwischentitel], 394, 2 ungez. S. [Druckf.-Verz.].
Nachweise: Schindel 2, 207; Goed 4,1., 593; Kosch 2, 1466; Heinsius 127; Heinsius 3, 404; Kayser 79; MGT 15, 179; Ersch 7, 178; Germer 2, 84.
Widmung: Karl Ludwig von Baden; Amalia von Hessen-Darmstadt.

Mein Schreibetisch. Von Sophie von La Roche an Herrn G. R. P. in D. Bdch. 1. 2. – Leipzig: Heinrich Gräff 1799/1799. 2 ungez., 384, 4 ungez. S. [Verl.-Anz.], Titelvign., Frontispiz; 2 ungez., 470 S.

Standort: 1a: Ag 8177; 12: P. o. germ. 794 di (ohne Verl.-Anz.); 121: C 1134 (ohne Verl.-Anz.); 7: 8° H. lit. biogr. V 1546; Wieland-Archiv
Nachweise: Schindel 2, 207; Goed 4,1., 593; Kosch 2, 1466; Heinsius 3, 404; Kayser 79; MGT 10, 492; Ersch Rep III, Bd 2, XVI. 267; Ersch 8, 83; Hadley 303.

Melusinens Sommer-Abende von Sophie von la Roche. Herausgegeben von C[hristoph] M[artin] Wieland. Mit dem Portrait der Verfasserin [als Frontispiz]. – Halle: N. Societäts- Buch- u. Kunsthandlung 1806. 10 ungez. [8 S. Vorrede des Hrsg.], LVI [Lebensabriß], 342 S.

Standort: 1: Yv 7341ª R; 1a: Yv 7341; 46: R ger 649 lar 3/49; 93: VI a 524;
7: 8° Fab. Rom. VI 3733; 138; F 25: IX L 35/E16; Mar 1, H; Wieland-Archiv
Nachweise: Schindel 2, 207; Goed 4,1., 593; Kosch 2, 1466; Heinsius 140; Heinsius 3, 405; Kayser 79; MGT 19, 386; Ersch 7, 154; Ersch 8, 83.
Bemerkungen: Ex. 1a: Lebensabriß S. I-XLVIII nach der Vorrede des Hrsg., S. XLIX-LVI zwischen [ungez.] S. 4/5 der Vorrede gebunden.

Moralische Erzählungen der Frau Verfasserin der Pomona. Sammlung 1. 2. [in 1 Bd.] − Speier: Enderes (1783)/1784. 8 ungez. [6 S. Vorrede des Hrsg.], 247, 1 ungez. S. [Inh.-Verz.], Titelvign.; 2 ungez., 236, 2 ungez. S. [1 S. Inh.-Verz.], Titelvign.

Standort: 1a: Yv 7313; 34: II 48 a2/10; 146: D 9313; F 25: IX L 35/C1, beigeb.: dies., Moralische Erzählungen, Nachlese, s. dort.
Ausg./Aufl.: Seit MGT 6, 387 wird neben dieser Ausgabe auch die Ausgabe zitiert: Moralische Erzählungen im Geschmacke Marmontels. 2 Sammlungen 1782/1784. Michael Maurer gibt eine Ausgabe Dessau 1782 an, ohne Standortnachweis (Das Gute und das Schöne. In: Euphorion 79, 1985, 130); ebenso Bernd Heidenreich (Sophie von La Roche − eine Werkbiographie, 452); nach Becker-Cantarino (in: Gallas/Heuser, 108) ist diese Ausgabe nicht von La Roche, sie enthalte in Bd. 2, S. 272-300 nur ihre Erzählung: Zu was taugt dem Unglücklichen der Geschmack am Schönen; für diese Erzählung gibt Maurer die Seiten 274-302 an. Auf den genannten Seiten findet sich die Erzählung in: Moralische Erzählungen, 2. und 3. verbesserte und vermehrte Auflage, 1799 und 1823, s. dort. Weder Maurer noch Becker-Cantarino können heute nähere Angaben zur Herkunft ihrer Informationen machen. Es ist daher zweifelhaft, ob überhaupt eine Ausgabe Moralische Erzählungen im Geschmack Marmontels von La Roche oder mit einer ihrer Erzählungen existiert. Vgl. dazu auch Schmid, Gotthold Otto: Marmontel. Seine moralischen Erzählungen und die deutsche Literatur. Phil. Diss. Strassburg 1935, S. 161: bei Goedekes Angabe müsse es sich „voraussichtlich um einen Irrtum der Bibliographen handeln; denn diese Ausgabe ist schon früher durch Rundfrage erfolglos gesucht worden". − (UB Fribourg: Fri. 1935.386).
Nachweise: Schindel 2, 205 (... im Geschmack Marmontels. Bd. 1 Dessau 1782, Bd. 2 Mannheim 1784); Goed 4,1., 592 (... Marmontels. Mannheim 1782/1784); Kosch 2, 1466; Kosch neu 9, 959 (... Marmontels. 2 Bde. 1782-84); Kayser 3, 482 (... Marmontels. 2 Sammlungen. Dessau 1782/1784); MGT 6, 387 (... Marmontels. Dessau 1782/1784); Ersch Rep I, Bd 2, XIV. 2587 a (1784); Ersch 7, 154; Korn 153 (Speier (Mannheim): Löffler 1784).
Bemerkungen: Das Vorwort d. Hrsg. (Joh. Georg Hutten) der Ersten Sammlung trägt die Jahreszahl 1783, das Titelblatt der Zweyten Sammlung die Jahreszahl 1784.

Die Erste Sammlung enthält: S. 1-45: Der schwermüthige Jüngling, s. auch dort, S. 46-78: Liebe, Mißverständniß und Freundschaft, S. 79-117: Ein guter Sohn ist auch ein guter Freund, S. 118-175: Die glückliche Reise, s. auch dort, S. 176-247: Die zwey Schwestern, s. auch dort.
Die Zweyte Sammlung enthält: S. 1-39: Sir Weldone [!], oder das wahre Glück ist in der Seele des Rechtschaffenen, s. auch dort (Waldone), S. 40-109: Miß Kery und Sophie Gallen, S. 110-154: Herrn von Wohlheims Geschichte, bey einem Besuch erzählt von Frau B.. an Frau L.., S. 155-193: Gürdenhall und Miß Elma, S. 194-236 [gedr.: 636]: Ursprung des kleinen Baurenhofes [!] treue Magd.

*Moralische Erzählungen von Sophie von la Roche. Nachlese zur 1sten [!] und 2ten Sammlung. – Speier und Offenbach: Ulrich Weiß und Carl Ludwig Brede 1787. 2 ungez., 101, 1 ungez. S. [Verl.-Anz.].

Standort: F 25: IX L 35/C1, beigeb. dem Werk: dies., Moralische Erzählungen, Sammlung 1.2., s. dort.
Ausg./Aufl.: auch u. d. T.: dies., Neuere moralische Erzehlungen, 1786, s. dort.
Nachweise: Schindel 2, 206; Goed 4,1., 592; Kosch neu 9, 960; Kayser 3, 482; MGT 6, 387; Ersch Rep I, Bd 2, XIV. 2587 b; Ersch 7, 154; Hadley 135; Germer 1, 56; Korn 153.
Bemerkungen: Enthält: S. 1-39: Freunde und Freundinnen von zwei verschiedenen Jahrhunderten, s. dort, S. 40-68: Zu was taugt dem Unglücklichen der Geschmack am Schönen?, S. 69-101: Eine Baadbekanntschaft, s. auch Freunde und Freundinnen ...

*Moralische Erzählungen. Von Sophie von La Roche. Zweite verbesserte und vermehrte Auflage. Bdch. [1.] 2. – Mannheim: Tobias Loeffler 1799. 2 ungez., 272 S., Frontispiz; 8 ungez. [2 S. Inh.-Verz. 1. Bd., 2 S. Vorrede, 2 S. Inh.-Verz. 2. Bd.], 302 S., 2 ungez. S. [1 S. Verl.-Anz.].

Standort: 7: 8° Fab. Rom. VI 3723^2 (nur Bd. 1; 2 ungez. S.); 12: P. o. germ. 794 dk (nur Bd. 1, mit Inh.-Verz. und Vorrede); 7O: D II 8 / 36.37 (ohne Frontispiz); 121
Ausg./Aufl.: 1.: ... Dritte verbesserte und vermehrte Auflage. Mit einem Kupfer [als Frontispiz]. Bdch. 1.2. [in 1 Bd.]. Mannheim: Tobias Loeffler 1823. 8 ungez. [2 S. Inh.-Verz., 4 S. Vorreden], 272 S.; 4 ungez., [2 S. Inh.-Verz.], 302, 2 ungez. S. [Verl.-Anz.] – 1a: Yv 7314; 25: E 6683 aa 1/2.
2.: BLC 184, 363 führt eine Ausg. 3. verb. u. verm. Aufl. 2 Bdch. Mannheim 1850; so auch BMC 30, LAR 285.
Nachweise: Schindel 2, 205; Goed 4,1., 592; Heinsius 3, 404; Kayser 79; Kayser 3, 482; MGT 10, 492; Ersch Rep III, Bd 2, XIV. 1309 a; Ersch 7, 154.

Bemerkungen: Bd. 1 enthält (Ex. 7): S. 3-46: Der schwermüthige Jüngling, s. auch dort, S. 46-77: Liebe, Mißverständnis und Freundschaft, S. 78-114: Ein guter Sohn ist auch ein guter Freund, S. 114-168: Die glückliche Reise, s. auch dort, S. 169-236: Die zwei Schwestern, s. auch dort, S. 236-272: Freunde und Freundinnen von zwei verschiedenen Jahrhunderten, s. auch dort. Bd. 2 (Ex. 70) enthält: S. 3-46: Das deutsche Bauernmädchen, S. 46-49: Geschichte von Pächter Mendland, S. 49-86: Das wahre Glück ist in der Seele des Rechtschaffenen, S. 86-152: Miß Kery und Sophie Gallen, S. 152-195: Herrn von Wohlheims Geschichte bei einem Besuch erzählt von Frau B.. an Frau L., S. 196-233: Gürdenhall und Miß Elma, S. 233-273: Ursprung des kleinen Bauernhofs treue Magd, S. 274-302: Zu was taugt dem Unglücklichen der Geschmack am Schönen?
Ex. 12, Bd. 1: 6 ungez. S. [2 S. Inh.-Verz., 2 S. Vorrede].

*Mütterlicher Rath für junge Mädchen in Briefen an Lina. von [!] Sophie von La Roche. – Mannheim: Tobias Loeffler 1797. 284 S., Titelvign.

Standort: 7: 8° Fab. Rom. VI 3718; 25
Ausg./Aufl.: Neue Fassung von: Briefe an Lina. Bd. 1, s. dort.
Nachweise: Schindel 2, 206; Kayser 3, 482; MGT 10, 492; Ersch Rep III, Bd 2, XVI. 509 d.

Sophie von La Roche: Neuere Moralische Erzehlungen [!]. – Altenburg: Gottl. Eman. Richter 1786. 183, 1 ungez. S. [Inh.-Verz.].

Standort: 1a: Yv 7316; 23: Lo 4285; 138: VI a 511; Mar 1 H 2934; 12: Don. Lud. 823; 23; 25; F 25: IX L 35/E2; 355: Gl 6010 N 48.786 (Kopie)
Ausg./Aufl.: 1.: auch u. d. T.: Moralische Erzählungen. Nachlese, s. dort.
2.: s. auch dies., Freunde und Freundinnen.
Nachweise: Schindel 2, 206; Goed 4,1., 592; Kosch 2, 1466; Heinsius 3, 404; Kayser 3, 482; MGT 6, 387; Ersch Rep I, Bd 2, XIV. 2587 c; Ersch 7, 154; Korn 153.
Bemerkungen: Enthält: S. 3-73: Freunde und Freundinnen von zwey sehr verschiedenen Jahrhunderten, s. dort, S. 74-124: Zu was nuzt dem Unglücklichen der Geschmack am Schönen?, S. 125-183: Eine Baad-Bekanntschaft, s. auch Freunde und Freundinnen ...
In unserem Zeitraum der einzige Titel, in dem der Name der Verfasserin vorangestellt ist.

Reise von Offenbach nach Weimar und Schönebeck im Jahr 1799. Von Sophie von La Roche. Schattenrisse abgeschiedener Stunden in Offenbach, Weimar und Schönebeck im Jahr 1799. – Leipzig: Heinrich Gräff 1800. 4 ungez. [2 S. Nebentitel], 451, 1 ungez. S.

Standort: 1: S 16 199; 188: 38/75/20031(7); **Mar 1, H 4654**; 7: Itin. I 385; 12: P. o. germ. 794 dm; F 25: IX L 35/ E14/1; Wieland-Archiv
Ausg./Aufl.: auch u. d. Nebentitel: Schattenrisse abgeschiedener Stunden in Offenbach, Weimar und Schönebeck im Jahr 1799 [dieser Titel steht im Ex. Mar rechts neben dem Titel Reise von Offenbach ...].
Nachweise: Schindel 2, 207; Goed 4,1., 593; Kosch neu 9, 960; Heinsius 3, 404; Kayser 3, 482; MGT 10, 492; Ersch Rep III, Bd 2, XIII. 298.

Rosalie und Cleberg auf dem Lande. Von Sophie, Wittwe von La Roche. – Offenbach: U[lrich] Weiß und C[arl] L[udwig] Brede 1791. 544 S.

Standort: 1a: Yv 7305; 7: 8° Fab. Rom. VI 3720; 12: P. o. germ. 794 b; Mar 1, H; 14: Lit. Germ. rec. C 487; 25; F 25: IX L 35 / E 13
Ausg./Aufl.: Fortsetzung von Rosaliens Briefe, s. dort.
Nachweise: Schindel 2, 205 und 207; Goed 4,1., 592; Kosch 2, 1466; Heinsius 181; Heinsius 3, 404; Kayser 79; Holzm-Boh 3, 393; MGT 6, 387; Ersch 7, 177; Hadley 72; Korn 155.

Rosaliens Briefe an ihre Freundinn Mariane von St**. Von der Verfasserinn des Fräuleins von Sternheim. Th. 1-3. – Altenburg: Gottl. Emanuel Richter 1779/1780/1781. VIII [6 S. Vorrede des Hrsg.], 472 S.; 2 ungez., 502 [vielm. 498], 24 ungez. S. [Verl.-Anz.], Titelvign.; 360 S., Titelvign.

Standort: 1: Yv 7307ª; 18: A/12252
Ausg./Aufl.: Fortsetzung u. d. T.: Rosalie und Cleberg auf dem Lande, s. dort.
1.: ... Von der Verfasserin [!] des Fräuleins von Sternheim. Th. 1-3. Altenburg: Richter 1780/1780/1781. 2 ungez., VIII [2 S. Kaiserl. Privileg, 6 S. Vorrede des Hrsg.], 472 S., Titelvign. (Teil 2 und 3 identisch mit Ex. 18) – **34:** II 49 a2/11; **188:** 12 L 146; 6.
2.: [andere Ausgabe lt. Ridderhoff, Diss. 35: „die verbreitetste"] ... Teil 1-3. Frankfurt und Leipzig 1781.
3.: ... Neue verbesserte Ausgabe. Th. 1.2.[3.] Altenburg: Richter 1797/1797. VIII [6 S. Vorrede des Hrsg.], 472 S.; 502 S. – 1a: Yv 7308 (nur Teil 1.2); 14: 3.8 7509 b; 25.
Nachweise: Schindel 2, 205; Goed 4,1., 592; Kosch 2, 1466; Heinsius 181; Heinsius 3, 404; Kayser 79; Holzm-Boh 1, 274; MGT 6, 386f.; Ersch 7, 177; Hadley 72; Weber/M 125; Germer 1, 56; Korn 155.
Bemerkungen: Nebentitel: Freundschaftliche Frauenzimmerbriefe. Unter diesem Titel zuerst in J. G. Jacobis Iris ab Bd. 2: 1775.

Schattenrisse abgeschiedener Stunden in Offenbach, Weimar und Schönebeck im Jahr 1799 s. dies., Reise von Offenbach nach Weimar.

Schönes Bild der Resignation. Von Sophie von La Roche. Th. [1.] 2. – Leipzig: Heinrich Gräff 1795/1796. 4 ungez. [2 S. Widmung], 246 S., 8 ungez. S. [Verl.-Anz.], Titelvign., Frontispiz; 2 ungez., 232 S., Titelvign., Frontispiz.

Standort: 1a: Yv 7332 (nur Bd. 1); 7: 8° Fab. Rom. VI 3725; 12: P. o. germ. 794 d (nur Bd. 1, ohne Frontispiz); 30: 17/4254 (ohne Frontispize, ohne Ver.-Anz.); 188: 48/78/230407 (Bd. 1: 4 ungez. S. Verl.-Anz., Bd. 2 ohne Frontispiz); 14: 32. 8° 1654 (nur Bd. 1); 76: BL 790.91; 155: Germ. 150 (in 1 Bd.); 176 (ohne Signatur); F 25: IX L 35/E1/1; Mar 1, H

Ausg./Aufl.: 1.: 1795/1796 erschien ein zweiter, besser ausgestatteter Druck: ... 2 ungez., 258 S., Titelvign., Frontispiz [ohne Widmung]; 2 ungez., 248, 4 ungez. S. [Verl.-Anz.], Titelvign. – 1a: Yv 7331 R.
2.: 2. Auflage. Th. 1.2. Leipzig: Gräff 1801. – 25.

Nachweise: Schindel 2, 207; Goed 4,1., 593; Kosch 2, 1466; Heinsius 3, 404; Kayser 79; MGT 6, 388; MGT 11, 645; Ersch Rep II, Bd 2, XIV. 2487; Ersch Rep III, Bd 2, XIV. 1626; Ersch 7, 225; Hadley 240; Korn 22.

Widmung: Prinzessin von Preußen.

Bemerkungen: Lt. handschriftl. Vermerk in Ex. 1a: Yv 7332 R handelt es sich bei dem im Titelfeld beschriebenen, einfacher ausgestatteten Druck um den älteren der beiden.

Übers. ins Franz.: Eugenie, ou la rèsignation, Lausanne 1795 (Schindel).

Der schwermüthige Jüngling, eine moralische Erzählung, von der Verfasserin der Geschichte des Fräuleins von Sternheim. – Basel: Serini 1783.

Standort: kein Bestandsnachweis

Ausg./Aufl.: 1.: Der schwermüthige Jüngling eine moralische Erzählung von der Verfasserinn der Geschichte des Fräulein von Sternheim und Rosaliens Briefen. Frankfurt und Leipzig: o. V. 1783. 48 S. – 5: Fa 709/6, beigeb. dem Werk: dies., Briefe an Lina 1785, s. dort.
2.: auch in: Moralische Erzählungen, s. dort.

Nachweise: Heinsius 111; Kayser 71; MGT 6, 388; Hadley 103; Korn 94. – Titel folgt Heinsius.

Bemerkungen: zuerst ersch. in: Pomona, Jg. 1 (1783), H. 1, S. 85-128.

Tagebuch einer Reise durch die Schweitz, von der Verfasserin von Rosaliens Briefen. – Altenburg: Richtersche Buchhandlung 1787. 435, 29 ungez. S. [Verl.-Anz.], Titelvign.

Standort: 1: Ru 5082ª RAR; 1a: Ru 5082; 188: 38/74/198497;
  188 (B 806): Pl 91/480 sekr.; Mar 1, H; 12: It. sing. 1475 y; 25; 28: Qi-3292; 35: qm – a 84; F 25: IX L 35/E19

Ausg./Aufl.: In den Nachweisen auch unter Journal einer Reise ... geführt.
Nachweise: Schindel 2, 206; Heinsius 3, 404; Kayser 5, 390; Holzm-Boh 4, 148; MGT 6, 387; Ersch Rep I, Bd 2, XIII. 1321; Ersch 6, 451.
Widmung: Meinen geliebten Töchtern Maximiliana Brentano und Louise Möhn.

Tagebuch einer Reise durch Holland und England von der Verfasserin von Rosaliens Briefen. – Offenbach: Ulrich Weiß und Carl Ludwig Brede 1788. 740 S.

Standort: **56**: I 11/854; 25; F 25: IX L 35/E17; Mar 1, H
Ausg./Aufl.: ... von Sophie Wittwe von la Roche. Zweite Auflage... 1791. 712 S.
 – **1**: Pv 4710; **43**: Rf 2673.
Nachweise: Schindel 2, 206; Heinsius 3, 404; Kayser 5, 390; Holzm-Boh 4, 148; Ersch Rep I, Bd 2, XIII. 338; Ersch 6, 121 und 549f.
Bemerkungen: Übers. ins Engl.: Sophie in London, 1786. London: J. Cape 1933 (s. NUC 316, 441).

Waldone, eine moralische Erzählung. Von Sophie von la Roche. – Speyer: [?] 1784.

Standort: kein Bestandsnachweis
Ausg./Aufl.: 1.: auch in: Moralische Erzählungen. Zweite Sammlung u. d. T.: Sir Weldone oder das wahre Glück ist in der Seele des Rechtschaffenen, s. dort.
2.: u. d. T.: Sir Weldone, oder das wahre Glück sowie Miß Kerry und Sophie Gallen auch in: Sophie Laroche. Mit Biographie (= Meyer's Groschen-Bibliothek der Deutschen Classiker. Bd. 316). Hildburghausen: Bibliographisches Institut. New York: Hermann J. Meyer o. J. – **1a**: Yc 7543-316.
Nachweise: Schindel 2, 206; Kosch 2, 1466; Heinsius 3, 405; Kayser 79; MGT 6, 387; Hadley 120; Ersch Rep I, Bd 2, XIV. 2587 d (1784); Ersch 7, 177. – Titel folgt Ersch Rep.
Bemerkungen: zuerst ersch. in: Pomona, Jg. 1 (1783), H. 11, S. 1045-83 u. d. T.: Das wahre Glück ist in der Seele des Rechtschaffenen. Eine moralische Erzählung.

Die zwey Schwestern, eine moralische Erzählung. – Basel: Serini 1784.

Standort: kein Bestandsnachweis
Ausg./Aufl.: 1.: Die zwey Schwestern. Eine moralische Erzählung. Von der Verfasserin der Geschichte des Fräulein von Sternheim und Rosaliens Briefen. Frankfurt und Leipzig: o. V. 1784. 78 S., Titelvign. – **20**: L. g. o. 206.
2: auch in: Moralische Erzählungen, s. dort.
Nachweise: Schindel 2,205; Goed 4,1., 592; Kosch 2,1466; Heinsius 3,404; Kayser 79; MGT 6, 387; Ersch 7, 177; Hadley 110. – Titel folgt Heinsius.
Bemerkungen: zuerst ersch. in: Pomona, Jg. 1 (1783), H. 9, S. 851-922.

LICHTENAU, WILHELMINE GRÄFIN VON

1752 Potsdam – 1820 Berlin.
Geb. Enck. Vater Hofmusikus. Geliebte des Kronprinzen und späteren Königs von Preußen, Friedrich Wilhelms II.; wurde an den Kämmerer Rietz verheiratet, 1794 zur Gräfin Lichtenau erhoben.

Apologie der Gräfin Lichtenau gegen die Beschuldigungen mehrerer Schriftsteller. Von ihr selbst entworfen. Nebst einer Auswahl von Briefen an sie. Abtheilung 1. 2. [in 1 Bd.] – Leipzig und Gera: Wilhelm Heinsius 1808/1808. 2 ungez., 298 S.; XII [10 S. Vorrede des Hrsg.], 303, 1 ungez. S.

Standort: 18: A 201817, beigeb. dem Werk: Lichtenau, Biographische Skizze der Madame Ritz, s. Bemerkungen.
Nachweise: Schindel 1, 312; Kosch neu 9, 1358; Heinsius 2, 802; Kayser 3, 545; Hayn-G 4, 158; Holzm-Boh 1, 96 (Hrsg. Schummel); MGT 15, 413 (Verf. Schummel).
Bemerkungen: Zur Verfasserschaft heißt es in MGT 15, 413: „Stil, Einkleidung und Redaktion des Werks ist durchaus von ihm [d. i. Joh. Gottl. Schummel]. Die Gräfin lieferte ihm nur die Materialien dazu." Lt. Vorrede hat Lichtenau den 1. Band selbst verfaßt; Band 2 enthält Briefe, die der Herausgeber einleitet. W. von Lichtenau verteidigt sich in dieser Schrift gegen die Darstellung: Biographische Skizze der Madame Ritz jetzigen Gräfinn von Lichtenau. Paris [Leipzig: Rein]: 1789. – 18: A 201817; B 701: B 252 Licht 5. Für diesen Titel geben die meisten Quellen Susanne v. Bandemer als Autorin an. Hayn-G bereits bezweifeln die Verfasserschaft von Bandemer. Ihr Name findet sich lediglich auf der Titelrückseite (s. Ex. 18) unter einem Zitat, das aus dem Band stammt: Poetische und Prosaische Versuche, von Susanne von B... gebornen von Francklin. Berlin: o. V. 1787. 216, 44 ungez. S. [Inh.-Verz., Subskrib.-Verz., Druckf.-Verz.] – 1a: Ym 5031, vgl. dort S. 201. Lichtenau selbst nennt einen Herrn v. K. als Verfasser der Skizze.

LIEBESKIND, SOPHIE DOROTHEA MARGARETE

1765 Göttingen – um 1853 München.
Geb. Wedekind; verh. For(c)kel; gesch.; verh. Liebeskind. – Vater Pfarrer und Schuldirektor; erster Ehemann Musikdirektor; zweiter Ehemann Justizkommissar in Königsberg. Übersetzerin. Bei dem von Schindel 1, 315 unter Liebeskind genannten Titel: Aubury [!] Reisen in das Innere von Nordamerika u.s.w. m. Anmerk. von G. Forster, 2 Bde., Berlin 1791, handelt es sich um eine Übersetzung: Reisen im Inneren von Nordamerika, welche eine Schilderung der Sitten und Eigenthümlichkeiten des Landes Kanada, Neu-England und

Virginien, imgleichen die Geschichte des Feldzuges, der Uebergabe und der ferneren Schicksale der Armee unter dem General Bourgoyne enthalten. In Briefen von Thomas Anburey, einem Officier bei dieser Armee. Aus dem Englischen übersetzt und mit Anmerkungen begleitet von Georg Forster. Berlin: Vossische Buchhandlung 1792 (27: Itin. XXIV. 0.30). Lt. Gross 70 ließ Forster die von Liebeskind übersetzten Werke z. T. unter seinem Namen erscheinen.

Für junge Frauenzimmer sich und ihre künftigen Männer glücklich zu machen. Nach dem Englischen der Gräfin von Carlisle. Nebst einem Versuch der Uebersetzerin über weibliche Delikatesse. Ein Weihnachtsgeschenk. – Leipzig: Friedrich Gotthold Jacobäer 1791. X [8 S. Vorreden], 134 S.

Standort: **Zentralbibliothek Luzern: D 786 c**, beigeb.: Moralische Versuche an iunge [!] verheirathete Frauenzimmer von Mrs. Griffith. Aus dem Englischen. Erlangen: Johann Jakob Palm 1792.
Nachweise: Schindel 1, 315; Kosch neu 9, 1384; Heinsius 1, 929; Holzm-Boh 2, 131; MGT 4, 452; Ersch Rep II, Bd 2, VI. 1114 a; Ersch 1, 240.
Bemerkungen: Es handelt sich um eine freie Übersetzung aus dem Englischen.

Maria. Eine Geschichte in Briefen. Th. 1. 2. [in 1 Bd.] – Leipzig: Weidmanns Erben und Reich 1784. 10 ungez. [8 S. Vorrede], 316 S., Titelvign., Frontispiz; 279, 1 ungez. S., Titelvign.

Standort: 1a: Yw 2061-1.2.; 38: 2 C 9129; 7: 8° Fab. Rom. VI 2673
Nachweise: Schindel 1, 314; Goed 5, 475; Goed 6, 426; Kosch 2, 1527; Heinsius 137; Kayser 92; Holzm-Boh 3, 115; MGT 4, 451; Hadley 110; Korn 121.

LIEMANN, AMALIE VON

Lebensdaten unbekannt.

Amaliens von Liemann Reisen durch einige russische Länder, in vertrauten Briefen an ihre Freundin und vormalige Gouvernante Helena Gatterer. – Göttingen: Rosenbusch 1794. 54 S.

Standort: kein Bestandsnachweis
Nachweise: Ersch Rep II, Bd 2, XIII. 1570.

LÖWENSTEIN-WERTHEIM-VIRNEBERG, FRANZISKA JULIANE CHARLOTTE VON

1744 Grumbach a.d. Glom b. Trier – 1820 Kreuzwertheim.
Geb. Gräfin zu Salm; verh. Gräfin Löwenstein-Wertheim-Virneburg (später
-Freudenberg).

Zween Spaziergänge. – [O. O.: o. V.] 1779.

Standort: kein Bestandsnachweis
Nachweise: Schindel 1, 352; Kosch neu 9, 1616; Holzm-Boh 4, 100; MGT 4, 499.
– Titel folgt Schindel.

LOHMANN, JOHANNA FRIEDERIKE

1749 Wittenberg – 1811 Leipzig.
Geb. Ritter; verh. Häbler; gesch.; verh. Lohmann. – Vater Juraprofessor und
Schriftsteller; erster Ehemann Geheimer Akzisekommissar; zweiter Ehemann
Geheimer preuß. Auditeur. Befreundet mit Gellert. Die Tochter Emilie Friederike Sophie Lohmann (1783-1830) gab 1818/1820 eine zweibändige Sammlung von Erzählungen der Mutter (darunter vermutlich auch eigene) heraus;
biographische Angaben im zweiten Teil: Leben und Dichtung, in Erzählungen
von Friederike Lohmann. Magdeburg 1820.

Antonie von der Verfasserin der Weihestunden. – Ruppin: Kühn 1799. 2 ungez.,
269, 3 ungez. S. [Verl.-Anz.], Titelvign., Frontispiz.

Standort: 1a: Yw 4469; 7: Fab. Rom. VI 3986
Nachweise: Schindel 1, 355; Kosch neu 9, 1634; Holzm-Boh 1, 83; MGT 18, 573.
Widmung: Der Unübertrefflichen in tiefster Demuth gewidmet von der Verfasse-
rin.

Clare von Wallburg. Von der Verfasserinn der Jakobine. Th. 1. 2. – Leipzig:
Christian Gottlieb Rabenhorst 1796/1796. 4 ungez. [2 S. Vorrede], 440, 2 ungez. S. [Druckf.-Verz.]; 2 ungez., 376 S.

Standort: 1a: Yw 4470
Nachweise: Schindel 1, 355; Goed 5, 478; Kosch neu 9, 1634; Heinsius 224;
  Kayser 26; Holzm-Boh 1, 329; MGT 18, 573; Ersch Rep III, Bd 2,
  XIV. 1379 a; Ersch 7, 186; Hadley 254; Korn 201 (Verf. J. I. E. v. Wallen-
  rodt).

Claudine Lahn oder Bescheidenheit und Schönheit behält den Preiß. Von der Verfasserin der Clara von Wallburg. Th. [1.] 2. – Leipzig: Friedrich Gotthold Jacobäer 1802/1803. 2 ungez., 298, 4 ungez. S. [Verl.-Anz.], Frontispiz; 2 ungez., 414 S.

Standort: 17: 47/8925
Ausg./Aufl.: Neue Ausgabe 1815.
Nachweise: Schindel 1, 355f. (auch 1815); Goed 5, 478; Kosch 2, 1568; Heinsius 119; Kayser 79 (1815); Holzm-Boh 3, 3; MGT 18, 573f. (auch 1815); Ersch 7, 186; Germer 2, 86.

Geschichte zweyer Frauen aus dem Hause Blankenau. Von der Verfasserin der Clara Walburg, Claudine Lahn, etc: mit einem Kupfer [als Frontispiz]. – Magdeburg: Creutz'sche Buchhandlung 1811. 4 ungez. [2 S. Widmung], 444 S.

Standort: 7: 8° Fab. Rom. VI 3987 (2); 35: Lh 3742 (ohne Frontispiz)
Nachweise: Schindel 3, 211 (1810); Kosch neu 9, 1634 (1810); Heinsius 84 (1810); Kayser 52 (1810); Holzm-Boh 2, 203 (1800); MGT 18, 574 (1810).
Widmung: Meinen geliebten Kindern Carl und Charlotte Hübler.
Bemerkungen: Eine Erstausgabe 1800 oder 1810 scheint nicht zu existieren.
Ex. 35 mit dem Titel: Geschichte zweyer Frauen aus dem Hause Blankenau. Eine Sage der Vorzeit von der Verfasserin der Clara von Wallburg, Claudine Lahn u.a.m. Magdeburg: Creutz'sche Buchhandlung 1811.

Herbstblumen meines Geistes. Von der Verfasserin der Clara Wallburg und Claudine Lahn. – Magdeburg: Wilhelm Heinrichshofen 1810. 2 ungez., 384 S.

Standort: 1a: Yw 6759; 115
Ausg./Aufl.: 2 Bde. Leipzig 1811.
Nachweise: Schindel 1, 356; Goed 5, 478 (auch 2 Bde. 1811); Kosch neu 9, 1634 (2 Bde. 1810/11); Kayser 62; Holzm-Boh 2, 278; MGT 18, 574; Ersch 7, 162.
Bemerkungen: Enthält: S. 1-? [im Ex. 1a fehlen die S. 63-66]: Traue – schaue – wem!, S. ?-129: [Anfang fehlt, also auch Titel], S. 130-194: Wahrheit und Dichtung, S. 195-384: Stephanie.

Irrgänge des häuslichen Lebens s. dies., Weihestunden der Muse, Bd. 3.

Jacobine, eine Geschichte aus der Zeit des Bayerischen Successionskrieges. Th. 1. 2. – Leipzig: Sommer 1794.

Standort: kein Bestandsnachweis

Ausg./Aufl.: 1.: nur Korn nennt eine Neue Ausgabe. Th. 1.2. Halberstadt 1797.
2.: Jacobine. Eine Geschichte aus der Zeit des Baierschen [!] Successionskrieges. Neue Ausgabe. Th. 1.2. Halberstadt: o. V. 1807/1807. 4 ungez. [2 S. Widmung], 257, 1 ungez. S.; 2 ungez., 228 S. − 1a: Yw 6217.
Nachweise: Schindel 1, 355; Goed 5, 478; Kosch 2, 1568; Heinsius 104; Kayser 67; Holzm-Boh 2, 309; MGT 4, 502; Ersch Rep II, Bd 2, XIV. 2446; Ersch 7, 186; Hadley 232; Korn 90. − Titel folgt Ersch Rep.
Widmung: Frau Landes-Direktorin von Bonin, geb. von Tschirschky auf Elvershagen (Ex. 1a).

Leichtsinn und Wahn in Erzählungen von der Verfasserin der Claudine Lahn. − Chemnitz: Jacobi 1805. 246 S.

Standort: kein Bestandsnachweis
Ausg./Aufl.: ... von der Verfasserin der Clara Wallburg und Claudine Lahn. Neue Auflage. Chemnitz: Wilhelm Starke 1813. 6 ungez. [2 S. Zwischentitel, 2 S. Inh.-Verz.], 246 S. − 1a: Yw 4472^2; 715: Man I 543.
Nachweise: Schindel 1, 356; Kosch neu 9, 1634; Heinsius 124; Kayser 84; Hayn-G 4, 96; Holzm-Boh 3, 42; MGT 18, 574. − Titel folgt Hayn-G.
Bemerkungen: Enthält: S. 1-86: Die Alten haben immer Recht, S. 87-120: Die getäuschte Erwartung, S. 121-246: Die Verwandtschaft.

Marie oder die Geheimnisse des Weinberghüttchens. Von der Verfasserin der Jakobine Clara Wallburg und Claudine Lahn. − Zerbst: Andreas Füchsel 1806. 4 ungez. [2 S. Vorrede], 552 S.

Standort: 7: 8° Fab. Rom. VI 3988
Nachweise: Schindel 1, 356; Goed 5, 478; Kosch 2, 1568; Heinsius 138; Kayser 92; Holzm-Boh 3, 116; MGT 18, 574; Ersch 7, 186.

Der Steinbruch. Eine Geschichte von der Verfasserin der Jacobine s. dies., Weihestunden der Muse, Bd. 2.

Weihestunden der Muse. Von der Verfasserin der Jakobine. Bd. [1]-4. − Neu-Ruppin: Johann Bernhard Kühn 1796/1797/1798/1799. 200 S., Titelvign.; 2 ungez., 334 S., Titelvign.; IV [2 S. Vorrede], 246, 4 ungez. S. [Verl.-Anz.], Titelvign.; 342 S.

Standort: 27: A.l. XIV 774 abcd
Ausg./Aufl.: Bd. 2 mit dem Zwischentitel: Der Steinbruch; Bd. 3 mit dem Zwischentitel: Die Irrgänge des häuslichen Lebens; Bd. 4 mit dem Zwischentitel: Das Wiedersehen im Kriege. Nebst dem Tagebuch eines jungen Sachsen vom

zweiten Feldzuge im Jahre 1796. Die Bände 2 und 4 sind evtl. auch ohne Reihentitel erschienen.
Nachweise: Schindel 1, 355; Goed 5, 478; Kosch neu 9, 1634; Heinsius 203 und 228; Kayser 149; Holzm-Boh 4, 121, 384 und 400; MGT 11, 495; MGT 18, 573; Ersch Rep III, Bd 2, XIV. 1379 b und 1596; Ersch 7, 186; Hadley 269 und 284; Korn 180 (Verf. J. I. E. v. Wallenrodt) und 205.
Bemerkungen: Bd. 1 enthält die Erzählungen: S. 5-138: Clementine, S. 139-200: Der Schein trügt. Ein Fragment.
Inhalt Bde. 2-4 s. Ausg./Aufl.

Das Wiedersehen im Kriege; nebst dem Tagebuch eines jungen Sachsen vom zweyten Feldzuge s. dies., Weihestunden der Muse, Bd. 4.

Standort: kein Bestandsnachweis
Ausg./Aufl.: Unter diesem Titel evtl. Separatdruck von dies., Weihestunden, Bd. 4, s. dort.
Nachweise:Schindel 1, 355; Goed 5, 478; Kosch neu 9, 1634; Holzm-Boh 4, 400; MGT 18, 573; Ersch 7, 186. – Titel folgt Ersch.
Bemerkungen: Übereinstimmend ist der Titel in den Quellen fälschlich als Neuauflage von Weihestunden der Muse aufgeführt.

Winterabende. Bd. 1. [mehr nicht ersch.] – **Ruppin: Kühn 1801.**

Standort: kein Bestandsnachweis
Nachweise: Schindel 1, 355; Goed 5, 478; Kosch neu 9, 1634; Heinsius 233; Kayser 88 und 152; Holzm-Boh 4, 403; MGT 18, 573. – Titel folgt Kayser.

LUDECUS, JOHANNE KAROLINE AMALIE

1757 Wolfenbüttel – 1827 ? Weimar.
Pseud.: Amalie (von) Berg. Geb. Kotzebue; verh. Ludecus. – Vater braunschweigischer Major; Schwester von August Kotzebue; Ehemann herzoglicher Steuerrat. Hoffräulein der Herzogin Anna Amalia von Weimar. Der ihr von Goed 5, 479 zugeschriebene Titel: Cäcilie. Erzählungen und Novellen. Erfurt: Müller 1816 ist nicht von ihr, sondern von Amalie von Voigt, geb. Ludecus, die unter dem Pseudonym Cäcilie veröffentlichte (Goed 10, 184). Ein Großteil ihrer Werke, auch Erzählungen und Romane, erschien nach 1810.

Luise oder die unseligen Folgen des Leichtsinns. Eine Geschichte, einfach und wahr. Mit einer Vorrede von A[ugust] von Kotzebue. Th. 1. [2.] – Leipzig: Paul Gotthelf Kummer 1800. XII [2 S. Widmung, 8 S. Vorrede], 320 S., Frontispiz.

Standort: 715: **Man I 591** (nur Bd. 1); 45 (nur Bd. 1)
Ausg./Aufl.: 1.: ... Th. 1.2. Leipzig: o. V. 1801. XII, 13-287, 1 ungez. S., Titelvign.; 312 S., Titelvign. – 1a: **Yw 5402**.
2.: auch in: Erheiterungs-Bibliothek für Freunde romantischer Lectüre von August v. Kotzebue. Neueste Ausgabe seiner Romane, Erzählungen, Geschichten, Anekdoten und Miszellen. Neunter u. zehnter Band. Louise, oder die unseligen Folgen des Leichtsinns. Th. 1.2. [in 1 Bd.]. Wien: Hirschfeld'sche Verlagsbuchhandlung 1824. 2 ungez. [2 S. Reihentitel], 214 S, Frontispiz [S. 3-4 Widmung: Frau von La Roche, S. 5-8 Vorrede]; 2 ungez. [2 S. Reihentitel], 234 S. – 1a: **Yc 9014/6-9.10**.
3.: auch in: August's von Kotzebue ausgewählte prosaische Schriften XXIX. Wien: Ignaz Klang 1843, Bd. 28, S. 1-236. – **UB Wien I 85.278/28**.
Nachweise: Schindel 3, 212; Goed 5, 479; Kosch 2, 1581; Heinsius 131; Kayser 88; Hayn-G 4, 284f.; Holzm-Boh 3, 87; MGT 23, 468; Ersch Rep III, Bd 2, XIV. 1553 a; Ersch 7, 189; Hadley 327.
Widmung: Frau von La Roche.

Sophie von Normann. Von Amalie Berg. – Berlin: Heinrich Frölich 1806. 4 ungez. [2 S. Zwischentitel], 371, 1 ungez. S.

Standort: 1a: **Yw 6121**
Nachweise: Schindel 1, 43 und 359; Goed 5, 479; Kosch 2, 1581; Heinsius 200 (1808); Kayser 16; MGT 13, 97; Ersch 7, 192.

LUDWIG, CHRISTIANE SOPHIE

1764 Ragvitz/Sachsen – 1815 Schkeuditz/Sachsen.
Geb. Frit(z)sche; verh. Ludwig. Ehemann Förster. Korrespondenz u. a. mit Nicolai, Seume und Rochlitz.

Die arme Familie; zum Besten einer armen Familie von Sophie Ludwig, Verfasserin der Familie Hohenstamm. – Leipzig: Gräff 1799.

Standort: kein Bestandsnachweis
Ausg./Aufl.: Die arme Familie. Von Christiane Sophie Ludwig, geb. Fritsche. Zweyte Auflage. Zum Besten der armen Familie. O. O.: o. V. 1799. 55, 1 ungez. S. – 30: **S 24 835 Nr. 1-2**.; beigeb. dem Werk: dies., Juda ..., s. dort.
Nachweise: Schindel 1, 366; Goed 5, 542; Kosch 2, 1586; Heinsius 66; Heinsius 2, 867; Kayser 89; MGT 10, 231; Ersch Rep III, Bd 2, XIV. 1380 b; Ersch 7, 186; Hadley 304; Germer 2, 88. – Titel folgt Schindel, Heinsius.

Ludwig 109

Der arme Mann. Eine Erzählung zum Besten des armen Mannes herausgegeben.
– Leipzig: Gräff 1802.

Standort: kein Bestandsnachweis
Nachweise: Heinsius 2, 867; Kayser 3, 604.

Aufsätze eines Frauenzimmers vom Lande. Th. 1. 2. – Altenburg: Richtersche Buchhandlung 1787/1787. 2 ungez., 282 S., Titelvign.; 4 ungez. [2 S. Zwischentitel], 272 S., Titelvign.

Standort: 1a: Yw 2620
Nachweise: Schindel 1, 365; Goed 5, 542; Kosch 2, 1586; Heinsius 1, 141; Kayser 1, 121; Holzm-Boh 1, 117; MGT 4, 528; Ersch Rep I, Bd 2, XIV. 651 und XVI. 556; Ersch 7, 103; Germer 1, 58.
Bemerkungen: Bd. 1 enthält: S. 1-6: Zuschrift an meine Freundin, S. 7-10: An Wolfmann den Menschenfreund [Widmungsgedicht], S. 11-142: Das anvertraute Gut. Ein Schauspiel in drey Aufzügen, S. 143-259: [prosaische Briefe von Elise an Julie], S. 260-272: Situationen an meine Kinder in den furchtbaren Tagen des Aprils 1785, S. 273-282: Elegie bey dem Grabe meines Vaters.
Bd. 2 enthält: S. 1-134: Likas und Adromachus. Eine dialogische Erzählung, S. 135-164: Die glückliche Henriette, S. 165-210: Die holde Mutter, S. 211-252: Die unglücklichen Folgen von dem Betragen unedler Menschen, S. 253-268: Die Freundschaft. [unterz.:] Ihre Elise, S. 269-272: An meine älteste Tochter.

Erzählungen von guten, und für gute Seelen, von der Verfasserin der Familie Hohenstamm. Th. 1. 2. – Leipzig: Heinrich Gräff 1799/1800. XIV [6 S. Widmung, 6 S. Vorrede], 2 ungez. [Inh.-Verz.], 408 S.; 4 ungez. [2 S. Inh.-Verz.], 426 S.

Standort: 3: Goe 1890 (nur Bd. 2); 50: I Fr 11b; 7: 8° Fab. Rom. VI 4196
Nachweise: Schindel 1, 366; Goed 5, 542; Kosch 2, 1586; Heinsius 63; Heinsius 2, 867; Kayser 89; Holzm-Boh 2, 62; MGT 10, 231; Ersch Rep III, Bd 1, VI. 781; Ersch Rep III, Bd 2, XIV. 1302; Ersch 7, 155; Hadley 304.
Widmung: Frau Kammerdirektorin Johanna Christiana Louise Reichsgräfin von Hohenthal, geb. von Wuthenau.
Bemerkungen: Bd. 1 enthält: S. 1-12: Lage von Austädt, S. 13-42: Die drey Freundinnen, S. 43-96: Das eitle Mädchen, S. 97-233: Der Prinz Mustaph, S. 234-312: Wer mit Freundlichkeit giebt, der giebt doppelt, S. 313-372: Der schöne Wintertag, S. 373-408: Der Traum.
Bd. 2 enthält: S. 1-22: Das schöne Bild, S. 23-70: Die beyden Nachbarn, S. 71-119: So unterscheidet sich das edle von dem leichtsinnigen Mädchen, S. 120-158: Glück und Unglück im Wechsel, S. 159-230: Auch die Thiere

sind Gottes Kreaturen, S. 231-303: Die ungleichen Brüder, S. 304-370: Der arme Tischer [!] Heinrich, und der reiche Schröter, S. 371-417: Die gute Tochter, und der blinde Vater, S. 418-426: Das Gerüchte.
Titelblatt Bd. 1: Mit [4] Kupfern.
Widmung unterz.: Christiane Sophie Ludwig, geb. Fritsche.

*Die Familie Hohenstam [!] oder Geschichte edler Menschen von Christ. Soph. Ludwig, der Verfasserin der Gemälde häuslicher Scenen. Th. [1]-4. - Leipzig: Gräffische Buchhandlung 1795/1795/1796/1796. 10 ungez. [8 S. Widmung], 430 S., Frontispiz; 460, 2 ungez. S. [1 S. Druckf.-Verz.], Titelvign.; 452 S., Titelvign.; 496 S., Titelvign.

Standort: 7: 8° Fab. Rom. VI 4195 (nur Bd. 3.4); 14: 38/8°/6425 (nur Bd. 1.2)
Ausg./Aufl.: 1.: Die Familie Hohenstam oder Geschichte edler Menschen von Chr. Sophie Ludwig geb. Fritsche. Th. 1-4. Zweyte verbesserte Auflage. Leipzig: Heinrich Gräff 1801. 10 ungez. [8 S. Widmung], 422 S., Frontispiz; 2 ungez., 446 S., Titelvign.; 2 ungez., 454 S., Titelvign.; 2 ungez., 472 S., Titelvign. - 107: G 37.2354; 36: 55/49 (nur Bd. 1.2); 70: D III 12/3-6.
2.: 3. Aufl. m. Kupfer, Bd. 1-4, Leipzig 1818 (Schindel, MGT).
Nachweise: Schindel 1, 366; Goed 5, 542; Heinsius 101; Kayser 89; MGT 11, 499; MGT 18, 587; Ersch Rep II, Bd 2, XIV. 2416; Ersch Rep III, Bd 2, XIV. 1380 a; Ersch 7, 185f.; Korn 87.
Widmung: Maria Anna Wilhelmina Reichgräfinn von der Schulenburg.
Bemerkungen: Bd. 2-4: ... Ludwig, geb. Fritsche, Verfasserinn der Gemählde häuslicher Scenen. Leipzig: Heinrich Gräff.

Die Familie Hohenstamm, oder Geschichte edler Menschen, von Christiane Sophie Ludwig, Verfasserin der Gemälde häuslicher Scenen. Th. 1. 2. - Teil 1: Thorn: Volmer 1793. 430 S., Frontispiz; Teil 2: Leipzig: Gräff 1795. 460 S.

Standort: kein Bestandsnachweis
Nachweise: Schindel 1, 366; Goed 5, 542; Kosch 2, 1586; Kayser 89; MGT 4, 528; Ersch Rep II, Bd 2, XIV. 2416; Ersch 7, 185f.; Hadley 211; Germer 2, 88f. - Titel (Bd. 1) folgt NADB 10, 483; (Bd. 2) NADB 19, 323.
Bemerkungen: Erstausgabe. Bd. 1 nach Rezension NADB 10, 483 „mit dem in Kupfer gestochenen Bildnisse der Verfasserin".

Gemählde häuslicher Scenen zur Veredelung junger Herzen von der Verfasserinn der Aufsätze eines Frauenzimmers vom Lande. Th. 1-4. -
Teil 1-3: Leipzig: Waltherische Buchandlung 1789/1789/1789. 8 ungez. [6 S. Vorrede], 476 S.; 14 ungez. [12 S. Vorrede], 422 S., Titelvign.; 2 ungez., 494 S. Titelvign.;

Teil 4: ... von Christiana Sophia Ludwig geb. Fritsche. – Leipzig: Pottische Buchhandlung 1791. 8 ungez. [6 S. Vorrede], 461, 1 ungez. S., Titelvign.

Standort: 21: R DK XI/701 (Bd. 1.3.4); 14 (Bd. 2); Hs 2: C 2830-31 (Bd. 1.2)
Ausg./Aufl.: 2. Auflage 1801.
Nachweise: Schindel 1, 365f. (auch 1801); Goed 5, 542 (auch 1801); Kosch 2, 1586; Heinsius 82 (1801); Kayser 89; Holzm-Boh 2, 172 (auch 1801); MGT 4, 528; MGT 18, 587 (1801); Ersch Rep I, Bd 1, VII. 492; Ersch Rep II, Bd 1, VII. 512; Ersch 7, 155 und 226 (auch 1801); Hadley 156; Germer 1, 58; Korn 68.
Widmung: Teil 2: Karl Theodor Reichsfreyherrn von Dahlberg.

Henriette, oder das Weib, wie es seyn kann. Aus der Familie Hohenstam. – Leipzig: Heinrich Gräff 1800. 422 S., Frontispiz.

Standort: 16: M 2226; 38: 191 G 2427 (ohne Frontispiz); 46 (Film)
Ausg./Aufl.: 1.: 2. verb. Aufl. mit 1 Holzschnitt 1806 (Schindel).
2.: ... gezogen von C. Sophie Ludwig geb. Fritsche. Mit zwey Holzschnitten von Gubitz [in Ex. 1a nur Frontispiz]. Zweyte verschönerte Auflage. Leipzig: Heinrich Gräff 1815. XII [6 S. Widmung, 2 S. Vorrede], 422 S., Frontispiz [mitgez. Bl.]. – 1a: Yw 6036²/110
Nachweise: Schindel 1, 366 (1805, 1806); Goed 5, 542 (1805); Kosch 2, 1586 (1805); Heinsius 98 (1805); Kayser 89 (1805); Hayn-G 3, 150 (1803, 1806); Holzm-Boh 2, 278 (1803, 1806); Ersch Rep III, Bd 2, XIV. 1686 (o. J.); Ersch 7, 186 (1805); Hadley 327; Germer 2, 89. – Die Erstausgabe von 1800 verzeichnen nur Hadley und Germer.

Juda, oder der erschlagne Redliche. Edlen Menschenfreunden gewidmet von der Verfasserin der Gemählde häuslicher Scenen zur Veredlung junger Herzen. – Leipzig: Verlagshandlung der Gelehrten bey Georg Emanuel Beer 1791. 2 ungez., VIII [Vorrede], 9-161, 1 ungez. S. [Druckf.-Verz.].

Standort: 23: Gv 629; 30: S 24 835 Nr. 1-2, beigeb.: dies., Die arme Familie, 2. Aufl. 1799, s. dort.
Ausg./Aufl.: 1.: 2. Auflage Leipzig: Gräff 1795 (Korn).
2.: Juda oder der erschlagene Redliche; Geschichte einer jüdischen Familie. Edeln Menschenfreunden gewidmet von Christ[iane] Sophie Ludwig, geb. Fritsche. Dritte unveränderte Auflage. Leipzig: J. C. Hinrichs 1813. 161, 1 ungez. S. [Druckf.-Verz.] – 7: 8° Fab. Rom. VI 4196 3c.
Nachweise: Schindel 1, 366 (auch 1795); Goed 5, 542 (1804); Kosch 2, 1586 (1804); Heinsius 2, 524; Kayser 89 (auch 1795); Holzm-Boh 2, 342; MGT 4, 528 (auch 1795); MGT 18, 587; Ersch Rep II, Bd 2, XIV. 3050; Hadley 180

(auch 1795); Germer 1, 58; Korn 93.
Bemerkungen: Vorrede unterz.: Christiana Sophia Ludwig, geb. Fritsche.

Lohn der Tugend. Von C. Sophie Ludwig geborne Fritsche. Th. 1. 2. [in 1 Bd.] Mit einem Holzschnitt von Gubitz [als Frontispiz]. – Leipzig: Heinrich Gräff 1805/1805. 8 ungez. [4 S. Widmung, 2 S. Vorrede], 248 S.; 264 S.

Standort: 1a: Yw 2623; 3: 34 B 7 i 18
Nachweise: Schindel 1, 366; Goed 5, 542; Kosch 2, 1586; Heinsius 130; Kayser 89; MGT 14, 464; Ersch 7, 186.
Widmung: Kaiser Alexander I.

Moralische Erzählungen. – Zwickau: Schumann 1802.

Standort: kein Bestandsnachweis
Ausg./Aufl.: 2. Ausgabe evtl. u. d. T.: Seleniden in moralischen Erzählungen, s. dort.
Nachweise: Schindel 1, 366; Goed 5, 542; Kosch 2, 1586; Heinsius 61; Heinsius 2, 867; Kayser 89; MGT 14, 464; Germer 2, 88. – Titel folgt Kayser.
Bemerkungen: Enth. lt. Germer: Die arme Familie. Was vermag das Beyspiel nicht.

Seleniden in moralischen Erzählungen. – Zwickau: Schumann 1809.

Standort: kein Bestandsnachweis
Ausg./Aufl.: evtl. 2. Auflage von: Moralische Erzählungen 1802, s. dort.
Nachweise: Schindel 1, 366; Goed 5, 542; Kosch 2, 1586; Kayser 89; MGT 14, 464; Ersch 7, 155. – Titel folgt Ersch.

LÜTZOW, FRAU VON

Lebensdaten unbekannt.
Frau eines Oberforstmeisters v. Lützow in Hersfeld/Hessen.

Briefe einer Hofdame. – [O. O.: o. V.] 1789.

Standort: kein Bestandsnachweis
Nachweise: Schindel 3, 214; Hayn-G 1, 465; Holzm-Boh 1, 262; Hadley 156. – Titel folgt Schindel.

LUTHER, CHARLOTTE

1768 Clausthal – 1822 Halberstadt.
Verh. Parasky. Vater Pastor; Ehemann Hauptmann. Gründerin und Vorsteherin von Mädchenpensionaten.

Briefe über die Erziehung junger Töchter aus den gebildeten Ständen, von Charlotte Luther, Vorsteherin einer Erziehungsanstalt zu Goslar. Th. 1. 2. [in 1 Bd.] – **Rostock und Leipzig: Karl Christoph Stiller 1809/1811.** XII, 2 ungez. [1 S. Druckf.-Verz.], 246 S. [vielm. 248]; 2 ungez., 332 S.

Standort: **1a: Nd 8384-1.2**
Nachweise: Schindel 1, 368; Schindel 2, 81; Kosch neu 11, 908; Heinsius 2, 873; Kayser 3, 608; MGT 18, 596.
Widmung: Teil 1: Abt Johann Christoph Salfeld; Schloßprediger Heinrich Philipp Sextro; Generalsuperintendent Johan [!] Conrad Gericke.
  Teil 2: Geheimrätin Tielbein; Frau Sanne, Gattin des Königl. Schwed. Consuls in Stettin.
Bemerkungen: Titel Bd. 2: ... vormals zu Goslar, izt zu Hannover.

MAHLMANN, LOUISE

Lebensdaten nicht zu ermitteln; vermutlich Pseudonym.

Die Familie Zederström. Frey nach dem Englischen von Louise Mahlmann. – Neuburg: Reichs-Commissions- u. Industrie-Bureau [um 1802]. 2 ungez., 240 S., Frontispiz.

Standort: 1a: Yw 5466/34
Nachweise: Schindel 2, 1; Heinsius 236; Kayser 154.
Bemerkungen: Schindel vermutet in Mahlmann das Pseudonym einer Schriftstellerin.

MAYER, JULIE

Lebensdaten unbekannt.
Geb. von Wölkern. [Autorin ist nicht identisch mit Meyer, L(o)uise Juliane, Pseud.: P. Frederici; Julie Nordheim (1785-1865), Verfasserin von: Romantische Erzählungen, Hamburg 1823 (7: Fab. Rom. VII 2382) und: Der Liebe Recht und Sieg, Leipzig 1830].

Nützliche Unterhaltung für junge Mädchen in Briefen zur Nachahmung von Julie Mayer gebohrne von Wölkern. – Karlsruhe: Macklots Hofbuchhandlung 1810. 264 S.

Standort: 1a: Yw 6746
Ausg./Aufl.: Titel wird in den Quellen auch geführt unter: Briefe für junge Mädchen ... Erstausgabe evtl. Nürnberg 1809.
Nachweise: Schindel 2, 10 (auch 1809); Heinsius 2, 949; Kayser 56.

MEREAU, SOPHIE

1770 Altenburg – 1806 Heidelberg.
Pseud.: Seraphine. Geb. Schubert (Schubart); verh. Mereau; gesch.; verh. Brentano. – Vater gräflichen Sekretär, später Obersteuerbuchhalter; erster Ehemann Professor und Justizamtmann; zweiter Ehemann der Dichter Clemens Brentano. Verfasserin von Beiträgen, auch Erzählungen, für [z. T. selbst herausgegebene] Almanache, z. B.: Kalathiskos von Sophie Mereau. Bdch. 1.2. Berlin: Heinrich Frölich 1801/1802 (Nachdruck Heidelberg: Lambert Schneider 1968). Zahlreiche Übersetzungen, darunter: Fiammetta. Aus dem Italienischen des Boccaccio übersetzt. Berlin 1806; Sapho und Phaon. Ein Roman.

Nach der dritten Englischen Original-Ausgabe. Aschaffenburg: Carl Christian Etlinger 1806 (1: Zd 4259/30; 12: P. o. germ. 928 c; 16).

Amanda und Eduard. Ein Roman in Briefen. Herausgegeben von Sophie Mereau. Th. 1. 2. [in 1 Bd.] – **Frankfurt a. M.: Friedrich Wilmans 1803/1803.** 2 ungez., 272 S., Titelvign., Frontispiz; 2 ungez., 205, 1 ungez. S., Titelvign., Frontispiz.

Standort: 1a: Yw 5631; 30: DL 1940/241 (ohne Titelvign.); B 706: 3008 G (ohne Frontispiz und Titelvign.); 7: 8° Fab. Rom. VI 3659; F 25: IX M 69/E3
Ausg./Aufl.: Neudruck hrsg. von Bettina Bremer und Angelika Schneider. Freiburg: Kore Verlag 1993.
Nachweise: Schindel 1, 59; Goed 5, 429; Goed 6, 64; Kosch 1, 225; Heinsius 14; Kayser 94; MGT 14, 549; Ersch 7, 186.
Bemerkungen: Teildruck u. d. T.: Briefe von Amanda und Eduard in: Die Horen eine Monatsschrift herausgegeben von Schiller. Tübingen: J. G. Cottaische Buchhandlung, Jg. 1797, 6. St., 49-68; 7. St., 38-59; 10. St., 41-55. Fortsetzung folgte nicht.

Das Blüthenalter der Empfindung. – Gotha: Justus Perthes 1794. 148 S., Frontispiz.

Standort: 1a: Yw 3791
Ausg./Aufl.: 1.: Neudruck hrsg. von Walther v. Hollander. München: Dreiländerverlag 1920.
2.: Nachdruck hrsg. und mit Nachwort und Auswahlbibliographie versehen von Herman Moens. Stuttgart: Heinz, Akademischer Verlag 1982 (= Stuttgarter Nachdrucke zur Literatur des 19. und 20. Jhs. Bd. 5).
Nachweise: Schindel 1, 59; Goed 5, 429; Goed 6, 63; Kosch neu 10, 868; Heinsius 33; Kayser 19; Holzm-Boh 1, 248; MGT 10, 283; Ersch Rep II, Bd 2, XIV. 2433; Ersch 7, 186; Hadley 221; Korn 24.

Bunte Reihe kleiner Schriften von Sophie Brentano. – **Frankfurt a. M.: Friedrich Wilmans 1805.** 12 ungez. [2 S. Widmung, 8 S. Vorrede], 387, 1 ungez. S.

Standort: 1a: Yz 6206; 1a: Bibl. Varnh. 2239; 7: Scr. var. arg. VIII 3159
Nachweise: Schindel 1, 60; Schindel 3, 54; Goed 6, 64; Kosch 1, 225; Heinsius 1, 411; Kayser 1, 343; MGT 13, 171; Ersch 7, 109.
Bemerkungen: Enthält u. a.: S. 7-44: Johannes mit dem güldnen Mund. Eine Legende, S. 111-281: Der Mann von vier Weibern. Eine Erzählung.

Die Margarethenhöle [!] oder die Nonnenerzählung. Th. 1-3. – Berlin: Johann Friedrich Unger 1803/1803/1803. 4 ungez. [2 S. Reihentitel], 340 S.; 283, 1 ungez. S.; 334 S. (= Sammlung neuer Romane. Aus dem Englischen. Herausgegeben von Sophie Mereau. Teil 1-3).

Standort: **16**: G 6235/23; F 25: IX M 69/ E5
Nachweise: Schindel 1, 59; Goed 5, 429; Goed 6, 64; Kosch 1, 225; Heinsius 21 und 186; Heinsius 2, 1002; Kayser 94 und 119; Ersch 7, 166.

Die Prinzessinn von Cleves; frei nach dem Französischen von S. Mereau. – Wien: Pichler 1799.

Standort: kein Bestandsnachweis
Ausg./Aufl.: auch in: Romanen-Kalender für das Jahr 1799. Von B++++, August Lafontaine, Mademoiselle Levesque, Sophie Mereau, Karl Reinhard, und G. W. K. Starke. Mit Kupferstichen. Göttingen: Johann Christian Dieterich o. J. (1798. 2. Titelbl.: Kleine Romanen-Bibliothek. Jg. 1799, Göttingen 1799), S. 227-312 – **7**: 8° Fab. Rom. VI, 1040 (XIX No. 13); **1**: Xx 4826/1000.
Nachweise: Schindel 1, 60 (Romanenbibliothek); Goed 6, 64 (Romanenbibliothek); Kosch neu 10, 868; Heinsius 164; Kayser 108; MG 10, 283 (Romanenbibliothek); Ersch Rep III, Bd 2, XIV. 1268 c (Romanenbibliothek). – Titel folgt Kayser.
Bemerkungen: Heinsius nennt für die Ausgabe Wien ein Frontispiz.

Sammlung neuer Romane. Aus dem Englischen s. Mereau, Sophie: Die Margarethenhöle.

Spanische und Italienische Novellen herausgegeben von Sophie Brentano. Bd. 1. 2. – Penig: F. Dienemann und Comp. 1804/1806. 2 ungez., 280 S.; 2 ungez., 333, 1 ungez. S.

Standort: **1a**: Bibl. Varn. 1391/92 R; **7**: 8° Fab. I 5095 (nur Bd. 1); **18**: A/71833 (nur Bd. 1)
Ausg./Aufl.: 1.: Der Zwischentitel lautet: Die lehrreichen Erzählungen und Liebesgeschichten der Donna Maria de Zayas und Sotomayor. Erster Band; Zwischentitel von Band 2 zusätzlich: Novellen, Zweiter Band.
2.: auch ersch. im 3. (Bd. 1) und im 4. Jg. (Bd. 2) des Journals von neuen deutschen Originalromanen 1804 u. 1805 (Kayser 69).
3.: auch in Clemens Brentano, Gesamtausgabe Bd. 13, hrsg. v. Heinz Amelung und Carl Schüddekopf. München und Leipzig: Georg Müller 1911.
Nachweise: Schindel 1, 60; Schindel 3, 54 (Verf.: Clemens Brentano); Goed 5, 429; Goed 6, 59 (Verf. Clemens Brentano) und 64; Kosch 1, 225; Heinsius 152;

Kayser 21 und 69f.; Hayn-G 5, 404 (Verf. Clemens Brentano); Holzm-Boh 3, 220; MGT 13, 171; Ersch 7, 162.
Bemerkungen: Band 1 enthält (Ex. 18): S. 15-109: Wer sich wagt geht zu Grund, S. 110-200: Die betrogne Aminta, und die Ehrenwache, S. 201-280: Die Strafe des Geizes.
Band 2 enthält (Ex 1a): S. 5-128: Der gewarnte Betrogene, S. 129-178: Die Macht der Liebe, S. 179-241: Sechste Novelle [Der getäuschte Liebhaber, oder Lohn der Tugend], S. 242-286: Das Ende lohnt Jedem, S. 286-333: Der Sieg über die Unmöglichkeit.
Die beiden ersten Novellen des 1. Bandes sind nach Schindel genaue Übersetzungen, die dritte eine freie Bearbeitung der Vorlage.
Zur Verfasserschaft s. Einleitung von Heinz Amelung zu Bd. 13 der Gesamtausg. Clemens Brentano, München und Leipzig: Georg Müller 1911.

MEYNIER, MAGDALENE L(O)UISE

1766 Erlangen – nach 1820 ?
Vater frz. Sprachlehrer. Lehrerin, Erzieherin und Jugendschriftstellerin.

Kleine dramatische Kinderromane zur Bildung und Veredelung des jugendlichen Herzens. Von Louise Meynier. Bdch. 1. 2. – Koburg: Simmer 1802. 22 Bogen; 20 Bogen.

Standort: kein Bestandsnachweis
Nachweise: Schindel 2, 12; Goed 6, 450; Kosch 2, 1728; Heinsius 2, 1013; Kayser 4, 103; MGT 14, 570; Germer 2, 91. – Titel folgt NADB 79, 222f.
Bemerkungen: Bd. 1 enthält lt. NADB 79, 222:
Fräulein Hedwig: 1. Der Schein betrügt, 2. Böse Gesellschaft verdirbt gute Sitten, 3. Die Artigkeit macht, daß man den Mangel der Schönheit nicht achtet, 4. Was der Mensch wert ist, widerfährt ihm.
Fräulein Käthchen: 1. Morgenstunde hat Gold im Munde, 2. Jung gewohnt, alt gethan, 3. Ist der Mann noch so fleißig, und die Frau nicht ordentlich, so geht alles hinter sich.
Bd. 2 enthält lt. NADB: Bet' und arbeit', Gott hilft allzeit. – Hochmuth kommt vor dem Fall. – In der Noth erkennt man den Freund. – Gute Kinder sind der Aeltern größter Segen. – Scheiden bringt Leiden. – Wohl aus den Augen, wohl aus dem Sinn. – Alte Liebe rostet nicht.

Mythologische Unterhaltungen für Deutschlands gebildete Töchter, von Luise Meynier. Th. 1. 2. [in 1 Bd.] – Leipzig: Heinrich Gräff 1804/1805. 6 ungez. [2 S.

Vorrede, 2 S. Inh.-Verz.], 154, 2 ungez. S. [1 S. Druckf.-Verz.]; 4 ungez. [2 S. Inh.-Verz.], 172, 4 ungez. S. [Reg.].

Standort: 36: 804/17
Nachweise: Schindel 2, 12; Goed 6, 450; Kosch 2, 1728; Heinsius 2, 1013; Kayser 4, 103.

MÖLLER, WENDULA HEDWIG
1741 Rostock – 1804 Rostock.
Privatlehrerin.

Was ich geredet habe zu meinen lieben jungen Freundinnen am [!] April 1789. Mit Zusätzen vermehrt und auf Verlangen für sie niedergeschrieben. – Rostock: [?] 1789.

Standort: kein Bestandsnachweis
Nachweise: Schindel 2, 14; MGT 5, 264; Jöcher Erg 4, 1878. – Titel folgt Jöcher.

Zum Andenken für die mir anvertraute geliebte Jugend. – Rostock: [?] 1785.

Standort: kein Bestandsnachweis
Nachweise: Schindel 2, 14; Holzm-Boh 4, 437; MGT 5, 264; Jöcher Erg 4, 1878. – Titel folgt Jöcher.

NAUBERT, CHRISTIANE BENEDIKTE EUGENIE

1756 Leipzig – 1819 Leipzig.
Pseud.: Verfasserin des Walther von Montbarry; Verf. der Rosalba; des Herrmann von Unna; der Thekla von Thurn; Fontanges; der Alme; der Amalgunde; der Philippe von Geldern. – Geb. Hebenstreit; verh. Holderieder; verw.; verh. Naubert. – Vater Arzt; erster Ehemann Kaufmann und Rittergutsbesitzer; zweiter Ehemann Kaufmann. Autobiographische Dokumente und biographische Angaben in: Dorsch, Nikolaus: „Sich rettend aus der kalten Würklichkeit". Die Briefe Benedikte Nauberts. Frankfurt a. M., Bern, New York 1986. Lt. MGT nicht Verfasserin von: Nicolaus Zriny. Pesth 1808 sowie – trotz der Pseudonymangabe – auch nicht von: Fonts Bella und Clarissa ... von dem Verf. der Thekla v. Thurn, Walther v. Montbarry u.s.w. Braunschweig 1805 (MGT 18, 814f.).

Alexis und Louise. Eine Badegeschichte von Benedicte Naubert. Verfasserin des Walther v. Montbarry, der Rosalba etc. Mit einem Titelkupfer [als Frontispiz]. – Leipzig: J. C. Hinrichssche Buchhandlung 1819. 2 ungez., 190 S.

Standort: 1a: Yw 8755; 50: I Fr 11 b
Ausg./Aufl.: auch in: Benedikte Naubert's letzte Originalromane, s. dort.
Nachweise: Schindel 2, 45; Goed 5, 498; Kosch 3, 1847; Heinsius 6 Anh Romane 6; Kayser 100; MGT 18, 814.

Alf von Dülmen. Oder Geschichte Kaiser Philipps und seiner Tochter. Aus den ersten Zeiten der heimlichen Gerichte. – Leipzig: Weygandsche Buchhandlung 1791. 544 S., Frontispiz [mitgez. Bl.].

Standort: 1a: Yw 2157; 12: P. o. germ. 1003 na; 70: D III 12/25; 9: 8° Bn 242 b
Ausg./Aufl.: 1.: ... Th. 1.2. Frankfurt und Leipzig: o. V. 1791/1791. 256 S., Titelvign., Frontispiz [mitgez. Bl.]; 286 S. – 50: I Fr 11 b.
2.: ... Th. 1.2. Hohenzollern [Wien]: Wallishausser 1791/1791. 255 S., Titelvign., Frontispiz; 287, 1 ungez. S., Frontispiz (= Wienerische Landbibliothek. Bd. 3.4) – 188: 38/77/25922x.
3.: ... Zweite verbesserte Auflage. Th. 1.2. Frankfurt und Leipzig: o. V. 1797/1797. 240 S., Titelvign., Frontispiz [mitgez. Bl.]; S. 3-263, 1 ungez. S., Titelvign. – 1a: Yw 2157².
Nachweise: Schindel 2, 42 (1790); Goed 5, 497 (1790); Kosch 3, 1847 (1790); Heinsius 51 (1790); Kayser 7 (1790); Holzm-Boh 1, 38 (1790); MGT 18, 811; Ersch 7, 170 (1790); Hadley 168 (1790, 1791); Korn 40 (1790).
Bemerkungen: Ex. 1a (1791): die letzten beiden Seiten fehlen.
Übers. ins Engl.: Alf von Deulmen ... by Miss A. E. Booth, London : J. Bell

1794; ins Franz.: Adolphe de Dulmen ... Paris: Librarie Economique 1810, s. NUC 408, 318.

Alme oder Egyptische Mährchen. Mit dem Bildnisse der Alme [als Frontispiz]. Th. [1]-5. – Leipzig: Johann Gottlob Beygang 1793/1793/1793/1797/1797. 174 S.; 167 S.; 205 S.; 173 S.; 118 S.

Standort: 1a: Yt 3158; 3; 11: Yr 69254; 12: P. o. germ. 1003 p (Teil 1-5 in 2 Bdn.); 27: 8. G. B. 751 (nur Bd. 4.5. [in 1 Bd.])

Ausg./Aufl.: 1.: Bd. 2 mit dem Nebentitel [links vom Reihentitel]: König Remphis [!] oder das Labyrinth, Bd. 3 mit dem Nebentitel: Das Todtengericht oder Geschichte der Pyramiden von Dsyse und Suchis oder der Isisschleyer, Bd. 4 mit dem Nebentitel: Sam und Siuph oder die Rache, Bd. 5 mit dem Nebentitel: Die Geschichte von Pythicus und der Prinzessin Save.
2.: Almé oder Ägyptische Märchen. Braunschweig: J. Bauer 1798. – 7: Fab. Rom. VI 4414 (nur Bd. 2-5).

Nachweise: Schindel 2, 43f.; Goed 5, 498; Kosch 3, 1847; Heinsius 12 und 164; Kayser 7 und 118; Holzm-Boh 1, 42; MGT 18, 812; Ersch Rep II, Bd 2, XIV. 3179; Ersch Rep III, Bd 2, XIV. 2361; Ersch 7, 242; Hadley 211f. (1793-1803); Korn 7, 149, 160, 189 und 143.

Bemerkungen: Bd. 1: Mit dem Bildnisse der Alme [als Frontispiz].
Im Gegensatz zu Titelblatt und Frontispiz führt der Text durchgehend den Akzent: Almé.
Bd. 5, S. 118 enthält die „Nachricht", daß der Titel von dem Verf. des Walther von Montbarry etc. stamme.

Amalgunde Königin von Italien oder das Märchen von der Wunderquelle. Eine Sage aus den Zeiten Theoderichs des Großen. – Leipzig: Weygandsche Buchhandlung 1787. 679, 1 ungez. S., Frontispiz [mitgez. Bl.].

Standort: 300: 67.590-A

Ausg./Aufl.: ... Teil 1.2. Leipzig: Weygand 1791/1791. 304 S., Frontispiz; 312 S., Frontispiz. – 300: 255.781-A Fid.

Nachweise: Schindel 2, 41; Goed 5, 497; Kosch 3, 1846; Heinsius 13; Kayser 8; Holzm-Boh 1, 45; MGT 18, 810; Ersch Rep I, Bd 2, XIV. 1730; Hadley 135; Korn 8.

Die Amtmannin von Hohenweiler. Eine wirkliche Geschichte aus Familienpapieren gezogen. Vom Verfasser des Walter von Montbarry. – Leipzig: Weygandsche Buchhandlung 1788. 624 S., Frontispiz [mitgez. Bl.].

Standort: **70: D III 12/18 a**

Ausg./Aufl.: 1.: ... Th. 1.2. Mannheim: o. V. 1791/1791. 5-280 S., Titelvign., Frontispiz; 5-275, 1 ungez. S., Titelvign., Frontispiz. – 1a: Yw 2160.
2.: ... Hohenzollern [Wien]: Wallishausser 1797. 304 S., Frontispiz. – 1a: Yw 2160/10 (nur Teil 1).
Nachweise: Schindel 2, 41 (1787, 1798); Goed 5, 497 (1787); Kosch 3, 1847 (1787); Heinsius 101 (1787); Kayser 8 (1787); Holzm-Boh 1, 47 (1787); MGT 18, 813 (1798); Ersch Rep I, Bd 2, XIV. 2028; Ersch 7, 182; Hadley 145; Korn 9 (1787).

Attilas Schwert oder die Azimuntinerinnen. Von der Verfasserinn des Walther von Montbarry, Herrmann von Unna, Thekla von Thurn, Fontanges, u.s.w. – Naumburg: Karl August Wild 1808. 110, 2 ungez. S.

Standort: 15: Litt. Germ. 46128, beigeb.: dies., Elisabeth Lezkau, s. dort, sowie dies., Irrungen, s. dort.
Ausg./Aufl.: 1.: auch in dies., Kleine Romane und Erzählungen, s. dort.
2.: Pesth 1808.
3.: Naumburg 1810.
Nachweise: Schindel 2, 45 (auch 1810, Pesth 1808); Goed 5, 498 (1810); Kosch 3, 1847; Heinsius 20; Kayser 11 (1810); Holzm-Boh 4, 61 (auch 1810, Pesth 1808); MGT 18, 813 (auch 1810, Pesth 1808); Ersch 7, 176 (Pesth 1808).

Barbara Blomberg, vorgebliche Maitresse Kaiser Karls des Fünften. Eine Originalgeschichte in zwei Theilen [in 1 Bd.]. – Leipzig: Weygandsche Buchhandlung 1790/1790. 2 ungez., 396 S., Frontispiz; 440 S.

Standort: 32: Dd,4:288 ab; 7: 8° Fab. Rom. VI 4409
Nachweise: Schindel 2, 42; Goed 5, 497; Kosch 3, 1847; Heinsius 32; Kayser 19; Hayn-G 1, 382; Holzm-Boh 1, 248; MGT 18, 811; Ersch Rep I, Bd 2, XIV. 1718; Ersch 7, 171; Hadley 168; Korn 23.

Benedikte Naubert's letzte Originalromane. [Rosalba; Alexis und Luise, Turmalin und Lazerta]. Bdch. 1-5 [in 2 Bdn.]. Mit [3] Kupfern [als Frontispize]. **Wohlfeile Ausgabe.** – Leipzig: Hinrichssche Buchhandlung 1827. 2 ungez., 256 S., Frontispiz; 2 ungez., 248 S.; 2 ungez., 190, 2 ungez. S. [Verl.-Anz.], Frontispiz; 2 ungez., 192 S., Frontispiz; 2 ungez., 144 S.

Standort: 27: 8 G. B. 763
Ausg./Aufl.: Die Romane sind auch separat erschienen, s. dort.
Nachweise: Goed 5, 498; Kosch neu 11, 61; Heinsius 7 Anh Romane 45; Kayser 100; Holzm-Boh 3, 243.

Bemerkungen: Das Sammeltitelblatt schreibt Alexis und Luise, das Titelbl. Teil 3: Alexis und Louise; zusammengebunden Bdch. 1.2.; Bdch. 3-5.
Bdch. 1.2. enthält: Rosalba. Teil 1 und 2.
Bdch. 3-5 enthält: Alexis und Louise (Bdch. 3) sowie Turmalin und Lazerta. Teil 1 und 2 (Bdch. 4.5).

Blumenlese aus den Schriften von Benedikte Naubert s. dies., Der kurze Mantel und Ottilie.

Brunilde. Eine Anekdote aus dem bürgerlichen Leben des dreizehenden [!] Jahrhunderts. – Leipzig: Weygandsche Buchhandlung 1790. 84 S.

Standort: 7: 8° Fab. Rom. VI 4410
Ausg./Aufl.: ... Wien: Joseph Grämmer 1790. 78 S. – 32: N 39448, beigeb.: Naubert, Ottilie, oder das Schloß Zähringen, s. dort, sowie Lulu oder die Zauberflöte von Herrn Hofrath Wieland. Wien: Mathias Ludwig 1791. 63 S.
Nachweise: Schindel 2, 42; Goed 5, 497; Kosch neu 11, 61; Heinsius 37; Kayser 22; Holzm-Boh 1, 281; MGT 18, 811; Ersch Rep I, Bd 2, XIV. 1719; Ersch 7, 172; Hadley 168; Korn 28.

Der Bund des armen Konrads. Getreue Schilderung einiger merkwürdiger Auftritte aus den Zeiten der Bauernkriege des sechszehnten Jahrhunderts. – Leipzig: Weygandsche Buchhandlung 1795. 524 S., Frontispiz [mitgez. Bl.].

Standort: 15: Litt. Germ. 46084; 7: 8° Fab. Rom. VI 4416; 27: 8. G. B. 760
Nachweise: Schindel 2, 44; Goed 5, 498; Kosch 3, 1847; Heinsius 37; Kayser 23; Holzm-Boh 1, 289; MGT 18, 812; Ersch Rep II, Bd 2, XIV. 2053 b; Hadley 240; Korn 29.

Corelia oder die Geheimnisse des Grabes. Nach dem Englischen frey bearbeitet von dem Verfasser der Alme, der Amalgunde, des Herrmann von Unna, Walters von Montbarry u.m.a. [!]. Th. 1. 2. -.
Teil 1: **Leipzig: Johann Gottlob Beygang 1803.** 2 ungez., 494 S.;
Teil 2: **Leipzig und Sorau: J. G. Beygang und J. W. Ackermann 1803.** 2 ungez., 534 S.

Standort: 27: 8 MS 9390; 7: 8° Fab. Rom. VI 4420; 12: 8 GB 755
Nachweise: Schindel 2, 44; Kosch 3, 1847; Heinsius 45; Kayser 28; Holzm-Boh 1, 350; MGT 18, 813; Ersch 7, 205.

Edwy und Elgiva oder Die Wunder des heiligen Dunstan. Eine altenglische Geschichte. – Leipzig: Weygandsche Buchhandlung 1791. 206 S., Frontispiz.

Standort: 1a: Yw 2155/15; 7: 8° Fab. Rom. VI 4413; 70
Ausg./Aufl.: ... Hohenzollern [Wien]: Wallishausser 1791. 219, 1 ungez. S., Titelvign., Frontispiz (= Wienerische Landbibliothek. Bd. 22).
– 188 (B 806): Pn 114 sekr.; 355: 20 N 777421.
Nachweise: Schindel 2, 43; Kosch 3, 1847; Heinsius 53; Kayser 34; Holzm-Boh 2, 4; MGT 18, 812; Hadley 181; Korn 43.

Elfride, oder das Opfer väterlicher Vorurtheile von einem Frauenzimmer. Nach dem Englischen. Th. 1. 2. [in 1 Bd.] – Leipzig: Weygandsche Buchhandlung 1788/1788. 324 S., Frontispiz [mitgez. Bl.]; 325-640 S.

Standort: 23: Lo 5683
Nachweise: Schindel 2, 41; Kosch 3, 1847; Heinsius 56; Kayser 35; Holzm-Boh 2, 18; MGT 18, 811; Hadley 146; Korn 45.
Bemerkungen: Engl. Text: Elfrida; or paternal Ambition. A Novel by a Lady. Vols. 1-3. London: Johnson 1786 (Ersch Rep I, Bd 2, XIV. 2362).

Elisabeth Lezkau oder die Bürgermeisterinn. Von der Verfasserinn des Walther von Montbarry, Herrmann von Unna, Thekla von Thurn, Fontanges, u.s.w. – Naumburg: Karl August Wild 1808. 83, 1 ungez. S.

Standort: 15: Litt. Germ. 46128, beigeb. dem Werk: dies., Attilas Schwert, s. dort; ebenfalls beigeb.: dies., Irrungen, s. dort.
Ausg./Aufl.: auch in dies., Kleine Romane, s. dort.
Nachweise: Schindel 2, 45; Kosch 3, 1847; Heinsius 126 (1810); Kayser 85 (1810); Holzm-Boh 3, 54; MGT 18, 813; Ersch 7, 182.

Elisabeth, Erbin von Toggenburg. Oder Geschichte der Frauen von Sargans in der Schweiz. – Leipzig: Weygandsche Buchhandlung 1789. 704 S., Frontispiz [mitgez. Bl.].

Standort: 12: P. o. germ. 1003 lc
Ausg./Aufl.: 1.: ... Th. 1.2. [in 1 Bd.]. Frankfurt und Leipzig: o. V. 1791/1791. 295, 1 ungez. S., Titelvign., Frontispiz [mitgez. Bl.]; 360 S., Titelvign.
– 1a: Yw 2156; 12: P. o. germ. 1003 ld; 32: Sch 1432.
2.:˙... Th. 1.2. Hohenzollern [Wien]: Wallishausser 1791/1791. 231 S., Titelvign., Frontispiz; 247 S., Titelvign., Frontispiz (= Wienerische Landbibliothek. Bd. 7.8). – 188: 38/77/259231.
3.: ... Th. 1-3. Hohenzollern [Wien]: Wallishausser 1793/1793/1793. 216 S.,; 228 S., Frontispiz; 224 S., Frontispiz. – 1a: Yw 2156/10.
4.: ... Th. 1.2. [in 1 Bd.]. Frankfurt und Leipzig: o. V. 1798/1798. 4 ungez.

[2 S. Zwischentitel], 286 S., Titelvign., Frontispiz; 359 S., Titelvign. — 1a: Yw 2156².
5.: ... Neue Ausgabe. Leipzig: Kleefeldsche Buchhandlung 1799. 700 S., Frontispiz [mitgez. Bl.], s. NUC 408, 318.
6.: ... Neue wohlfeile Ausgabe. Leipzig: August Bauer 1809, s. NUC 408, 318.
Nachweise: Schindel 2, 41f. (auch 1799); Goed 5, 497; Kosch 3, 1847; Heinsius 57 und 212; Kayser 35 (Leipzig: Andrä 1809); Holzm-Boh 2, 19; MGT 18, 811 (auch 1809); Ersch Rep I, Bd 2, XIV. 1716; Ersch 7, 173 (auch Leipzig: Kleefeld 1799, Bauer 1809); Hadley 156; Korn 46.
Bemerkungen: Übers. ins Franz.: Elisabeth ..., Paris: Didier 1793, s. NUC 408, 318.

Eudocia, Gemahlinn Theodosius des Zweyten. Eine Geschichte des fünften Jahrhunderts. Von der Verfasserinn des Walther von Montbarry, der Thekla von Thurn, des Hermann von Unna u.a.m. Th. 1. 2. Mit [je] einem Kupfer von Penzel [als Frontispiz]. — Leipzig: Heinrich Gräff 1806/1807. 6 ungez. [2 S. Zwischentitel, 2 S. Vorrede des Verlegers], 330 S.; 6 ungez. [2 S. Zwischentitel, 2 S. Inh.-Verz.], 318 S.

Standort: 15: Litt. Germ. 46096; 61: D. Lit. 24098; 7: 8° Fab. Rom. VI 4424
Ausg./Aufl.: ... von Benedicte Naubert Verfasserin des Walther von Montbarry, der Thekla von Thurn, des Herrmann von Unna u.a.m. Neue wohlfeilere Ausgabe. Mit [je] einem Kupfer von Penzel [als Frontispiz]. Leipzig: A. Wienbrack 1821. 6 ungez. [2 S. Vorrede, 2 S. Zwischentitel], 330 S.; 6 ungez. [2 S. Inh.-Verz., 2 S. Zwischentitel], 318 S. — 1a: Yw 5922².
Nachweise: Schindel 2, 44; Goed 5, 498; Kosch 3, 1847; Heinsius 64; Kayser 39; Holzm-Boh 2, 73; MGT 18, 813; Ersch 7, 168.
Bemerkungen: Der Zwischentitel des 1. Teils lautet: Athenais; der Zwischentitel des 2. Teils: Eudocia.

Fontanges, oder das Schicksal der Mutter und der Tochter. Eine Geschichte aus den Zeiten Ludwig des Vierzehnten. Von dem Verfasser des Walther von Montbarry, der Thekla von Thurn, des Hermann von Unna u.a.m. Mit einem Kupfer von Penzel [als Frontispiz]. — Leipzig: Heinrich Gräff 1805. 2 ungez. S., 326 S.

Standort: 1a: Yw 5923; 14: 2 A 6496 (Frontispiz fehlt); 15: Litt. Germ. 46101
Ausg./Aufl.: 1.: Fontanges oder das Schicksal der Mutter und der Tochter. Von Benedicte Naubert. Mit einem Kupfer [als Frontispiz]. Kolberg: C. F. Plahn [1824] — 19: Maassen 3077 a.
2.: GV 102, 103 nennt auch eine 2. Auflage Leipzig 1823 bzw. 1824.

Nachweise: Schindel 2, 44; Kosch 3, 1847; Heinsius 73; Heinsius 7 Anh Romane 45; Kayser 43 und 100; Kayser 8, 138; Hayn-G 2, 338; Holzm-Boh 2, 106; MGT 18, 813; Ersch 7, 174.

Friedrich der Siegreiche Churfürst von der Pfalz. Der Marc Aurel des Mittelalters. Treu nach der Geschichte bearbeitet. Th. 1. 2. – Leipzig: Weygandsche Buchhandlung 1796/1796. 2 ungez., 388 S., Titelvign., Frontispiz; 326 S., Titelvign., Frontispiz.

Standort: 12: Bavar. 853 y; 107
Nachweise: Schindel 2, 44 (1795); Goed 5, 498 (1795); Kosch 3, 1847 (1795); Heinsius 76 (1795); Kayser 46 (1795); Holzm-Boh 2, 127 (1795); MGT 18, 812f. (1795); Hadley 255; Korn 62.

Gebhard Truchses von Waldburg Churfürst von Cöln, oder die astrologischen Fürsten. – Leipzig: Weygandsche Buchhandlung 1791. 596 S., Frontispiz [mitgez. Bl.].

Standort: 15: Litt. Germ. 46136; 35: Lh 4265; 70: D III 12/31
Ausg./Aufl.: 1.: ... Leipzig und Wien: Weygand und Joseph Stahel 1791. 596 S., Frontispiz [mitgez. Bl.]. – **Mar 1 H.**
2.: ... Th. 1.2. [in 1 Bd.]. Frankfurt und Leipzig: o. V. 1792/1792. 280 S., Titelvign., Frontispiz [mitgez. Bl.]; 3-280 S., Titelvign. – **1a: Yw 2165.**
Nachweise: Schindel 2, 43; Goed 5, 497; Kosch 3, 1847; Heinsius 79; Kayser 48; Hayn-G 2, 509f.; Holzm-Boh 2, 142; MGT 18, 812; Ersch Rep II, Bd 2, XIV. 1989 a; Ersch 7, 172; Hadley 181 (Hohenzollern [Wien] 1791); Korn 64.

Geschichte der Gräfin Thekla von Thurn oder Scenen aus dem dreyssigjährigen Kriege. Th. [1.] 2. – Leipzig: Weygandsche Buchhandlung 1788/1788. VIII, 9-360 S., Frontispiz [mitgez. Bl.]; 406 S.

Standort: 15: Litt. Germ. 46104; Kn 28: Litterae & artes elegantior. Nro. 233; 27: 8. G. B. 765
Ausg./Aufl.: ... Frankfurt und Leipzig: o. V. 1789 . 2 ungez., IV [Subskr.-Verz. zw. S. 2/3], 338 S., Titelvign., Frontispiz (= Sammlung der merkwürdigsten altdeutschen Geschichten. Bd. 1 [vorgehefteter Titel]); 356 S. [S. 3-356, Reihentitel fehlt] – **1a: Yw 2154.**
Nachweise: Schindel 2, 41; Goed 5, 497; Kosch 3, 1847; Heinsius 211; Kayser 53; Holzm-Boh 2, 190; MGT 18, 810; Ersch Rep I, Bd 2, XIV. 1713; Ersch 7, 171; Hadley 146; Korn 188.

Geschichte des Lord Fitzherbert und seiner Freunde, oder die verkannte Liebe, nach dem Französischen der Gräfin Malarme, mit 1 Kupfer. – Leipzig: Weygand 1790.

Standort: kein Bestandsnachweis
Nachweise: Schindel 2, 42; Kosch 3, 1847; Heinsius 72; Kayser 43 (1780); Holzm-Boh 2, 197; MGT 18, 811; Hadley 79 (1780); Korn 56. – Titel folgt Korn.

Geschichte Emma's Tochter Kayser Karl des Grossen und seines Geheimschreibers Eginhard. Bd. 1. 2. – Leipzig: Weygandsche Buchhandlung 1785/1785. 413, 1 ungez. S., Frontispiz; 319, 1 ungez. S.

Standort: 1a: Yw 2138
Ausg./Aufl.: Leipzig: Jacobäer 1794.
Nachweise: Schindel 2, 41; Goed 5, 497; Kosch 3, 1846; Heinsius 58; Kayser 52; Hayn-G 2, 105 und 138; Holzm-Boh 2, 199; MGT 18, 810; Ersch Rep I, Bd 2, XIV. 1711; Ersch Rep II, Bd 2, XIV. 2035 (Leipzig: Jacobäer 1794); Ersch 7, 169; Hadley 120; Korn 47.

Geschichte Heinrich Courtlands, oder selbstgeschafne [!] Leiden. Nach dem Englischen. Bd. 1. 2. – Leipzig: Weygandsche Buchhandlung 1791/1791. 2 ungez., 412 S., Frontispiz; 392 S.

Standort: 70: D III 12/12 und 12/13
Nachweise: Schindel 2, 43; Kosch 3, 1847; Heinsius 45; Kayser 52; Holzm-Boh 2, 200; MGT 18, 811; Hadley 168; Korn 36.

Die Gräfin von Frondsberg aus dem Hause Löwenstein. Eine vaterländische Geschichte aus den Zeiten des Mittelalters. – Leipzig: Weygandsche Buchhandlung 1806. 2 ungez., 532 S., Frontispiz.

Standort: 1a: Yw 6156; 188 (B 806): Pn 117 sekr.
Ausg./Aufl.: ... Von der Verfasserin des Walter von Montbarry, Fontanges, Herrmann von Unna, u.s.w. Neue Auflage. Leipzig: Weygand 1810. 242 S., Frontispiz. – 1a: Yw 6156^2 [identisch mit der Erstausgabe, S. 1 bis S. 242].; 27: 8. G. B. 757; 35.
Nachweise: Schindel 2, 44; Kosch 3, 1847; Heinsius 1, 951; Kayser 47; Holzm-Boh 2, 128; MGT 18, 813; Ersch 7, 172.

Graf Adolph der Vierte aus Schauenburgischem Stamme. Bestätiger der Freiheit Hamburgs. – Leipzig: Weygandsche Buchhandlung 1791. 4 ungez. [2 S. Inh.-Verz.], 348 S., Frontispiz.

Standort: 18: A 1951/4693
Ausg./Aufl.: Hohenzollern [Wien]: Wallishausser 1791 (Weller Fing).
Nachweise: Schindel 2, 43; Kosch 3, 1847; Heinsius 9 (o. Verf.); Kayser 5 (Verf. G. H. Heinse); Holzm-Boh 1, 30; Weller Fing 149 (Verf. G. H. Heinse); Hadley 184 (o. Verf.).

Graf Heinrich von Nassau und Amalie von Metternich; eine deutsche Familiengeschichte. − Leipzig: Weygand 1791. 584 S.

Standort: 27: 8. G. B. 766 (vermißt)
Nachweise: Heinsius 149; Kayser 100; Hayn-G 5, 337; Ersch Rep II, Bd 2, XIV. 2368. − Titel folgt Ersch.
Bemerkungen: Der Titel ist in keiner Quelle unter Naubert geführt; der handschriftliche Katalog in 27 ordnet ihn Naubert zu. Kayser vermerkt ein Frontispiz.

Graf Rosenberg, oder das enthüllte Verbrechen. Eine Geschichte aus der letzten Zeit des dreyßigjährigen Krieges. − Leipzig: Weygandsche Buchhandlung 1791. 2 ungez., 298 S., Frontispiz.

Standort: 27: 8. G. B. 759
Ausg./Aufl.: 1.: ... Leipzig: o. V. o. J. 2 ungez., 221, 1 ungez. S., Frontispiz.
  − 188: 38/78/7158(2).
  2.: Hohenzollern [Wien]: Wallishausser 1792, s. NUC 408, 319.
  3.: Leipzig 1810, s. NUC 408, 319.
Nachweise: Schindel 2, 43; Goed 5, 497; Kosch 3, 1847; Heinsius 182; Kayser 116; Holzm-Boh 3, 393; MGT 18, 812; Ersch Rep II, Bd 2, XIV. 3223; Hadley 181 und 186; Korn 156 (auch 1792).

Hatto, Bischoff von Maynz. Eine Legende des zehnten Jahrhunderts. − Leipzig: Weygandsche Buchhandlung 1789. 560 S., Frontispiz [mitgez. Bl.].

Standort: 1: Yw 2154/5ª; 1a: Yw 2154/5; 15: Litt. Germ. 46108 (ohne Frontispiz)
Ausg./Aufl.: auch in: Sammlung der merkwürdigsten altdeutschen Geschichten. Bd. 13.14. [in 1 Bd.]. Frankfurt und Leipzig: o. V. 1791/1791. 2 ungez. [Reihentitel], 263, 1 ungez. S., 2 Titelvign., Frontispiz; 270 S., 2 Titelvign.
  − 1a: Yt 521/50; 27: 8. G. B. 758.
Nachweise: Schindel 2, 41; Goed 5, 497; Kosch neu 11, 61; Heinsius 95; Kayser 60; Holzm-Boh 2, 266; MGT 18, 811; Ersch Rep I, Bd 2, XIV. 1717; Ersch 7, 172; Hadley 156; Korn 81.

Heerfort und Klärchen. Etwas für empfindsame Seelen. Th. 1. 2. – Frankfurt und Leipzig: Johann Philipp Reiffenstein 1779/1779. 2 ungez., 328, 2 ungez. S. [1 S. Druckf.-Verz.], Titelvign., Frontispiz; 383, 1 ungez. S., Titelvign.

Standort: 1: Yw 2625 (nur Teil 1); 18: A 12239; 27: 8 MS 25659 (nur Teil 2)
Ausg./Aufl.: 1.: Hadley gibt eine Ausgabe Wien 1779 an.
    2.: ... 2. verb. Aufl. Frankfurt und Leipzig: Johann Philipp Reiffenstein 1784/1784. 2 ungez., 328 S., Titelvign., Frontispiz; 383, 1 ungez. S., Titelvign.
    – Dü 63 (ohne Signatur); 7: 8° Fab. Rom. VI 4407 n.
    3.: ... Wien: J. T. Edler von Trattner 1785/1786 [in 1 Bd.], s. NUC 408, 319.
    4.: ... Th. 1.2. Zweyte verbesserte Auflage. Frankfurt a. M.: Johann Christian Hermann 1787/1787. 2 ungez., 328 S., Titelvign., Frontispiz; 383, 1 ungez. S., Titelvign. – 1a: Yw 2626.
    5.: ... in 1 Band. Mit einem Nachwort [und Anmerkungen] von Gerhard Sauder. Reprograph. Dr. d. 1. Ausg. Frankfurt/Leipzig 1779. Hildesheim: Gerstenberg 1982 (= Texte zum literarischen Leben um 1800. Bd. 9).
Nachweise: Kosch neu 11, 60; Heinsius 95; Kayser 60 (1797); Hayn-G 9, 268; Holzm-Boh 2, 271; Hadley 73 (Wien 1779, 1792); Weber/M 166 (auch 1782); Korn 81.
Bemerkungen: Übers. ins Franz.: Heerfort et Claire. IV vols. Paris 1789 (Heinsius 95 und Kayser 60); Übers. ins Engl.: Herfort and Clara. From the German. London: Robinsons. 3 vols. 1798 (Ersch Rep I, Bd 2, XIV. 1946).

Heinrich von Plauen und seine Neffen, Ritter des deutschen Ordens; nach der wahren Geschichte treu bearbeitet in zwei Theilen. – Leipzig: Weygandsche Buchhandlung 1793. 192 S.; 218 S., Frontispiz.

Standort: kein Bestandsnachweis
Ausg./Aufl.: Altona 1799, s. BLC 260, 339.
Nachweise: Schindel 2, 43; Goed 5, 498; Kosch 3, 1847; Heinsius 162; Kayser 107; Holzm-Boh 2, 274; MGT 18, 812; Ersch Rep II, Bd 2, XIV. 2019 b (Verf. G. H. Heinse?); Ersch 7, 169; Hadley 212; Korn 141. – Titel folgt Ersch Rep.

Heitere Träume in kleinen Erzählungen, von der Verfasserin des Walter von Montbarry, Fontanges u.s.w. – Leipzig: [?] 1806.

Standort: kein Bestandsnachweis
Ausg./Aufl.: Heitre Träume in Kleinen Erzählungen. Von der Verfaßerin des Walther von Montbarry, Fontanges u.s.w. Neue Auflage. Leipzig: Weygandsche Buchhandlung 1809. 4 ungez. [2 S. Inh.-Verz.], 306 S.
    – 15: Litt. Germ. 46135.

Nachweise: Schindel 2, 44; Kosch 3, 1847; Heinsius 213; Kayser 141; Holzm-Boh 4, 185; MGT 18, 813; Ersch 7, 161. – Titel folgt MGT.
Bemerkungen: Enthält (Ex. 15): S. 1-151: Fanchon vielleuse, S. 152-212: Persin – Persinet. Ein Mährchen, S. 213-306: Blanca Bella.

Herrmann von Unna. Eine Geschichte aus den Zeiten der Vehmgerichte. Th. 1. 2. – Leipzig: Weygandsche Buchhandlung 1788/1788. 328 S., Frontispiz [mitgez. Blatt]; 362 S.

Standort: 1a: Yw 2139; 70: D III 12/31 b.c; 27: 8. G. B. 761 (nur Teil 1)
Ausg./Aufl.: 1.: ... Frankfurt und Leipzig: o. V. 1789/1789. 335 S., Titelvign., Frontispiz; 367, 1 ungez. S., Titelvign. – 1a: Yw 2140; 34.
    2.: ... Th. 1-3: Hohenzollern [Wien]: Wallishausser 1791/1791/1791. 240 S.; 222 S.; 236 S. (= Wienerische Landbibliothek. Bd. 23-25)
    – **188 (B 806): Pn 116 sekr.**
Nachweise: Schindel 2, 41; Goed 5, 497; Kosch 3, 1874; Heinsius 99; Kayser 63; Holzm-Boh 2, 280; MGT 18, 811; Ersch Rep I, Bd 2, XIV. 1715; Ersch 7, 170; Hadley 146; Korn 196.
Bemerkungen: Übers. ins Engl. London 1794 und Dublin 1794. Danach mehrere weitere Aufl.; Übers. ins Franz. 1791 bzw. Metz 1792. – 70.

Irrungen. Von der Verfasserinn des Walther von Montbarry, der Thekla von Thurn, des Herrmann von Unna, der Eudocia, u.a.m. – Naumburg: Karl August Wild 1808. 2 ungez., 164 S.

Standort: 1a: Yw 2171; 15: Litt. Germ. 46128, beigeb. dem Werk: dies., Attilas Schwert, s. dort, sowie dies., Elisabeth Lezkau, s. dort.
Ausg./Aufl.: 1.: Neue Ausgabe Naumburg: Wild 1810.
    2.: auch in dies., Kleine Romane, s. dort.
Nachweise: Schindel 2, 45; Kosch 3, 1847; Heinsius 108 (1810); Kayser 70 (1810); Holzm-Boh 2, 338 (auch 1810); MGT 18, 813 (auch 1810); Ersch 7, 182.
Bemerkungen: Ex. 15 ohne 2 ungez. Seiten.

Joseph Mendez Pinto. Eine jüdische Geschichte. Von dem Verfasser der Alme, des Herrmann von Unna, des Walter von Montbarry ec. – Leipzig: Johann Gottlob Beygang 1802. 436, 20 ungez. S. [Verl.-Anz.].

Standort: 30: Jud. 672; 16: G 6097 = 30/15
Ausg./Aufl.: ... Leipzig 1808. 288 S., Frontispiz, s. NUC 408, 319.
Nachweise: Schindel 2, 44; Goed 5, 498; Kosch 3, 1847; Heinsius 161; Heinsius 6 Anh Romane 38; Kayser 107; Holzm-Boh 3, 277; MGT 18, 813; Ersch 7, 219.

Kleine Romane und Erzählungen, für gebildete Leser, von der Verfasserin des Walther von Montbarry etc. – Naumburg: Wild 1800.

Standort: kein Bestandsnachweis
Ausg./Aufl.: s. auch Einzeltitel.
Nachweise: Heinsius 178; Kayser 115; Hadley 338. – Titel folgt Heinsius.
Bemerkungen: Enthält lt. Heinsius: 1. Attila's Schwert, s. dort, 2. Elisabeth Lezkau, s. dort, 3. Irrungen, s. dort.
Ex. 15: L. Germ. 46128 enthält alle drei Titel (1808), aber kein Sammeltitelblatt.

Konrad und Siegfried von Feuchtwangen, Großmeister des deutschen Ordens. Bd. 1. 2. [in 1 Bd.] – Leipzig: Weygandsche Buchhandlung 1792/1792. 2 ungez., 308 S., Frontispiz; 400 S.

Standort: 1a: Yw 2162; 15: Litt. Germ. 46100 1/2 (in 2 Bdn.); Königl. Bibl. Kobenhavn (in 2 Bdn.)
Ausg./Aufl.: 1.: ... Th. 1.2. [in 1 Bd.]. Frankfurt und Leipzig: o. V. 1792/1792. 288 S., Titelvign., Frontispiz [mitgez. Bl.]; S. 3-376, Titelvign. – 1a: Yw 2161.
2.: Conrad und Siegfried ... [in 1 Bd.]. Hohenzollern [Wien]: Wallishausser 1792. Frontispiz, s. NUC 408, 318.
Nachweise: Schindel 2, 43; Goed 5, 497; Kosch 3, 1847; Heinsius 71; Kayser 42; Holzm-Boh 2, 98; MGT 18, 812; Ersch 7, 169; Hadley 181; Korn 55.

Konradin von Schwaben. Oder Geschichte des unglücklichen Enkels Kaiser Friedrichs des Zweyten. – Leipzig: Weygandsche Buchhandlung 1788. VIII [4 S. Vorrede des Hrsg.], 9-524 S., Frontispiz [mitgez. Bl.].

Standort: 7: 8° Fab. Rom. VI 4408; 34: Dt. Litt. 6099
Ausg./Aufl.: 1.: ... Th. 1.2. [in 1 Bd.]. Frankfurt und Leipzig: o. V. 1790. 267 S., Titelvign., Frontispiz; 256 S. – 1a: Yw 2153; 12: Ott 1320.
2.: ... des unglüklichen Enkels ... Friedrichs des Zweiten. Th. 1.2. [Titelbl. Th. 2: ... unglücklichen Enkels]. Frankfurt und Leipzig: o. V. 1791/1791 (= Sammlung der merkwürdigsten altdeutschen Geschichten. Bd. 11.12) – 12: P. o. germ. 1200 i/11.12.; 26: Ott 1320.
3.: ... Th. 1.2. [in 1 Bd.]. Frankfurt und Leipzig: o. V. 1794. 2 ungez. [Reihentitel], 232 S., 2 Titelvign., Frontispiz [mitgez. Bl.]; 216 S., 2 Titelvign. (= Sammlung der merkwürdigsten altdeutschen Geschichten. Bd. 11.12). – 1a: Yt 521/50.
Nachweise: Schindel 2, 41; Goed 5, 497; Kosch 3, 1847; Heinsius 44; Kayser 27; Holzm-Boh 1, 344; MGT 18, 810f.; Hadley 146; Ersch Rep I, Bd 2, XIV. 1714; Ersch 7, 173f.; Korn 34f.

Der kurze Mantel und Ottilie. Zwei Volksmährchen von Benedicte Naubert. – Wien: Carl Armbruster (1819). X [2 S. Zwischentitel, 6 S. Biographische Notizen zu Benedicte Naubert], 255, 1 ungez. S., Titelvign.

Standort: M 36 a: 322/651; 43: Kr 8603/20; 27: 8. G. B. 762; 39: P 11 100 (29)
Ausg./Aufl.: 1.: auch in dies., Neue Volksmährchen der Deutschen, Bdch. 1, s. dort.
2.: s. auch dies., Ottilie.
3.: auch u. d. Reihentitel: Sammlung der interessantesten Meisterwerke deutscher Dichter und Prosaisten. Bd. 38. B. Naubert's Volksmährchen. Wien: Armbruster 1819. – 27: 8. G. B. 762.
4.: auch u. d. Reihentitel: Meisterwerke deutscher Dichter und Prosaisten. Neue Folge. Bdch. 3. – 32: Dd 4: 287d; 32: N 40 517.
5.: auch u. d. Reihentitel: Cabinets-Bibliothek der Deutschen Classiker. Bd. 68.69. Hildburghausen, New York: Bibliographisches Institut 1829 (= Blumenlese aus den Schriften von Benedikte Naubert. Bd. 1.2) – 1a: Yc 7485-69 (nur Bd. 2); 18: X/ 2992:108 (nur Bd. 2); 32: 19 A 549: 68.69.
6.: auch u. d. Reihentitel: Meyer's Groschen-Bibliothek der Deutschen Classiker. Bd. 107.108. Hildburghausen: Bibliographisches Institut. New York: Herrmann J. Meyer o. J – 1a: Yc 7543-107.108; 18: SCA VII 36 a.b; 39: P 11 100 (29).
Nachweise: Schindel 2, 45 (1820); Kosch 3, 1847 (1820); Heinsius 6 Anh Romane 33 (1820); Kayser 100 (1820); Holzm-Boh 3, 112 (1820).
Bemerkungen: Die Jahreszahl 1819 ist auf der ersten Zwischentitelseite vermerkt.
Übers. ins Engl: The Mantle. In: Specimens of German Romance. London: G. B. Whittaker 1826, s. NUC 408, 320.

Lioba und Zilia. Eine Almanachsgeschichte. – Leipzig: Juniusische Buchhandlung 1804. 4 ungez. [2 S. Auflistung der gegebenen Wörter], 156 S.

Standort: 1a: Yw 2170
Ausg./Aufl.: Druckidentische Ausg. 1809 u. d. T.: Mathurin, s. dort.
Nachweise: Schindel 2, 44f. (Gotha 1806); Kosch 3, 1847 (1806); Heinsius 130 (Gotha: Steudel 1806); Kayser 87 (Gotha: Steudel 1806); und 93 (1806); Holzm-Boh 3, 79 (Gotha 1806); MGT 18, 813 (Gotha 1806); Ersch 7, 191 (Leipzig: Junius (Gotha: Steudel) 1806). – Die Ausgabe Leipzig 1804 ist in keiner Quelle geführt; eine Ausgabe Gotha 1806 ist nicht zu ermitteln.
Bemerkungen: S. 3f. der ungez. S.: Erzählung aus gegebenen Worten. (17 Begriffe: Biographie. Räthsel. Dummheit. Blattern. Sierra Leona. Fragment. Seehund. Rose. Treue Liebe. Fedor. Eisbär. Montblanc. Indispensable. König. Termit. Fächer. Käsekorb).

Lord Heinrich von Holland Herzog von Exeter. Oder irre geleitete Grosmuth. Eine Begebenheit aus dem Mittelalter von England. – Leipzig: Weygandsche Buchhandlung 1791. 436 S., Frontispiz [mitgez. Bl.].

Standort: 12: P. o. germ. 1003 o
Ausg./Aufl.: 1.: 2 Bde. Hohenzollern [Wien]: Wallishausser 1791
    2.: Lord Heinrich Holland, Herzog von Exeter, oder: Irre geleitete Großmuth... Th. 1.2. [in 1 Bd.]. Hohenzollern [Wien]: Wallishausser 1794/1794. 204 S., Frontispiz; 263, 1 ungez. S., Frontispiz. – 1a: Yw 2154/30.
Nachweise: Schindel 2, 43; Goed 5, 497; Kosch 3, 1847; Heinsius 101; Kayser 66; MGT 18, 812; Hadley 181 (2 Bde. Hohenzollern 1791, 1794); Korn 88.
Bemerkungen: In der Vorrede ist vom „englische(n) Verfasser dieser Blätter" die Rede; unklar, ob Übersetzung oder Bearbeitung.

Lucinde, oder Herrn Simon Goodwins medicinische Leiden; nach dem Engl. – Leipzig: Weygandsche Buchhandlung 1792.

Standort: kein Bestandsnachweis
Ausg./Aufl.: Lucinde, oder Herrn Simon Goodwins medicinische Leiden. Nach dem Englischen. Hohenzollern [Wien]: Wallishausser 1793. 232 S., Frontispiz. – 1: Yw 2176ª; 1a: Yw 2167 (... nach der [!] Englischen); 61.
Nachweise: Schindel 2, 43; Kosch 3, 1847; Heinsius 132; Kayser 89; Hayn-G 9, 428; Holzm-Boh 3, 90; MGT 18, 812; Hadley 197; Korn 115. – Titel folgt MGT.

Marie Fürst, oder das Alpenmädgen. – Leipzig: Weygandsche Buchhandlung 1792. 2 ungez., 588 S., Frontispiz.

Standort: 1a: Yw 2159
Nachweise: Schindel 2, 43 (1791); Kosch 3, 1847 (1791); Heinsius 77 (1791); Kayser 47 (1791); Holzm-Boh 2, 131 (1791); MGT 18, 812 (1791); Ersch Rep II, Bd 2, XIV. 2387; Hadley 197; Korn 63.

Mathurin. Von der Verfasserin des Walther von Montbarry, der Thekla von Thurn, Herrmann von Unna, u.a.m. – Gotha: Carl Steudel 1809. 156 S.

Standort: 1a: Yw 6559
Ausg./Aufl.: auch u. d. T.: Lioba und Zilia, s. dort.
Nachweise: Schindel 2, 45; Kosch neu 11, 61; Heinsius 139; Kayser 93; Holzm-Boh 3, 122; MGT 18, 813.

Merkwürdige Begebenheiten der gräflichen Familie von Wallis, in der Geschichte zweier Zwillingsschwestern. Th. [1.] 2. – Leipzig: Weygandsche Buchhandlung 1791/1791. 2 ungez, 508 S., Frontispiz; 552 S.

Standort: 15: Litt. Germ. 46082; 16: T 23 (ohne Frontispiz)
Ausg./Aufl.: Hadley nennt eine Erstausgabe 1790; unklar, auf welche Ausgabe sich seine Standortangabe 35 bezieht [35: Verlust].
Nachweise: Schindel 2, 42 (1790); Kosch 3, 1847 (1790); Heinsius 224 (1790); Kayser 14 (1790); Holzm-Boh 1, 149 (1790); MGT 18, 811 (1790); Ersch Rep II, Bd 2, XIV. 2377; Hadley 168 (auch 1790); Korn 202.

Miß Louise Fox. Oder Reise einer jungen Engländerin durch einige Gegenden von Deutschland. – Leipzig: Weygandsche Buchhandlung 1792. 346 S., Frontispiz [mitgez. Bl.].

Standort: 12: P. o. germ. 2051 l; 188 (B 806): Pn 113 sekr.
Nachweise: Schindel 2, 43; Kosch 3, 1847; Heinsius 73; Kayser 44; Hayn-G 2, 343; Holzm-Boh 2, 109; MGT 18, 812; Ersch Rep II, Bd 2, XIV. 2784; Hadley 197; Korn 58.
Bemerkungen: Ex. 188: letzte Seite „348" falsch paginiert.

Neue Volksmährchen der Deutschen. Bdch. 1-4. – Leipzig: Weygandsche Buchhandlung 1789/1791/1792/1792. 404 S., Titelvign.; 480 S., Titelvign.; 2 ungez., 494 S., Titelvign.; 412 S., Titelvign.

Standort: 1: Yt 3155ª RAR (Bd. 1-4); 1a: Yt 3155 R (Bd. 1-3);
84: 1005/992.993 (nur Bd. 1, 3); 188: 38/78/23043 (Bd. 1-4); 51 (Bd. 1-3); 70 (nur Bd. 4)
Ausg./Aufl.: 1.: Neue Volksmährchen der Deutschen. Von B. Naubert. Zweite [gekürzte] Auflage. Leipzig: Gebhardt und Reisland 1839. 7 (Seminar für Volkskunde): C7 Nau; 27: 8. G. B. 261 (nur Bdch. 1).
2.: Volksmährchen der Deutschen von B. Naubert. Neue [gekürzte] Ausgabe. Vier Theile in einem Band. Leipzig: Gebhardt und Reisland o. J. [um 1840].
– 1: 19 ZZ 7036(1-4); 1a: Yt 3156 (Bd. 3 und 4 vertauscht eingeb.);
46: r vol 780/227.
Nachweise: Schindel 2, 42 (Bd. 1-5); Goed 5, 497 (Bd. 1-5); Kosch 3, 1847 (Bd. 1-5); Heinsius 221 und 224 (Verf. Miller, Bd. 1-5); Heinsius 9,2., 75; Kayser 145 (Mitverf. J. M. Müller, Bd. 1-5); Kayser 8, 138; Holzm-Boh 4, 335 (Bd. 1-5); MGT 18, 811 (Bd. 1-5); Ersch Rep I, Bd 2, 2727 c; Ersch Rep II, Bd 2, XIV. 3212; Ersch 7, 238 (Bd. 1-5); Hadley 156 (Verf. J. M. Müller); Korn 197. – Die Nachweise nennen fälschlich den Titel Wallfahrten 1793, s. dort, als Bd. 5 der Neuen Volksmährchen.

Bemerkungen: Bd. 1 enthält: S. 3-101: Das stille Volk [S. 102 fehlt in der Zählung], S. 103-251: Der kurze Mantel, S. 252-327: Ottilie, S. 328-404: Die Legende von Sankt Julian.
Bd. 2 enthält: S. 3-220: Erdmann und Marie, ein Nachtrag zu den Legenden vom Rübezahl, S. 221-352: Das oldenburgische Horn, S. 353-480: Die hamelschen Kinder, oder das Märchen vom Ritter St. Georg.
Bd. 3 enthält: S. 1-140: Die Fischer, S. 141-211: Die weiße Frau, S. 212-322: Jungfernsprung und Roßtrab, S. 323-398: Der Müller von Eisenbüttel, S. 399-494: Erlkönigs Tochter.
Bd. 4 enthält: S. 3-152: Genoveve oder die Träume, S. 153-293: Die zwölf Ritter von Bern, oder das Mährchen vom Hort der Nibelungen, S. 294-412: Ottbert.
Bd. 1-4 tragen dieselbe Titelvign.

Ottilie, oder das Schloß Zähringen. Eine Sage der Vorwelt. – Wien: Mathias Ludwig 1791. 80 S.

Standort: 32: N 39448, beigeb. dem Werk: dies., Brunilde, s. dort.
Ausg./Aufl.: 1.: auch in: Der kurze Mantel und Ottilie. Zwei Volksmährchen ..., s. dort.
2.: auch in: Neue Volksmährchen der Deutschen, Bd. 1, s. dort.
Nachweise: Korn 136.

Pauline Frankini, oder Täuschungen der Leidenschaft und Freuden der Liebe. – Leipzig: Weygandsche Buchhandlung 1789. 392 S. Frontispiz.

Standort: 1: 7 Y 28; 34: II 51 a2/19; 7: 8° Fab. Rom. VI 4408h
Nachweise: Schindel 2, 41; Goed 5, 497; Kosch 3, 1847; Heinsius 74; Kayser 44; Hayn-G 9, 191; Holzm-Boh 2, 117; MGT 18, 811; Ersch Rep I, Bd 2, XIV. 2058; Hadley 156; Korn 59.

Philippe von Geldern. Oder Geschichte Selims, des Sohns Amurat. Th. [1.] 2. – Leipzig: Weygandsche Buchhandlung 1792/1792. 416 S., Frontispiz [mitgez. Bl.]; 552 S.

Standort: 1a: Yw 2158; 6: 1E 2704 [in 1 Bd.]; 27: 8. G. B. 764 (nur Teil 1); Königl. Bibl. Kobenhavn: 2342-43
Nachweise: Schindel 2, 43; Goed 5, 497; Kosch 3, 1847; Heinsius 160; Kayser 106; Holzm-Boh 3, 271; MGT 18, 812; Ersch Rep II, Bd 2, XIV. 2109; Ersch 7, 169; Hadley 197; Korn 67.

Rosalba von Benedicte Naubert, Verfasserin des Hermann von Unna, der Thekla von Thurn etc. Th. 1. 2. – Leipzig: J. C. Hinrichs 1818/1818. 2 ungez., 256 S., Frontispiz; 2 ungez., 248 S.

Standort: 1a: Yw 2173; 15: Litt. Germ. 46124
Ausg./Aufl.: auch in: Benedikte Naubert's letzte Originalromane, s. dort.
Nachweise: Schindel 2, 45 (1816); Goed 5, 498; Kosch 3, 1847 (1817); Heinsius 6 Anh Romane 41; Holzm-Boh 3, 393; Kayser 116; MGT 18, 814.

Sammlung der merkwürdigsten altdeutschen Geschichten s. Einzeltitel.

Bemerkungen: Unter dem Reihentitel sind von Naubert erschienen: Geschichte der Gräfin Thekla von Thurn, s. dort; Hatto, Bischoff von Maynz, s. dort; Konradin von Schwaben, s. dort; Werner, Graf von Bernburg, s. dort. Die Bandzählung der Reihe ist unübersichtlich; als Bd. 12 sind sowohl Konradin von Schwaben, Teil 2, als auch Werner, Graf von Bernburg erschienen.

Sitten und Launen der Grossen. Ein Kabinet von Familienbildern. – Leipzig: Weygandsche Buchhandlung 1794. 464 S., Frontispiz.

Standort: 7: 8° Fab. Rom. VI 4415
Nachweise: Schindel 2, 44; Heinsius 197; Kayser 131; Holzm-Boh 4, 88; MGT 18, 812; Ersch Rep II, Bd 2, XIV. 2788; Hadley 225; Germer 2, 96.

Turmalin und Lazerta. Eine Reliquie des 17. Jahrhunderts 1680-1682 von Benedicte Naubert, Verf. der Rosalba, Alexis u. Luise, Thekla von Thurn u.s.w. Th. 1. 2. – Leipzig: Hinrichs 1820. 2 ungez., 192 S., Frontispiz; 144 S.

Standort: 1a: Yw 2175; 115: Soc. Bibl. N 119/1.2; 110 (ohne Signatur)
Ausg./Aufl.: auch in: Benedikte Naubert's letzte Originalromane, s. dort.
Nachweise: Schindel 2, 45; Goed 5, 498; Kosch 3, 1847; Heinsius 6 Anh Romane 47; Kayser 100; Holzm-Boh 4, 196; MGT 18, 814.

Ulrich Holzer, Bürgermeister in Wien. Vom Verfasser der Thekla v. Thurn und der Philippe von Geldern. Bd. 1. 2. – Leipzig: Weygandsche Buchhandlung 1793/1793. 442 S., Frontispiz [mitgez. Blatt]; 424 S.

Standort: 1a: Yw 3733; Königl. Bibl. Kobenhavn: 177 V-159
Ausg./Aufl.: 1.: ... Bd. 1.2. Hohenzollern [Wien]: Wallishausser 1793/1793. 440 S., Frontispiz; 424 S., Frontispiz. – 38: 2c 1029.
2.: ... Bd. 1.2. Wien: Joseph Ochß 1793/1793. 468 S., Frontispiz; 448 S., Frontispiz. – 7: 8° Fab. Rom. VI 4411.

Nachweise: Schindel 43; Goed 5, 498; Kosch 3, 1847; Heinsius 102; Kayser 66; Holzm-Boh 2, 298; Weller Fing 156; MGT 18, 812; Ersch Rep II, Bd 2, XIV. 2018; Ersch 7, 171; Hadley 212; Korn 88.
Bemerkungen: Die Paginierung der letzten Seite, Bd. 2, lautet in beiden geprüften Exemplaren fälschlich: 332.

Velleda. Ein Zauberroman. – Leipzig: Schäferische Buchhandlung 1795. 264 S., Frontispiz.

Standort: 1: Yw 2169ª; 1a: Yw 2169 (ohne Frontispiz); 38: 1 N 446 (SD 22) (ohne Frontispiz)
Ausg./Aufl.: 1.: ... Hohenzollern [Wien]: Wallishausser 1796. 230 S.
– 1a: Yw 3097, beigeb. dem Werk: Der Genius. Aus den Papieren des Marquis C* von G*. Von Grosse. Mit Titelkupfern. Th. 4. Hohenzollern [Wien]: Wallishausser 1796. 64 S.
2.: Leipzig: Schäfer 1797 oder 1798.
Nachweise: Schindel 2, 44; Goed 5, 498 (1797); Kosch 3, 1847 (1798); Heinsius 218 (1797); Kayser 143 (1797); Holzm-Boh 4, 282 (auch 1798); MGT 18, 812 (auch 1798); Ersch Rep II, Bd 2, XIV. 3208; Ersch Rep III, Bd 2, XIV. 2206 (1797); Ersch 7, 239 (auch 1798); Hadley 240 (auch 1797); Korn 193 (1797).
Bemerkungen: Enthält: S. 5-124: I. Voadicea und Velleda, S. 125-134: II. Der Riesentanz, S. 135-264: III. Sam und Siuph oder die Kinder des heiligen Stiers, s. auch dies., Alme, Bd. 4.

Wallfahrten oder Erzählungen der Pilger. Erster Theil [mehr nicht ersch.]. – Leipzig: Weygandsche Buchhandlung 1793. 352 S., Titelvign.

Standort: 1a: Yw 2141; 34: Dt. Litt. 11584.1; 61: D. Lit. 23438 (ohne Zusatz: Erster Theil)
Nachweise: Kosch neu 11, 61; Holzm-Boh 379. Sonst in den Nachweisen fälschlich aufgeführt als Bd. 5 von dies., Neue Volksmährchen der Deutschen, s. dort.
Bemerkungen: In den Nachweisen wird der Titel fast durchgängig als Bd. 5 der Neuen Volksmährchen der Deutschen aufgeführt. Diese Angabe geht auf eine handschriftlich von Wilhelm Grimm anläßlich eines Besuches bei Benedikte Naubert verfertigte Liste: Werke der Madam Naubert in Naumburg zurück, in der Grimm vermerkt: „Wallfahrten der Pilger als Band 5 der Volksmährchen." Die Erstausgaben beider Titel lassen eine solche Zusammengehörigkeit nicht erkennen; mit Band 1 der Wallfahrten war offenkundig eine neue Sammlung geplant. Andere frühe Verzeichnisse, insbesondere der Auktionskatalog: Bibliothek Herrn D. E. B. G. Hebenstreits, [...] welche neben einem Anhange von Büchern aus verschiedenen Wissenschaften den 4. Sept. und folgende

Tage im rothen Collegio öffentlich versteigert werden soll (Leipzig 1805), also das Verzeichnis der Bücher des Bruders von Benedikte Naubert, führen beide Titel getrennt auf. Ob Benedikte Naubert, die Grimm die Liste ihrer Werke diktiert haben soll, plante, beide Sammlungen in einer neuen Ausgabe zusammenzufügen, oder – aus welchen Gründen auch immer – Grimm eine nicht zutreffende Angabe machte, läßt sich nicht rekonstruieren. Eine Ausgabe, in der die Wallfahrten oder Erzählungen der Pilger als Band 5 der Volksmährchen gekennzeichnet sind, war jedenfalls nicht zu ermitteln.

Walter von Montbarry, Großmeister des Tempelordens. Bd. 1. 2. – Leipzig: Weygandsche Buchhandlung 1786/1786. 504 S., Frontispiz [mitgez. Bl.]; 528 S.

Standort: 1a: Yw 2142 R; 188 (B 806): Pn 115 sekr.; 27: 8. G. B. 770
Ausg./Aufl.: 1.: ... [in 1 Bd.]. Frankfurt und Leipzig: o. V. 1789/1789. 458 S., Frontispiz; 511 S., Frontispiz. – 1a: Yw 2143.
2.: 3. Auflage 1792 (Hadley).
3.: ... Th. 1.2. Frankfurt und Leipzig: o. V. 1809/1809. 408 S.; 2 ungez. [Reihentitel], 438 S., Frontispiz (Teil 2 = Bibliothek auserlesener romantischer Geschichten der Vorzeit. Bd. 23.24. Leipzig 1810). – 12: P. o. germ. 118 gd. (nur Teil 2).
Nachweise: Schindel 2, 41; Goed 5, 497; Kosch 3, 1847; Heinsius 145; Kayser 96; Holzm-Boh 3, 159; MGT 18, 810; Ersch Rep I, Bd 2, XIV. 1712; Ersch 7, 169; Hadley 128; Korn 128.
Bemerkungen: Übers. ins Franz. Paris 1799 (Schindel); 4 Bde. Paris: Maradan o. J. – 1a: Yw 2146; ins Holl. Haag 1802, s. NUC 408, 320; 1804 (Schindel); Übers. ins Engl. 4 vols. London: Lane and Newman 1803, s. NUC 408, 320; ... London: Minerva Press for Lane and Newman 1808, s. NUC 408, 320.
Ex. 188: Bd. 2 teilw. durch kopierte Seiten ersetzt.

Walter von Stadion. Oder Geschichte Herzog Leopolds von Oestreich und seiner Kriegsgefährten. – Leipzig: Weygandsche Buchhandlung 1794. 494 S., Frontispiz [mitgez. Bl.].

Standort: 300: 48.771-A
Ausg./Aufl.: Hohenzollern [Wien]: Wallishausser 1795, s. NUC 408, 320.
Nachweise: Schindel 2, 44; Goed 5, 498; Kosch 3, 1847; Heinsius 202; Kayser 148; Holzm-Boh 4, 370; Ersch Rep II, Bd 2, XIV. 2036; Hadley 225; Korn 179.

Wanderungen der Phantasie in die Gebiete der Wahrheit. – Leipzig: Weygandsche Buchhandlung 1806. 2 ungez., 303, 1 ungez. S., Frontispiz.

Standort: 27: 8. G. B. 772

Ausg./Aufl.: ... Von der Verfasserin des Walther von Montbarry, Fontanges, Hermann von Unna, u.s.w. Neue Auflage. Leipzig: Weygand 1810. 2 ungez., 303, 1 ungez S. – **15: Litt. Germ. 46140.**
Nachweise: Schindel 2, 45; Kosch 3, 1847; Heinsius 317; Kayser 148; Holzm-Boh 4, 371; MGT 18, 813; Ersch 7, 169.
Bemerkungen: Enthält: S. 2-99: Nurgehan, oder die Rose aus der Wüste, S. 100-200: Die Schwarze und die Weiße, S. 201-303: Bruchstücke aus Zelruks Reisen.

Werner Graf von Bernburg. Th. [1.] 2. [in 1 Bd.] – Leipzig: Weygandsche Buchhandlung 1790. 2 ungez., 762 S., Frontispiz.

Standort: 1a: Yw 2149; 56: I 44/277 (ohne Frontispiz); 27: 8. G. B. 773
Ausg./Aufl.: 1.: ... Bernburg; eine Geschichte aus den Zeiten des Mittelalters. Vom Verfasser Hermanns von Unna und Walter von Montbarry. Wien 1791, s. NUC 408, 320.
2.: ... Th. 1.2. Frankfurt und Leipzig: o. V. 1791/1791. 2 ungez. [Reihentitel], 336 S., Frontispiz [mitgez. Bl., nach Reihentitel]; 344 S. (= Sammlung der merkwürdigsten altdeutschen Geschichten. Bd. 12) – 1a: Yw 2155.
3.: ... 2 Thle. Wien 1795. – 70.
Nachweise: Schindel 2, 42; Goed 5, 497; Kosch 3, 1847; Heinsius 28; Heinsius 229; Kayser 150; Holzm-Boh 6, 89; MGT 18, 811; Ersch Rep I, Bd 2, XIV. 1720; Ersch 7, 172; Hadley 169; Korn 19.
Bemerkungen: Das Werk ist mitunter nach dem Zwischentitel: Graf Werner von Bernburg bibliographiert.

NEUENHAGEN, WILHELMINE HENRIETTE DOROTHEA

1776 Oschersleben – 1803 Eisleben.
Geb. Wenzel; verh. Neuenhagen. Vater preuß. Kommissionsrat; Ehemann Kollaborator am Gymnasium in Eisleben.

Der Graurock oder der moderne treue Eckart. Eine etwas ungewöhnliche Geschichte. Th. 1. 2. – Eisleben: Otto Gerhard Verdion [1801]/1801. [352 S.]; 366 S.

Standort: 7: MC: 8° Fab. Rom. VI 3474 (nur Teil 2)
Ausg./Aufl.: 1.: Weißenfels: Nerr 1801 oder 1802.
2.: ... Neue unveränderte Ausgabe. Leipzig: J. G. Graffé in Commission 1804/1804. 2 ungez., 352 S.; 366 S. – 1a: Yw 5455².
Nachweise: Schindel 2, 51 (Weißenfels 1802); Goed 6, 429 (1802); Kosch 3, 1863 (1802); Heinsius 90 (Weißenfels: Nerr 1801); Kayser 56 (Weißenfels: Nerr

1801); Holzm-Boh 2, 237 (Weißenfels 1802); MGT 14, 653 (Weißenfels 1802).

Klaudine oder die treue Gattin. Eine wahre Geschichte. – Leipzig: Weygand 1802.

Standort: kein Bestandsnachweis
Nachweise: Schindel 2, 51; Goed 6, 429; Kosch 3, 1863; Heinsius 114; Kayser 74; Holzm-Boh 1, 329. – Titel folgt Kayser, Goed.

Laura's Briefwechsel mit ihren Zöglingen, als Beitrag einer anständigen Unterhaltung für gebildete Frauenzimmer. – Leipzig: Schiegg 1799.

Standort: kein Bestandsnachweis
Ausg./Aufl.: ... Neue unveränderte Auflage. Mit einem Titelkupfer [als Frontispiz]. Frankfurt und Leipzig: in allen Buchhandlungen o. J. XIV [4 S. Widmung, 8 S. Vorbericht], 350 S. – 17: 47/8927.
Nachweise: Schindel 2, 51; Goed 6, 429; Kosch 3, 1863; Heinsius 121; Kayser 82; Hayn-G 4, 50; Holzm-Boh 1, 278; Hadley 305. – Titel folgt Kayser.
Widmung: Emilie Melly, unterz.: Laura (Ex 17).

OEHME, SOPHIE CONSTANCE THEODORE

1745 Leipzig – 1818 Leipzig.
Geb. Breitkopf; verh. Oehme. Vater Buchhändler; Ehemann Arzt.

Fatimens Morgenstunden. – Leipzig: [?] 1799.

Standort: kein Bestandsnachweis
Nachweise: Schindel 2, 68; Goed 6, 369; Kosch 3, 1928; Kayser 4, 260; Holzm-Boh 3, 163; MGT 11, 589. – Titel folgt Schindel.

OTTO, AMÖNE

1774 Hof – 1837 Bayreuth.
Pseud.: A. O.; Amalie von Obyrn. – Geb. Herold; verh. Otto. Ehemann Privatgelehrter. Befreundet mit Jean Paul; Korrespondenz mit L. F. Huber.

Antonius. Ein Roman von Amalie von Obyrn. – Nürnberg: J. A. Stein 1810. 2 ungez., 358 S.

Standort: **1a: Yw 6766; 9: B n 212 b**
Nachweise: Schindel 2, 74; Goed 6, 430; Kosch 3, 1965; Kosch neu 11, 807 (1804); Heinsius 17; Kayser 102; Holzm-Boh 1, 83.

PAULUS, ELISABETH FRIEDERIKE CAROLINE

1767 Schorndorf/Württ. – 1844 Heidelberg.
Pseud.: Eleutherie Holberg. – Geb. Paulus; verh. Paulus. – Vater Oberamtmann; Ehemann Theologieprofessor. Sie veröffentlichte nach 1811 nur noch einen Band: Erzählungen von Caroline Paulus geborne Paulus. Heidelberg: August Oßwald's Universitätsbuchhandlung 1823 (1a: Yw 9390).

Adolph und Virginie oder Liebe und Kunst. Ein Roman von Caroline Paulus. – Nürnberg: Johann Leonhard Schrag 1811. 2 ungez., 254 S.

Standort: 1a: Yw 6916; 7: Fab. Rom. VI/7107 l; 76: BL 1054
Nachweise: Schindel 2, 84; Goed 5, 484; Kosch 3, 2002; Kayser 105; Holzm-Boh Ps 133; MGT 19, 79.
Bemerkungen: S. 249-254 Verl.-Verz.

Natalie Percy oder Eitelkeit und Liebe. Eine Novelle. Frey bearbeitet nach den Confessions des Herrn von Pr. von Caroline Paulus. Mit einem Kupfer [als Frontispiz]. – Nürnberg: Johann Leonhard Schrag 1811. 130 S.

Standort: 12: P. o. germ. 1049 n; 37: LD 5251 Tx
Nachweise: Schindel 2, 84; Goed 5, 484; Kosch 3, 2002; Heinsius 159; Kayser 105; Hayn-G 6, 142; Holzm-Boh 3, 263; Holzm-Boh Ps 133; MGT 19, 79.

Wilhelm Dümont. Ein einfacher Roman von Eleutherie Holberg. – Lübeck: Friedrich Bohn 1805. 2 ungez., 340 S.

Standort: 1a: Yw 5920; 7: Fab. Rom. VI 7107 a; 48: Phil. germ. 8° 7065; 76: BL 553
Ausg./Aufl.: ... Neue wohlfeilere Ausgabe. Lübeck: Niemann u. Comp. 1808. 2 ungez., 340 S. – 1a: Yw 5920².
Nachweise: Schindel 2, 84; Goed 5, 484; Kosch 3, 2002; Heinsius 51; Kayser 65; Holzm-Boh Ps 133; MGT 18, 201; Ersch 7, 192 (1806, 1807).

PFRANGER, ALBERTINE

1754 Hildburghausen – 1819 Meiningen.
Geb. Hieronymi; verh. Pfranger. Vater Geheimrat; Ehemann Hofprediger und Schriftsteller.

Auszüge aus dem Tagebuch einer traurenden Wittwe. Nebst einer kurzen Biographie der Verfasserin. – Leipzig: Heinrich Gräff 1803. XXXII [vielmehr 40] [8 S.

Widmungen, 8 S. Vorrede, 14 S. Subskrib.-Verz., 8 S. Inh.-Verz. (S. XVII-XXIV doppelt gezählt)], 264 S., Frontispiz.

Standort: 1a: Yw 5702; 34: Dt. Litt. 7616
Nachweise: Schindel 2, 97; Kosch neu 11, 1238; Heinsius 1, 154; Kayser 1, 131; Hayn-G 1, 149; Hayn-G 9, 32; Holzm-Boh 1, 127 und 128; MGT 15, 39.
Bemerkungen: Ex. 34: Titelbl. trägt den Zusatz: Mit einem Kupfer und enthält nach dem Titelbl. 4 ungez. S. [1 S. Vorrede des Hrsg. Heinrich Gräff, 3 S. Zitat aus der Eunomia 1803]; außerdem sind die doppelt als S. XVII-XXIV paginierten Seiten zwischen S. XVIII und XIX gebunden; insg. zählt das Ex. also vor der arabischen Zählung 44 z. T. römisch paginierte S.

PICHLER, CAROLINE (CAROLINA)

1769 Wien – 1843 Wien (Freitod).
Geb. von Greiner (fälschl.: Grünier); verh. Pichler. – Vater Hofrat; Mutter Vorleserin der Kaiserin Maria Theresia; Ehemann Regierungsrat. Autobiographische Angaben in: Denkwürdigkeiten aus meinem Leben. Von Caroline Pichler, gebornen von Greiner. Bd. 1-4. Wien: A. Pichler's sel. Witwe 1844 (29: St.B. Ab 3052); Neuausgabe München: Georg Müller 1914. Ein Großteil ihrer Werke, auch Romane und Erzählungen, erschien nach 1810, auch der Roman Frauenwürde, Teil 1-4, Leipzig: Liebeskind 1818 (1a: Yw 8516³), der in den Nachweisen fälschlich unter 1808 geführt wird.

Agathokles. Von Carolina Pichler, gebornen von Greiner. Th. 1-3. [in 1 Bd.] – Wien: Anton Pichler 1808/1808/1808. 240 S.; 224 S.; 288 S.

Standort: 18: A 1945/4986; B 706: 3236/3237/3238 G (in 3 Bdn.);
7: 8° Fab. Rom. VI 7007; 48: Phil. germ. 8° 8381; 76: BL 1067/1068/1069; 77: D 11363
Ausg./Aufl.: 1.: ... Bd. 1-3. Leipzig: Pichler 1808/1808/1808. 267, 3 ungez. S. [1 S. Druckf.-Verz.]; 246, 2 ungez. S. [1 S. Druckf.-Verz.]; 325, 3 ungez. S. [1 S. Druckf.-Verz.] – 1: Yw 6330ª; 1a: Yw 6330.
2.: auch in: Sämmtliche Werke von Caroline Pichler, gebornen von Greiner. Bd. 1-3. Wien: Anton Strauß 1813/1813/1813. Reihentitel, 276 S., Frontispiz; Reihentitel, 251 S., Frontispiz; Reihentitel, 331 S., Frontispiz. – 121: C 2883 8° [die Kartonumschläge haben 1815].
3.: Agathokles. Von Caroline Pichler, gebornen von Greiner. Th. 1-3 [in 1 Bd.]. Reutlingen: Justus Jacob Fleischhauer; Bd. 3: Reutlingen: J. J. Mäcken'sche Buchhandlung 1814/1814/1814. 148 S.; 135, 1 ungez. S.; 168 S. – 1: Yw 6331ª; 1a: Yw 6331.

4.: ... von Caroline Pichler, gebornen von Greiner. Theil 1-3. Neue verbesserte Auflage. Leipzig: In Commission bey August Liebeskind 1820/1820/1820. VIII [6 S. Vorrede], 9-283, 1 ungez. S., Frontispiz; 254 S., Frontispiz; 333, 1 ungez. S., Frontispiz. – 116: Soc.-Bibl. P 117 1-3.
5.: auch in: Sämmtliche Werke von Caroline Pichler, gebornen von Greiner. Neue verbesserte Auflage. Bd. 3-5. Wien: Anton Pichler 1821. – 110 (ohne Signatur).
6.: auch in: Sämmtliche Werke von Caroline Pichler, gebornen von Greiner. Bd. 3-5. Wien: Anton Pichler 1828/1828/1828. X [2 S. Reihentitel, 6 S. Vorrede], 11-272 S.; 240 S.; 318 S. – 1a: Yc 9520; 26: Ott 744.
7.: auch in: Ausgewählte Romane von Caroline Pichler, gebornen von Greiner. Bdch. 18-23 [in 2 Bdn.]. Stuttgart: Macklot 1828. – 26: Ott 2481.
Nachweise: Schindel 2, 116; Schindel 3, 226; Goed 5, 484; Kosch 3, 2052; Heinsius 9; Kayser 106; MGT 15, 40; MGT 19, 132; Ersch 7, 169.
Bemerkungen: Übers. ins Franz. Paris 1812, 1813, 1817 und ins Ital. Milano 1813 (Schindel 3, 226; Wurzbach 22, 247); lt. Wurzbach sollen Übers. auch in nordische und slawische Sprachen, ins Englische und Ungarische erschienen sein.

Eduard und Malvina. Von Carolina Pichler, gebornen von Greiner. – Wien: Anton Pichler 1805. 2 ungez., 196 S., Frontispiz.

Standort: 51: 36/1144 (Grabbe-Archiv); 76: BL 1065
Ausg./Aufl.: 1.: ... Von Carolina Pichler, gebornen von Greiner. Tübingen: J. G. Cotta 1811. 2 ungez., 170 S. – 1a: Yw 6930; 115: Soc.-Bibl. P 28; 24: H. D. 8° 9294; 50: I Fr 11 b.
2.: auch in: Sämmtliche Werke von Caroline Pichler. Neue verbesserte Auflage. Bd. 27 (= Kleine Erzählungen, Th. 6). Wien: Anton Pichler 1823, S. 87-260. – 7: Fab. Rom. VI, 7006; 110 (ohne Signatur).
3.: auch in: Sämmtliche Werke von Caroline Pichler, gebornen von Greiner. Bd. 35. Wien: Anton Pichler 1829, S. 5-170. – 1a: Yc 9520.
Nachweise: Schindel 2, 116; Goed 5, 484f.; Kosch 3, 2052; Heinsius 53; Kayser 106 (Tübingen: Cotta 1805); MGT 15, 40; Ersch 7, 191.
Bemerkungen: Übers. ins Ital.: Milano 1813 (Schindel 3, 227), Milano 1816 (Goed).

Leonore: Ein Gemählde aus der großen Welt, von Carolina Pichler, gebornen von Greiner. Th. 1. 2. – Wien: Anton Pichler 1804/1804. 2 ungez., 231, 1 ungez. S., Frontispiz; 2 ungez., 302, 1 ungez. S. [Druckf.-Verz.], Frontispiz.

Standort: 1a: Yw 5831; 29: St. B. Th 2330; 51: 36/1153 (Grabbe-Archiv); 76: BL 1063/1064

Ausg./Aufl.: 1.: auch in: Sämmtliche Werke von Caroline Pichler, gebornen von Greiner. Bd. 4.5. Wien: Anton Strauß 1813/1813. 228 S., Frontispiz; 309, 1 ungez. S., Frontispiz. – **121: C 2883**.
    2.: auch in: Sämmtliche Werke von Caroline Pichler, gebornen von Greiner. Neue verbesserte Auflage. Bd. 1.2. Wien: Anton Pichler 1820/1820. 4 ungez., 231, 1 ungez. S., Frontispiz; 2 ungez., 312 S., Frontispiz.
    – **7: Fab. Rom. VI 7006**; 110 (ohne Signatur).
    3.: auch in: Sämmtliche Werke von Caroline Pichler, gebornen von Greiner. Bd. 1.2. Wien: Anton Pichler 1828/1828. 222 S.; 296 S.
    – **1a: Yc 9520; 26: Ott 745** [mit Frontispiz].
    4.: auch in: Schriften von Caroline Pichler, gebornen von Greiner. Bd. 40-42. Stuttgart: Macklot 1828. – **121: N 18/1859** [Bd. 38-42 in 1 Bd.].
Nachweise: Schindel 2, 116; Goed 5, 484; Kosch 3, 2052; Heinsius 125; Kayser 106; MGT 15, 40; MGT 19, 132; Ersch 7, 191.

Olivier, oder die Rache der Elfen von Caroline Pichler. Th. 1. 2. – Wien: Anton Pichler o. J. [1804].

Standort: kein Bestandsnachweis
Ausg./Aufl.: 1.: Neue Auflage 1812.
    2.: auch in: Sämmtliche Werke von Caroline Pichler, gebornen von Greiner. Neue verbesserte Auflage. Bd. 8. Wien: Anton Pichler 1821. – **7: Fab. Rom. VI 7006**; 110 (ohne Signatur).
    3.: auch in: Sämmtliche Werke von Caroline Pichler, gebornen von Greiner. Bd. 8. Wien: Anton Pichler 1828. VI [2 S. Reihentitel, 2 S. Vorrede], 7-219, 1 ungez. S. **-1a: Yc 9520**.
    4.: auch in: Schriften von Caroline Pichler, gebornen von Greiner. Bd. 38.39. Stuttgart: Macklot 1828. – **121: N 18/1859** [Bd. 38-42 in 1 Bd.]
    5.: auch in: Ausgewählte Romane von Caroline Pichler, gebornen von Greiner. Bdch. 24. Stuttgart: Macklot 1828, beigeb.: dies., Bdch. 25: Stille Liebe. – **26: Ott 2481**.
Nachweise: Schindel 2, 109 und 116 (1812); Goed 5, 484 (1812); Kosch 3, 2052; Heinsius 154; Kayser 106 (auch 1812); Holzm-Boh 3, 234; MGT 19, 132 (1812); Hadley 346. – Titel folgt Heinsius.
Bemerkungen: Nach Schindel 2, 109 und 116 zuerst im Österreichischen Taschenbuch f. d. J. 1802 unter dem Pseudonym Auguste abgedruckt; nach Pichlers eigenen Angaben, zitiert bei Schindel, 1804 separat ersch.
    Übers. ins Franz. Paris 1823, s. NUC 457, 176, sowie 110 (ohne Signatur); Übers. ins Holl. Amsterdam 1823 (Schindel 2, 116).

Sie war es dennoch. Von Carolina Pichler, gebornen von Greiner. – Wien: Anton Pichler 1807. 2 ungez., 126 S., Frontispiz.

Standort: **31: 52 A 5117**
Ausg./Aufl.: 1.: auch in: Erzählungen von Caroline Pichler, gebornen von Greiner. Wien: Anton Pichler 1812. Teil 2, S. 85-161. – **1a: Yw 7189** (nur Teil 2); **76: BL 1074** (Teil 1.2. in 1 Bd.).
2.: auch in: Sämmtliche Werke von Caroline Pichler, gebornen von Greiner. Neue verbesserte Auflage. Bd. 26 (= Kleine Erzählungen. Th. 5). Wien: Anton Pichler 1823, S. 81-162. – **7: Fab. Rom. VI 7006; 110** (ohne Signatur).
3.: auch in: Sämmtliche Werke von Caroline Pichler, gebornen von Greiner. Bd. 33. Wien: Anton Pichler 1829, S. 153-230. – **1a: Yc 9520**.
Nachweise: Schindel 2, 116 (1806); Goed 5, 484; Kosch 3, 2052 (1806); Heinsius 196 (1806); Kayser 106 (1806); MGT 15, 40; Ersch 7, 191.

PRADATSCH, BABETTE

Lebensdaten unbekannt.
Auch: Bradácz, Elisabeth. Geb. Schindler?

Der Sieg der Natur, in dem Jahrhunderte, in dem wir leben. Wer hätte wohl so etwas geglaubt? – Prag und Leipzig: Schönfeld-Meißnerische Buchhandlung 1790. 8 ungez. [6 S. Vorrede], 131, 1 ungez. S., Titelvign.

Standort: **12: 38/575; M 36**
Nachweise: Schindel 2, 123; Heinsius 196; Kayser 130; Hayn-G 7, 302; Holzm-Boh 4, 83; MGT 6, 159; MGT 10, 435; Ersch Rep I, Bd 2, XIV. 2220; Hadley 169; Korn 171.

RAVE, JUDITH WILHELMINE HENRIETTE MELUSINE

? – um 1805 ?
Pseud.: Molly. Geb. von Scheither; verh. Rave. Vater Generalmajor; Ehemann Pastor. Erzieherin.

Molly's Bekenntnisse, oder So führt Unbefangenheit ins Verderben! Eine wahre Geschichte zur Warnung für alle Wildfänge unter den heiratslustigen Mädchen. Mit einem Titelkupfer [als Frontispiz Bd. 1]. Bd. 1. 2. – Leipzig: Gerhard Fleischer d. J. 1804/1804. 2 ungez., 253, 1 ungez. S. [Druckf.-Verz.]; 2 ungez., 238, 2 ungez. S. [Druckf.-Verz.].

Standort: 7: 8° Fab. Rom. VI 3530
Nachweise: Schindel 2, 14 und 126; Schindel 3, 231; Goed 6, 431; Kosch neu 10, 1265; Heinsius 144; Kayser 96; Hayn-G 5, 134; Holzm-Boh 1, 167.

Der Regenstein, oder die glückliche Einsamkeit, eine wahre Geschichte. – Rudolstadt: [?] 1816.

Standort: kein Bestandsnachweis
Nachweise: Schindel 3, 231 (Verf. unsicher); Kosch neu 10, 1265 (Verf. unsicher); Heinsius 6 Anh Romane 39 (o. Verf.); Kayser 110 (Hofbuchh. 1818, o. Verf.); Hayn-G 6, 384 (Verf. Rave?); Holzm-Boh 3, 350. – Titel folgt Schindel.

REBENACK, CAROLINE

? – ?
Das Ex. 24 des folgenden Titels hat einen handschriftl. Eintrag: „Die Verfasserin ist die angenommene Tochter eines Stuttgarter Friseurs, namens Heinemann. Sie soll die natürliche Tochter eines würkl. Oberforstmeisters gewesen seyn, deren Mutter später den Heinemann heirathete. Ihr Mann, Friedrich Rebenack, aus Saarbrück gebürtig, studirte in der Carlsakademie, und wurde von seinem Onkel Sartorius, welcher ihn erst Jura und dann noch Militärwissenschaft studiren ließ, in englisch-ostindische Dienste gebracht, in welchen der Onkel selbst schon früher seine Laufbahn gemacht hatte. Der Herausgeber ist Sekretär Lohbauer. Die Verfasserin starb 1807...".

Reise eines jungen Frauenzimmers von Stuttgart nach Cannanore, auf der Malabrischen Küste in Ostindien, aus ihren eigenen Briefen. Herausgegeben von einem ihrer Freunde. Bd. 1. 2. – Stuttgart: Karl Jacob Klett 1800/1804. 216; IV [2 S. Vorrede], 266 S.

Standort: **16: A 6995** (nur Bd. 1); **24**; 138 (Kopie)
Nachweise: Schindel 2, 124; Holzm-Boh 3, 358; Ersch Rep III, Bd 2, XIII. 190.
Bemerkungen: Der zweite Band trägt den Titel: Caroline R. in Ost-Indien oder Reise eines jungen Frauenzimmers von Stuttgart nach Cannanore. Herausgegeben von einem ihrer Freunde.

RECKE, ELISABETH (ELISA) CHARLOTTE KONSTANTIA VON DER

1754 Schönberg/Kurland – 1833 Dresden.
Pseud.: Elisa; Elise. – Geb. von Medem; verh. von der Recke; gesch. – Vater Gutsbesitzer; Ehemann Rittergutsbesitzer. Befreundet u. a. mit von Hippel, Hamann, Kant, Nicolai, Mendelssohn, Platner, Wieland, Gleim. Literarische Zusammenarbeit mit Sophie Becker. Verfasserin von Gedichten und Beiträgen in Zeitschriften. Fälschlich ihr zugeschrieben: [Czarnewsky, Johann Georg von]: Stenders Leben, nebst Anmerkungen und Beilagen; eine Vorlesung, den 21. Mai/4. Junius 1796 im Pastorate zu Sonnarxt gehalten. Mitau: Steffenhagen und Sohn 1805 (26: A 46476/70).

Bruchstücke aus [Christoph Friedrich] Neanders Leben. Von Charlotte Elisabeth Konstantia von der Recke, gebornen Reichsgräfin von Medem. Herausgegeben von C[hristoph] A[ugust] Tiedge. – Berlin: Heinrich Frölich 1804. VI [4 S. Vorrede des Hrsg.], 146, 2 ungez. S. [1 S. Druckf.-Verz.].

Standort: **1: B. Dietz 10,858** (ohne Druckf.-Verz., s. Bemerkungen); **1a: Av 3241** (ohne Druckf.-Verz., s. Bemerkungen); **1a: Av 3242**;
24: Kirch. G. oct K 1590
Nachweise: Schindel 2, 150; Goed 5, 456; Kosch neu 12, 693 (1801); Heinsius 3, 306 (1801); Kayser 4, 447; MGT 19, 261f.; Ersch 6, 419.
Bemerkungen: Ex. 1 B. Dietz 10,858 und 1a: Av 3241 haben bei Text- und Seitenidentität ein abweichendes Titelblatt: Über C. F. Neanders Leben und Schriften. Eine Skizze von C. E. C. Freyin von der Recke, gebornen von Medem.

Nachricht von des berüchtigten Cagliostro Aufenthalte in Mitau, im Jahre 1779, und von dessen dortigen magischen Operationen. Von Charlotta Elisabeth Konstantia von der Recke, geb. Gräfinn von Medem. – Berlin und Stettin: Nicolai 1787. XXXII [4 S. Widmung, 26 S. Vorreden], 168 S.

Standort: **46: BW 2432**; **12: Biogr. 165 m**
Ausg./Aufl.: 1.: auch in: Guenther, J. von, Der Erzzauberer Cagliostro ... München: Müller 1919, S. 197-304. – **46: BW 2052**.

2.: Nachdruck hrsg. und mit krit. Anmerkungen versehen von Uwe Otto. Berlin: Berliner Handpresse 1988 (Reihe Werkdruck. Nr. 17).
Nachweise: Schindel 2, 149; Goed 5, 456; Kosch 3, 2175; Heinsius 3, 306; Kayser 4, 447; MGT 6, 243; Ersch Rep I, Bd 2, XIII. 4740; Ersch 6, 180.
Widmung: Herzogin von Curland und Semgallen.
Bemerkungen: Übers. ins Russ. Petersburg 1787 (Schindel); Übers. ins Holl. Amsterdam 1792 (Recke 1 (3)).

Reclam, Marie Henriette Charlotte

1739 Linow/Brandenburg – 1799 Berlin.
Pseud.: Demoiselle S***. – Geb. Stosch; verh. Reclam. – Vater Pastor und Sprachforscher; Ehemann Prediger der franz. Gemeinde Berlins.

Briefe der Demoiselle S* nebst einigen von ihren Gedichten.** – Züllich: Frommann 1775.

Standort: kein Bestandsnachweis
Ausg./Aufl.: ... Frankfurt und Leipzig: o. V. 1775. 180 S., Titelvign.
– 1a: Yz 82229, beigeb. [Michaelis, Johann Benjamin]: Poetische Briefe I-VI. [Leipzig 1772]; 4: XVI C 256.
Nachweise: Goed 5, 407; Kosch neu 12, 697; Heinsius 1, 427; Kayser 1, 354; Holzm-Boh 1, 261; MGT 6, 246 (auch Frankfurt und Leipzig); Meusel Lex 11, 79; Ersch 7, 74. – Titel folgt Kayser.
Bemerkungen: S. 5-10 ein Brief der Verfasserin an den Herausgeber, unterzeichnet: C. S. verehelichte R.

Reitzenstein, Friederike Wilhelmine von

1748 Stuttgart – 1819 Walsrode/Lüneb. Heide.
Geb. von Spitznas; verh. von Reitzenstein. Vater württ. General; Ehemann hannov. Oberst.

Aurora von Clari. Von Fräulein K. v. R. – Halle: Hendel 1805. 2 ungez., 144 S.

Standort: **1a: Yw 6036**
Nachweise: Schindel 2, 162 und 163; Goed 6, 431; Kosch neu 12, 972; Heinsius 43; Kayser 11; Hayn-G 1, 613; Holzm-Boh 1, 121; MGT 15, 136.
Bemerkungen: Nach MGT ist dieser Roman der Mutter Friederike v. R. und deren jüngerer Tochter Therese Friederike zuzuschreiben, obwohl im Titel mit K[aroline] auf die älteste Tochter verwiesen scheint, die aber schon 1805 starb.

REUSSING, MARIA JACOBINA JOHANNA FRIDERICA (MARIANNE)

1756 Eisenach – 1831 Eisenach.
Geb. Wedekind; verh. Reussing. Vater Stadtsyndikus und Hofadvokat; Ehemann Arzt. Befreundet mit Eleonore Thon.

Carl Strube, eine Geschichte, aus gesammelten Briefen von Ihm [!] und seinen Freunden. Th. 1. 2. [in 1 Bd.] [3.] – Eisenach: Johann Georg Ernst Wittekindt 1784/1784/[1788]. 4 ungez. [2 S. Vorrede], 156 S.; 262 S.

Standort: **39: Poes 3095** (nur Bd. 1. 2)
Ausg./Aufl.: ... 2 Teile 1805.
Nachweise: Schindel 2, 167f. (auch 1805); Goed 5, 475 (auch 1805); Kosch neu 12, 1064 (auch 1805); Heinsius 205 (auch 1805); Kayser 136; Hayn-G 7, 465 (auch 1805); Holzm-Boh 4, 129 und 122; MGT 8, 572; MGT 21, 646; Hadley 111; Korn 182.

RIEDESEL, FRIEDERIKE CHARLOTTE LOUISE VON

1746 Brandenburg – 1808 Berlin.
Geb. von Massow; verh. von Riedesel. Vater Staatsminister; Ehemann braunschweigischer Offizier in englischen Diensten in Amerika.

Die Berufs-Reise nach America Briefe der Generalin von Riedesel auf dieser Reise und während ihres sechsjährigen Aufenthalts in America zur Zeit des dortigen Krieges in den Jahren 1776 bis 1783 nach Deutschland geschrieben. – Berlin: Haude und Spener 1800. X [8 S. Vorrede], 352 S., Titelvign.

Standort: **1a: Ut 5171**
Ausg./Aufl.: 1.: ... zweite Auflage 1801. 2 ungez., 352 S., Titelvign.
  – 18: A/113494.
  2.: 2. Aufl. Berlin: Staude und Spener 1808 (Schindel).
  3.: Neudruck der Ausg. 1800 hrsg. und mit einem Nachwort von Wolfgang Griep. (Stuttgart und Wien:) Edition Erdmann (1989).
Nachweise: Schindel 2, 179f.; Kosch neu 12, 1199; Heinsius 3, 388; Kayser 4, 511; MGT 10, 480f.; Ersch Rep III, Bd 2, XIII. 1082; Ersch 6, 683f.

ROTH, ALBERTINE

1782 Nürnberg – 1806 Nürnberg.
Geb. Thum; verh. Roth.

Fabeln und moralische Geschichten für kleine Kinder. – Leipzig: [?] 1802.

Standort: kein Bestandsnachweis
Nachweise: Schindel 2, 227; Goed 7, 176; Kosch neu 13, 350. – Titel folgt Schindel.

RUDOLPHI, CAROLINE CHRISTIANE LOUISE

1754 Magdeburg – 1811 Heidelberg.
Erzieherin und Vorsteherin einer Erziehungsanstalt in Hamm b. Hamburg. Befreundet mit Klopstock und Claudius. Biographische Angaben in: Schriftlicher Nachlaß von Caroline Rudolphi. Mit dem Portrait der Verfasserin [als Frontispiz]. Heidelberg: J. C. B. Mohr 1835 (S. 1-66: Aus meinem Leben) (12: P. o. germ. 1183 p) sowie in der Vorrede des Kirchenrates Schwarz zur 2. Aufl. von: Gemälde weiblicher Erziehung (s. dort).

Gemälde weiblicher Erziehung. Von Caroline Rudolphi. Th. 1. 2. Mit [je] einem Kupfer [als Frontispiz]. **– Heidelberg: Mohr und Zimmer 1807/1807.** 8 [6 S. Vorrede], 1-320 S.; 2 ungez., 405, 3 ungez. S. [2 S. Druckf.-Verz.].

Standort: **8: Kf 3808; 12: Paed. Th. 4842** (nur Bd. 1); **76: PH 982** (in 1 Bd.)
Ausg./Aufl.: Zweite Aufl. 1815.
Nachweise: Schindel 2, 233 (auch 1815); Goed 7, 407 (auch 1815); Kosch 3, 2332; Heinsius 3, 452; Kayser 4, 566 (auch 1815); MGT 15, 229; MGT 19, 461 (1816); Ersch 1, 291.
Bemerkungen: Übers. ins Holl. und Schwed. 1813 (Schindel).

Sagar, Maria Anna

1727 Prag – 1805 Wien.
Kryptonym: M. A. S. – Geb. Radoschny (fälschl. Roskoschny); verh. Sagar. – Vater böhmischer Statthalterei-Registrator; Ehemann Prager Schloßhauptmann und Lustspieldichter.

Karolinens Tagebuch, ohne ausserordentliche Handlungen oder gerade so viel als gar keine. Geschrieben von M. A. S. – Prag: Wolfgang Gerle 1774. 304 S., Titelvign.

Standort: 1a: Yv 9400; 25: E 6977
Nachweise: Goed 4,1., 596; Kosch 3, 2363; Kayser 73; Hayn-G 3, 516; Holzm-Boh 4, 149; MGT 7, 8; Meusel Lex 12, 14; Hadley 52; Weber/M 246.

Die verwechselten Töchter, eine wahrhafte Geschichte, in Briefen entworfen von einem Frauenzimmer. – Prag: Wolfgang Gerle 1771. 8 ungez. [4 S. Vorrede, 2 S. Zwischentitel], 214, 2 ungez. S. [Verl.-Anz.], Titelvign.

Standort: **Prag: A 1469; 46 (Film Ex. Prag)**; 300: 256.923-A Fid
Nachweise: Goed 4,1., 596 (1774); Kosch 3, 2363 (1774); Heinsius 211; Kayser 140; Hayn-G 7, 665; Holzm-Boh 4, 180 (1772); MGT 7, 8 (1772); Meusel Lex 12, 14 (1772); Hadley 43; Weber/M 248; Korn 189.

Schiller, Luise Antoinette Charlotte von

1766 Rudolstadt – 1826 Bonn.
Geb. von Lengefeld; verh. Schiller. Schwester von Caroline von Wolzogen; Ehemann Friedrich Schiller.

Autun und Manon. Eine Erzählung. – Berlin: Johann Friedrich Unger 1801. S. 217-338 (= Journal der Romane. 3. Stück).

Standort: 1a: **Yt 541** (im Journal der Romane. 3. Stück. Abgedruckt S. 217-338 nach:) Ahlefeld, Die Bekanntschaft auf der Reise, s. dort.
Nachweise: Heinsius 108; Hayn-G 3, 460; Ersch Rep III, Bd 2, XIV. 1274.

Schlegel, Dorothea Friederike

1763 Berlin – 1839 Frankfurt a. M.
Geb. Brendel Mendelssohn; verh. Veit; gesch.; verh. Schlegel. 1804 Übertritt zum christlichen Glauben (danach Vornamen Dorothea Friederike). – Vater

Moses Mendelssohn; erster Ehemann Bankier; zweiter Ehemann Friedrich Schlegel; Mutter des Malers Philip Veit. Biographische Angaben in: Frank, Heike: „... die Disharmonie, die mit mir geboren ward, und mich nie verlassen wird". Das Leben der Brendel/Dorothea Mendelssohn-Veit-Schlegel (1764-1839). Frankfurt a. M., Bern, New York 1988. Zahlreiche Übersetzungen, besonders aus der romanischen Literatur.

Florentin Ein Roman herausgegeben von Friedrich Schlegel. Bd. 1 [mehr nicht ersch.]. – Lübeck und Leipzig: Friedrich Bohn 1801. 4 ungez. [2 S. Sonette], 388 S.

Standort: 1a: Bibl. Varnhagen 2142 R; 48: Philol. germ. 8° 9036; 51: D 1366; 12: P. o. germ. 1296 m; Mar 1 H

Ausg./Aufl.: 1.: Neudruck in: Kindermann, Heinz (Hrsg.): Deutsche Literatur. Sammlung literarischer Kunst- und Kulturdenkmäler in Entwicklungsreihen. Reihe Romantik (Hrsg.: Paul Kluckhohn). Frühromantische Erzählungen Bd. 2. Leipzig 1933. S. 89-244. (Nachdruck Darmstadt: Wiss. Buchgesellschaft 1970).

2.: Neudruck: Schlegel, Dorothea: Florentin. Roman. Fragmente. Varianten. Hrsg. und mit einem Nachwort vers. von Liliane Weissberg. (Frankfurt a. M. und Berlin:) Ullstein (1987). (= Ullstein Werkausgaben).

Nachweise: Schindel 2, 261; Goed 6, 27f.; Kosch 3, 2847; Heinsius 72; Kayser 122; Hayn-G 2, 324; Hayn-G 7, 175; Holzm-Boh 2, 103 (Berlin 1799); MGT 20, 130.

Geschichte des Zauberers Merlin. Herausgegeben von Friedrich Schlegel. – Leipzig: Juniusische Buchhandlung 1804. 2 ungez. [Reihentitel], IV [2 S. Vorrede], 294 S. (= Sammlung romantischer Dichtungen des Mittelalters. Aus gedruckten und handschriftlichen Quellen. Herausgegeben von Friedrich Schlegel. Teil 1).

Standort: 1a: 326068 R (ohne Reihentitel); 5: Fa 56; 48: Philol. germ 8° 1815; den Ex. 1a, 5 und 48 jeweils beigeb.: Chézy, Geschichte der tugendsamen Euryanthe, s. dort; 188: 38/75/27149(4)-1

Ausg./Aufl.: 1.: auch in: Friedrich Schlegels sämmtliche Werke. Siebenter Band. Romantische Sagen und Dichtungen des Mittelalters. Wien: Jakob Mayer und Compagnie 1823, S. 8-188 – 1a: Ak 2721-7.

2.: auch in: Kritische Friedrich-Schlegel-Ausgabe. Hrsg. von Ernst Behler. Bd. 33. Paderborn, München, Wien: Schöningh; Zürich: Thomas-Verlag 1980, S. 211-312.

3.: Neudruck mit einem Nachwort von Klaus Günzel. Köln: Diederichs 1984; 2. Auflage 1986.

4.: Neudruck mit einem Nachwort von Klaus Günzel. (Frankfurt a. M. und Berlin:) Ullstein (1988). (= Ullstein Werkausgaben).

Nachweise: Goed 6, 28; Kosch 3, 2487 (auch 1911); Heinsius 142 und 186; Kayser 118; Holzm-Boh 2, 198; MGT 20, 130 und 135; Ersch 7, 237.
Bemerkungen: Nach Goed hatte Helmina von Chézy Anteil an dem Werk, s. dies., Geschichte der tugendsamen Euryanthe.

Lother und Maller eine Rittergeschichte Aus einer ungedruckten Handschrift bearbeitet und herausgegeben von Friedrich Schlegel. – Frankfurt a. M.: Friedrich Wilmans 1805. 274 S.

Standort: 1: Yt 4641ª R; 1: Yt 4641ᵇ
Ausg./Aufl.: 1.: auch in: Romant. Dichtungen F. Schlegel, 4 Thle. 1807 (Schindel).
2.: auch in: Friedrich Schlegels sämmtliche Werke. Siebenter Band. Romantische Sagen und Dichtungen des Mittelalters. Wien: Jakob Mayer und Compagnie 1823, S. 189-324 – 1a: Ak 2721-7.
3.: auch in: Kritische Friedrich-Schlegel-Ausgabe. Hrsg. von Ernst Behler. Bd. 33. Paderborn, München, Wien: Schöningh; Zürich: Thomas-Verlag 1980, S. 377-452.
Nachweise: Schindel 2, 261; Goed 6, 28; Kosch 3, 2487; Heinsius 131 (1806); Kayser 122 (1806, Verf. Fr. Schlegel]; Holzm-Boh 3, 87; MGT 15, 309 (Hrsg. Fr. Schlegel); Ersch 7, 237 (Verf. Fr. Schlegel).

SCHOPENHAUER, JOHANNA HENRIETTE

1766 Danzig – 1838 Jena.
Geb. Trosiener (fälschl. Trosina); verh. Schopenhauer. – Vater Bankier und Senator; Ehemann Kaufmann; Mutter von Arthur und Adele Schopenhauer. Ein Großteil ihrer Werke, auch Romane und Erzählungen, erschien nach 1810 oder wurde aus dem Nachlaß herausgegeben, so auch autobiographische Aufzeichnungen in: Jugendleben und Wanderbilder. Aus Johanna Schopenhauers Nachlaß, hrsg. von ihrer Tochter (1839).

Carl Ludwig Fernow's Leben herausgegeben von Johanna Schopenhauer. Mit zwei Kupfern [1 als Frontispiz]. – Tübingen: J. G. Cotta 1810. 4 ungez. [2 S. Widmung], IV [Vorrede], 428, 2 ungez. S. [Verl.-Anz.].

Standort: 1a: Au 3296; 48: Artes 8° 3917 (ohne 2 ungez. S. am Schluß); 7: 8° H. lit. V 1672
Ausg./Aufl.: auch in dies., Sämmtliche Schriften [in 24 Bd.], Bd. 1: Leipzig: Brockhaus 1830. 271 S., Frontispiz; Bd. 2: Frankfurt: Sauerländer 1830. 234, 6 ungez. S. [Verl.-Anz.] – **1a: Yc 9539**.
Nachweise: Schindel 2, 283; Goed 10, 23; Kosch 3, 2579; Heinsius 3, 621;

Kayser 5, 142; MGT 20, 255; Ersch 6, 408.
Bemerkungen: Fernow (1753-1808) war Kunsthistoriker, Professor der Philosophie in Jena; er ist im Hause Johanna Schopenhauers gestorben.

Spiess, Theone

Lebensdaten unbekannt.

Emilie oder die belohnte Treue. Eine Erzählung für Herz und Verstand. Von Theone Spieß. – Breßlau und Leipzig: Adolph Gehr und Comp. 1801. VI [4 S. Vorrede], 7-132 S.

Standort: 824: N I 788 a
Nachweise: Heinsius 58; Kayser 133.

Sprenger, Marianne

1750 Göttingen – ?
Vater Stadtchirurg.

Marianens Reisen und Schicksale. Nicht Roman sondern wahre Geschichte. – Gotha: Ettingersche Buchhandlung 1801. 288 S.

Standort: 7: Fab. Rom. VI 3567
Nachweise: Heinsius 2, 916; Hayn-G 4, 411.

Steinwendler, Emma

? – ?
Lebensdaten unbekannt. Um 1820 lebte sie in Wien.

Moralisches Lesebuch für die zarte Jugend. – Wien: Aloys Doll 1807.

Standort: kein Bestandsnachweis
Nachweise: Schindel 2, 340; Heinsius 3, 827; Kayser 5, 324; MGT 15, 540. – Titel folgt Heinsius.

STROTH, ELISABETH CHRISTIANE MARIE

1751 Magdeburg – 1799 Hamburg.
Geb. Boysen; verh. Stroth. Vater Orientalist, Konsistorialrat; Ehemann Pädagoge.

Henriette von Aspach. Eine interessante Geschichte aus dem Jahr 1781. Mit hübschem Titelkupfer. – Leipzig: Weygand 1781.

Standort: kein Bestandsnachweis
Nachweise: Heinsius 19 (o. Verf.); Kayser 11 (o. Verf.); Hayn-G 1, 126 (o. Verf.); Hadley 89 (o. Verf.); Korn 12 (o. Verf.); Bibra 1790, 1-6, 381. – Titel folgt Hayn-G, Bibra.

Julie von Rheinstein, eine Geschichte aus dem bayerischen Successionskriege. – Leipzig: Weygand 1781.

Standort: kein Bestandsnachweis
Nachweise: Goed 5, 475; Heinsius 172; Kayser 71 und 112; Holzm-Boh 2, 345; MGT 7, 711; Meusel Lex 13, 487; Hadley 87; Korn 150. – Titel folgt Kayser.

Tarnow, Franziska (Fanny) Christiane Johanne Friederike

1779 Güstrow/Meckl. – 1862 Dessau.
Pseud.: Fanny; F. T. – Vater Jurist und Stadtsekretär. Erzieherin und Übersetzerin. Befreundet u. a. mit Klinger, Kotzebue, Helmina von Chézy, Elisa von der Recke und Ludwig Tieck. Ein Großteil ihrer Werke, auch Romane und Erzählungen, erschien nach 1810.

*Kleine Erzählungen von Fanny Tarnow, Verfasserin der Natalie. – Berlin: Ferdinand Dümmler 1815. 4 ungez. [2 S. Reihentitel], 281, 1 ungez. S. (= Kleine Romanenbibliothek von und für Damen. 6. Lieferung).

Standort: 12: P. o. germ. 1177 f.6
Ausg./Aufl.: s. auch La Motte-Fouqué, Kleine Romanenbibliothek.
Nachweise: Schindel 2, 359; Goed 6, 432; Heinsius 5 Anh Romane 9; Kayser 116; MGT 21, 6.
Bemerkungen: Enthält: S. 1-140: Thekla, S. 141-260: Erinnerungen aus Graf Gustavs Jugendleben, S. 261-181: Kleopatra, Königin von Aegypten. Ein romantisches Gemälde.

*Natalie. Ein Beitrag zur Geschichte des weiblichen Herzens von Fanny. – Berlin: Julius Eduard Hitzig 1811. 6 ungez. [2 S. Reihentitel, 2 S. Verl.-Anz.], 284 S. (= Kleine Romanenbibliothek von und für Damen. 4. Lieferung).

Standort: 1a: Yt 561 (4), beigeb.: La Motte-Fouqué, Magie der Natur, s. dort, sowie Tarnow, Kleine Erzählungen, s. dort; 17: 47/8917; 26: Ott 1039 (Reihentitelbl. und Verl.-Anz. fehlen); 15: Litt. Germ. 76964
Ausg./Aufl.: 1.: s. auch La Motte-Fouqué, Kleine Romanenbibliothek.
2: ... Berlin: Dümmler 1815. – 12: P. o. germ. 1177 f.4., beigeb.: La Motte-Fouqué, Magie der Natur, s. dort.
Nachweise: Schindel 2, 359; Goed 6, 432; Kosch 4, 2955; Heinsius 5 Anh Romane 9; Kayser 115f.; Holzm-Boh 3, 201; Holzm-Boh Ps 86; MGT 21, 6.

Thielau, Antoinette Wilhelmine von

1767 Veltheim b. Braunschweig – 1807 Niedersickte b. Braunschweig.
Geb. von Honrodt; verh. von Thielau a. d. Hause Neudöbern, Niederlausitz. Schauspielerin.

Friederike Weiß und ihre Töchter. Eine Geschichte herausgegeben von E[rnst] C[hristian] Trapp. – Berlin: Heinrich Frölich 1805. 4 ungez. [2 S. Vorrede des Hrsg.], 388 S.

Standort: **68: Lt 14** (unter Trapp); **16: G 7207**; **7: Fab. Rom. VI 3697**
Nachweise: Schindel 2, 364; Goed 6, 431; Heinsius 228; Kayser 149; Holzm-Boh 4, 386; Ersch 7, 223; Germer 2, 119.

THON, ELEONORE SOPHIE AUGUSTE
1753 Eisenach – 1807 Eisenach.
Pseud.: Jenny. Geb. Röder; verh. Thon. Vater herzogl. Kammersekretär; Ehemann Oberkonsistorialdirektor. Befreundet mit Marianne Reussing.

Briefe von Carl Leuckfort. – Eisenach: Johann Georg Ernst Wittekindt 1782.
2 ungez., 146 S., Titelvign.

Standort: **300: 256.897-A; 46 (Film)**
Nachweise: Schindel 2, 369; Goed 5, 474; Heinsius 126; Kayser 85; Holzm-Boh 1, 270; MGT 8, 58; Hadley 96; Korn 110.

Julie von Hirtenthal. Eine Geschichte in Briefen. Sammlung 1-3 [in 1 Bd.].
– Eisenach: Wittekindische Buchhandlung 1780/1781/1783. 150 S., Titelvign., Frontispiz [mitgez. Bl.]; 192 S., Titelvign., 2 Frontispize nach Titelbl.; 2 ungez., 182 S., 1 ungez. Faltblatt Noten [beidseitig], Titelvign., 2 Frontispize nach Titelbl.

Standort: **12: P. o. germ. 1456 e**; **32: Dd,3: 101/179** (nur 2. Slg., Frontispize vorgeheftet); **14: 39/8° 9660** (nur 1. Slg.)
Ausg./Aufl.: 1.: Leipzig: Hinrichs 1783 (Hayn-G).
2.: Zweite Aufl. Eisenach: Krumbhaar 1788 (Korn).
Nachweise: Schindel 2, 369; Goed 5, 474; Heinsius 100; Kayser 71; Hayn-G 3, 276 (Verf. Carl Heinr. Krögen oder E. Thon); Holzm-Boh 2, 345 (Verf. Carl Heinr. Krögen oder E. Thon); MGT 21, 62; Ersch Rep I, Bd 2, XIV. 1944 (auch 1788); Hadley 80 (Verf. Kroegen?) Weber/M 169; Korn 87.
Bemerkungen: Sammlung 3 trägt den Zusatz: Mit der Silhouette des Norrmanns und der Julie (hinter Titelbl. geheftete Scherenschnitte); div. Vign. im Text.

Leithold. Ein Fragment aus der Geschichte fürstlicher Leidenschaften. – Wien: [?]
1782. XIV, 92 S.

Standort: kein Bestandsnachweis
Nachweise: Heinsius 124 (o. Verf.); Hayn-G 4, 137 (o. Verf.); Hadley 95; Korn 109 (o. Verf.). – Titel folgt Hayn-G, Hadley.

Mariane von Terville. Eine Erzählung. – Leipzig: Hinrichs 1798.

Standort: kein Bestandsnachweis
Nachweise: Schindel 2, 369; Goed 5, 475; Heinsius 209; Kayser 92; Holzm-Boh 3, 116; Holzm-Boh 4, 161; MGT 21, 62; Hadley 289. – Titel folgt Kayser.
Bemerkungen: Bezüge: Puiseux, Histoire de Mlle. d. Terville, 1768 (Weber/M 159); Marivaux, Pierre Carlet de: Marianne von Ferville [!]. Eine neue Erzählung. Eisenach 1778 (Hayn-G 4, 411; Holzm-Boh 3, 116).

TRESENREUTER, SOPHIE VON

1755 Kiel – ? Pinneberg?
Pseud.: Verfasserin der Lotte Wahlstein. – Geb. von Thomson; verh. von Tresenreuter. Vater dänischer Staatsrat in Kiel; Ehemann Jurist und Amtsaktuar.

Geist der Memoiren der Herzogin Mathilde von Burgund. In den Begebenheiten verschiedener Personen aus dem zwölften und dreizehnten Jahrhundert. Th. 1-3 [in 1 Bd.]. –
Teil 1: **Altona: Kaven und Compagnie 1789.** VI [4 S. Vorrede], 7-214, 4 ungez. S. [1 S. Anm. der Verf., 2 S. Subskrib.-Verz.], Titelvign.;
Teil 2: **Leipzig und Altona: Johann Heinrich Kaven 1790.** 164 S., Titelvign.;
Teil 3: **Leipzig und Altona: Johann Heinrich Kaven 1790.** 184 S., Titelvign.

Standort: 12: P. o. germ. 434 (nur Teil 1.2); 19: 8° Hist. 5560 1-3 (2 ungez. S. Subskrib.-Verz. am Anfang von Teil 1); 32: Dd, H 295 (nur Teil 1.2)
Nachweise: Schindel 2, 374; Goed 5, 498; Kosch 4, 3046; Heinsius 79; Kayser 2, 329; Holzm-Boh 2, 168; MGT 8, 116; Hadley 158; Korn 65.

Häusliches Glück, oder die rechtschaffene Wittwe im Kreise ihrer Kinder, von der Verfasserin der Lotte Wahlstein. – Weißenfels und Leipzig: Severin 1798.

Standort: kein Bestandsnachweis
Nachweise: Goed 5, 498 (1793); Kosch 4, 3046 (1793); Heinsius 88; Kayser 55; Ersch Rep III, Bd 2, XIV. 1515; Hadley 289; Germer 2, 119. – Titel folgt Heinsius.

Lotte Wahlstein oder die glückliche Anwendung der Zufälle und Fähigkeiten. Bd. [1.] 2. – Kopenhagen und Leipzig: Christian Gottlob Proft 1791/1792. 520 S., Titelvign.; 2 ungez., 510 S., Titelvign.

Standort: **1a: Yw 3512/120; UB Kobenhavn: Germ. bis. 70200** (nur Bd. 1)
Nachweise: Schindel 2, 374; Goed 5, 498; Kosch 4, 3046; Heinsius 223; Kayser 147; Holzm-Boh 4, 366; MGT 8, 116; Ersch Rep II, Bd 2, XIV. 2757 a; Hadley 183; Germer 2, 119; Korn 200.

UNGER, FRIDERIKE HELENE

1741 Berlin – 1811 Berlin.
Pseud.: Verfasserin des Julchen Grünthal. – Geb. von Rothenburg; verh. Unger. – Vater preußischer General; Ehemann Buchhändler und Verleger Johann Friedrich Unger. Führte nach dessen Tod 1804 den Verlag weiter.
Bei einigen ihrer Titel bestand bei den Bibliographen Unklarheit über die Verfasserschaft; s. auch unter Ahlefeld.

Albert und Albertine. – Berlin: Johann Friedrich Unger 1804. 2 ungez., 322, 4 ungez. S. [Verl.-Anz.], Titelvign., Frontispiz.

Standort: 1a: Yw 2054; 188: 38/76/117870 (ohne Frontispiz);
7: 8 Fab. Rom. VI 4094 (ohne Frontispiz)
Ausg./Aufl.: 1.: Neue Auflage Leipzig: C. O. Lüderitz 1817, s. NUC 607, 681.
2.: Nachdruck mit einer Einleitung von Susanne Zantop. Hildesheim: Georg Olms Verlag (in Vorbereitung).
Nachweise: Schindel 2, 380; Goed 4,1., 608; Kosch 4, 3089; Heinsius 10; Kayser 6; Hayn-G 1, 37; Holzm-Boh 1, 35; MGT 21, 170.
Bemerkungen: Der Titel wird fälschlich auch Ahlefeld zugeschrieben.

Bekenntnisse einer schönen Seele. Von ihr selbst geschrieben. – Berlin: Johann Friedrich Unger 1806. 384 S.

Standort: 1a: Yw 6166; 12: P. o. germ. 201 i; 25: E 5681 md; 188: 38/74/102793; 7: 8° Fab. Rom VI 6953
Ausg./Aufl.: Nachdruck mit einem Nachwort von Susanne Zantop. Hildesheim: Georg Olms Verlag 1991 (= Frühe Frauenliteratur in Deutschland. Hrsg. von Anita Runge. Bd. 9).
Nachweise: Schindel 2, 380; Goed 4,1., 608 (Verf. Unger und Friedr. Buchholz); Goed 6, 386 (Verf. Buchholz); Kosch 4, 3089; Heinsius 1, 227; Kayser 1, 195 (Hrsg. Buchholz); Kayser 6, 14 (Verf. Unger, Hrsg.Buchholz); Hayn-G 1, 221 (Verf. Unger oder Buchholz); Holzm-Boh 1, 167 (Verf. Unger und Buchholz); MGT 21, 170 (Verf. Unger und Buchholz); Ersch 7, 181 (Verf. Ahlefeldt; z. T. bearb. v. Buchholz).

Die Franzosen in Berlin oder Serene an Clementinen in den Jahren 1806. 7. 8. Ein Sittengemälde. – Leipzig, Züllichau und Freystadt: Darnmann 1809. 2 ungez., 329, 5 ungez. S. [1 S. Gedicht, 3 S. Verl.-Anz.].

Standort: 1: Tc 7316ªRar; 12: P. o. germ. 1522 y; 7: 8° Fab. Rom. VI 4094 d; 14: 31/8° 4854

Nachweise: Schindel 2, 380; Goed 4,1., 608; Kosch 4, 3089; Heinsius 74; Kayser 45; Hayn-G 1, 262; Hayn-G 9, 53; Holzm-Boh 2, 117; MGT 21, 170.

Gräfinn Pauline. Th. 1. 2. – Berlin: Johann Friedrich Unger 1800/1800. 2 ungez. [Reihentitel], VIII [6 S. Vorrede], 290 S.; 2 ungez. [Reihentitel], 222 S. (= Journal der Romane. 1. und 2. Stück).

Standort: 1a: Yt 541; 3: Dd 5175 r (ohne Reihentitel, in 1 Bd.);
  16: Waldberg 3568; B 706: 6855 G (nur Bd. 1); 12: P. o. germ. 692. 1.2; 384: 02/III. 8.8.812
Ausg./Aufl.: ... Th. 1.2. [in 1 Bd.]. Berlin: o. V. 1800/1800. 2 ungez., 184 S., Frontispiz; 2 ungez., 131, 1 ungez. S., Frontispiz. – 1a: Yw 5174.
Nachweise: Schindel 2, 380; Goed 4,1., 608; Kosch 4, 3089; Heinsius 108; Hayn-G 3, 460; Hayn-G 6, 134; Holzm-Boh 3, 260; MGT 10, 759; Ersch Rep III, Bd 2, XIV. 1274; Ersch 7, 153 und 181; Hadley 333.
Bemerkungen: Der Titel wird fälschlich auch Ahlefeld zugeschrieben.

Julchen Grünthal. Eine Pensionsgeschichte. Mit allergnädigsten Freiheiten. – Berlin: Johann Friedrich Unger 1784. 316 S., Titelvign.

Standort: 1a: Yw 2051 R; 16: Waldberg 3561; 14: 2 A 6481
Ausg./Aufl.: Julchen Grünthal. Eine Pensionsgeschichte. Zweite verbesserte Auflage. Berlin: Johann Friedrich Unger 1787. 239, 1 ungez. S., Titelvign.
  – 1a: Bibl. Varnhagen v. Ense 2127.
Nachweise: Schindel 2, 378; Goed 4,1., 607; Kosch 4, 3089; Kayser 142; Hayn-G 2, 692; Holzm-Boh 2, 241; MGT 8, 166; Ersch Rep I, Bd 2, XIV. 2157 a; Ersch 7, 181 (Verf. Ahlefeld) und 221 (Verf. Unger oder Ahlefeld); Hadley 113; Germer 1, 79.
Bemerkungen: Julchen Grünthal, Bd. 2, Berlin und Frankfurt a. d. Oder: Johann Andreas Kunze 1788 (1a: Yw 2051² R), stammt nicht von Unger, sondern von Pastor Johann Ernst August Stutz. Unger selbst schrieb erst für die dritte Auflage, 1798, einen 2. Teil, s. dort.
Übers. ins Dän., 2 Bde. Kopenhagen 1799/1800 (Schindel).

*****Julchen Grünthal. Dritte durchaus veränderte und mit einem zweiten Band vermehrte Ausgabe.** – Berlin: Johann Friedrich Unger 1798/1798. 4 ungez. [2 S. Vorrede]; 426, 2 ungez. S. [Verl.-Anz.], Titelvign., Frontispiz; 360 S., Titelvign., Frontispiz [mitgez. Bl.].

Standort: 1a: Yw 2051³ R; 8: 15 pph 218 (ohne Verl.-Anz.); 43: Ku 6971/3;
  188: 18 L 510/3-1.2 (ohne Vorrede); 12: P. o. germ. 2039; 70; 138
Ausg./Aufl.: Nachdruck der 3. Auflage herausgegeben mit einem Nachwort von

Susanne Zantop. Hildesheim: Georg Olms Verlag 1992 (= Frühe Frauenliteratur in Deutschland. Hrsg. von Anita Runge. Bd. 11).
Nachweise: Schindel 2, 378; Goed 4,1., 607; Heinsius 92; Kayser 142; Hayn-G 2, 692; Holzm-Boh 4, 253; MGT 8, 166; Ersch Rep III, Bd 2, XIV. 1662; Ersch 7, 221; Hadley 113; Germer 1, 79; Germer 2, 120; Korn 76.
Widmung: Hofrath Doctor Heim.
Bemerkungen: 1.: Ex. 8: Teil 2 enthält auf den Seiten 3/4 eine Vorrede der Verfasserin, unterz. „Berlin, im September 1797". Neben dem Hinweis auf die pos. Aufnahme des ersten Teils sei es der „Umstand, daß es einer fremden, ihr ganz unbekannten Hand gefallen hatte, einen zweiten Theil zu schreiben und drukken zu lassen ..." gewesen, der sie veranlaßt habe, den 1. Teil umzuarbeiten und selbst einen neuen 2. Teil vorzulegen. Diese Vorrede befindet sich in den Ex. 1a und 43 im 1. Bd. nach der Widmung.
2.: Ex. 43: Teil 2: Titelbl. fehlt; der Band beginnt mit S. 5.
3.: Die Frontispize sind im Ex. 8 jeweils zwischen S. 16/17 gebunden; im Ex. 43, Teil 2 (S. 16/17) herausgeschnitten, T. 1 ohne Frontispiz.

Der junge Franzose und das deutsche Mädchen. Wenn man will, ein Roman. Herausgegeben von der Verfasserin Julchen Grünthals. – Hamburg: Benjamin Gottlob Hoffmann 1810. 2 ungez., 421, 1 ungez. S.

Standort: **46: r ger 649 ung 3/762**; 7: 8° Fab. Rom. VI, 4091 f
Nachweise: Schindel 2, 380; Goed 4,1., 608; Kosch 4, 3089; Heinsius 102; Kayser 45 und 66; Hayn-G 2, 406; Holzm-Boh 2, 117; MGT 16, 65; Ersch 7, 182 (Verf. Ahlefeld).

Marie Müller s. Ahlefeld, Charlotte von.

Melanie, das Findelkind. Mit einem Kupfer [als Frontispiz]. – Berlin: Johann Friedrich Unger 1804. 4 ungez. [2 S. Vortitel], 253, 3 ungez. S. [1 S. Druckf.-Verz.].

Standort: **1a: Yw 5830**; 7: Fab. Rom. VI 4094 a (Ex. 7 nur 1 Tit.bl.);
22: L. g. o. 825 s (ohne Frontispiz)
Nachweise: Schindel 2, 380; Goed 4,1., 608; Kosch 4, 3089; Heinsius 140; Kayser 93; Holzm-Boh 3, 128; MGT 21, 170; Ersch 7, 181 (Verf. Ahlefeldt).

Prinz Bimbam. Ein Mährchen für Alt und Jung. – Berlin: Johann Friedrich Unger 1802. 2 ungez., 105, 1 ungez. S. [Druckf.-Verz.].

Standort: **1a: Yt 3186; Staatsbibliothek Prag: GF 2g1** (ohne Druckf.-Verz.)

Nachweise: Schindel 2, 380; Goed 4,1., 608; Kosch 4, 3089; Heinsius 31; Kayser 18; MGT 21, 170; Holzm-Boh 1, 134 und 240.

Rosalie und Nettchen. Ein Roman. – Berlin: Unger 1801. 378, 2 ungez. S. [Verl.-Anz.] (= Journal der Romane. 5. Stück).

Standort: 1a: Yt 541; 12: P. o. germ 692/5 (ohne Verl.-Anz.);
16: 3568.5 (Vortitel und Verl.-Anz. fehlen)
Ausg./Aufl.: Evtl. auch als Separattitel 1801 ersch., s. NUC 607, 682 und Hayn-G. 6, 532.
Nachweise: Schindel 2, 381; Heinsius 108; Hayn-G 3, 460; Holzm-Boh 7, 371; MGT 21, 170; Ersch 7, 154.

Vermischte Erzählungen und Einfälle zur allgemeinen Unterhaltung. 4 Bde. [24 Stcke.] – Berlin: Unger 1783-1786.

Standort: 384: 02/I.5.8° 362 (einige Stücke fehlen)
Nachweise: Schindel 2, 378; Goed 4,1., 607; Kosch 4, 3089; Heinsius 1, 806 (o. Verf.); Kayser 2, 158 (o. Verf.); Holzm-Boh 2, 64; Ersch Rep I, Bd 2, XIV. 829 (o. Verf.).
Bemerkungen: Von den Vermischten Erzählungen ... erschien pro Monat eine Lieferung (Stück). Die einzelnen Beiträge sind nicht signiert. Ob F. H. Unger Verfasserin einzelner Erzählungen oder nur (Mit-) Herausgeberin bzw. Redakteurin der Reihe war, ist nicht zu entscheiden.

UTHKE, SIGISMUNDE ERNESTINE KUNIGUNDE

1752 Greinersdorf b. Fraustadt/Posen – 1813 Winzig/Schlesien.
Geb. von Packisch; verh. Uthke (fälschl.: Uhtke). Vater Gutsverwalter; Ehemann Justizsekretär.

Der weibliche Eremitenblick auf das Theater der Welt, nebst einem kurzen Anhange von vermischten Gedichten. – Oels: [?] 1797.

Standort: kein Bestandsnachweis
Nachweise: Schindel 2, 383; Goed 5, 424; MGT 8, 159. – Titel folgt MGT.

Vetter, Cecilie

1772 Hamburg – ?
Vorname auch Cäcilia oder Cäcilie. Schauspielerin.

Augusta, Wahrheit oder Lüge? Wie man es nimmt, es schriebs ein Mädchen. – Magdeburg: Scheidhauer 1793.

Standort: kein Bestandsnachweis
Nachweise: Schindel 2, 386; Goed 5, 477; Heinsius 20; Kayser 11; Holzm-Boh 1, 119; MGT 8, 210; Hadley 214; Korn 13. – Titel folgt Kayser.

Das Kind der Liebe, oder die Geisterseherin. – Berlin: [o. V., o. J.].

Standort: kein Bestandsnachweis
Nachweise: Schindel 2, 386; Goed 5, 477; Holzm-Boh 2, 355; MGT 8, 210. – Titel folgt Goed.

WAHL, SOPHIE WILHELMINE (HELMINE)

1771 Berlin – 1825 Langhelwigsdorf b. Jauer/Liegnitz.
Geb. Singer; verh. Wahl. Vater Generalmünzdirektor. Erzieherin.

Adolphine, von der Verfasserin der Emiliens Reise nach Paris. – Leipzig: Gräff 1794.

Standort: kein Bestandsnachweis
Ausg./Aufl.: 1.: Nach Heinsius Teil 2 von: Minna's Feierstunden, s. dort; entsprechendes Titelbl. evtl. in Erstausgabe.
2.: ... Hohenzollern [Wien]: Wallishausser 1794. 275 S., 1 ungez. S., Titelvign., Frontispiz. – 1: **32 MA 14290**.
Nachweise: Schindel 2, 397; Goed 5, 476; Kosch 4, 3190; Heinsius 9; Kayser 5; Holzm-Boh 1, 30; Hadley 229; Germer 2, 129; Korn 4. – Titel folgt Korn.
Bemerkungen: Ein Hinweis darauf, daß das Werk eine Fortsetzung von Minnas Feierstunden ist, findet sich in Ex. 1 nicht. NADB 14, 556, die den 2. Teil von Minna's Feierstunden rezensiert, nennt keinen Untertitel oder Nebentitel Adolphine.

Emiliens Reise nach Paris, oder die Macht der Verführung. 2 Thle. – Frankfurt a. d. Oder [Berlin: Fr. Nicolai] 1791.

Standort: kein Bestandsnachweis
Nachweise: Schindel 2, 397; Goed 5, 476; Kosch 4, 3190; Heinsius 58; Kayser 36; Hayn-G 2, 137; Hayn-G 6, 75; Holzm-Boh 3, 361; MGT 7, 508; Ersch Rep II, Bd 2, XIV. 2354; Hadley 183; Korn 47. – Titel folgt Korn.

Minna's Feierstunden. Deutschlands Töchtern gewidmet. – Leipzig: Gräffsche Buchhandlung 1792. 4 ungez. [2 S. Inh.-Verz.], 278 S.

Standort: 1a: Yw 3661; 29: Paed. A 2290 (unter Singer)
Ausg./Aufl.: Nach NADB 14, 556 ist ein zweiter Teil, Leipzig: Gräff 1794 erschienen, er ist in den Quellen nicht genannt; es könnte sich um die Leipziger Ausgabe von Adolphine handeln, s. dort.
Nachweise: Schindel 2, 397; Goed 5, 476; Kosch 4, 3190; Heinsius 143; Kayser 95; Holzm-Boh 2, 93; MGT 7, 508; Ersch Rep II, Bd 2, XVI. 501; Hadley 202; Korn 126.
Bemerkungen: Enthält: S. 1-8: Unschuld und Liebe, S. 9-119: Die Macht der Tugend, S. 120-209: Die junge Schriftstellerinn, oder Sophie als Mädchen und Frau, S. 210-240: Dialog zweier Freundinnen, Juliens und Henriettens, S. 241-278: Unschuld und Liebe. Fortsetzung.

WALLENRODT, JOHANNA ISABELLA ELEONORE VON

1740 Uhlstädt/Thür. - 1819 in Lampersdorf b. Bernstadt/Schlesien.
Pseud.: Fr. v. W. - Geb. von Koppy; verh. von Wallenrodt. Vater Gutsbesitzer; Ehemann preuß. Offizier; Mutter der Schriftstellerin Auguste von Goldstein. Verfasserin von: Was fordert Pflicht und Vortheil der Deutschen? In einem Sendschreiben an den Adel und die Ordensritter der deutschen Länder von einem ihrer Mitglieder. - o. O.: o. V. 1794. 72 S. (12: J. publ. G. 1064).

Adolph und Sidonie von Wappenkron. Herausgegeben von Johanna Isabella Eleonore verwittwete von Wallenrodt, geborne Freyin von Koppy. Th. 1. 2. - Halle: J. C. Hendel 1796/1797. 2 ungez., 433, 1 ungez. S. [Druckf.-Verz.]; 2 ungez., 493 S., Frontispiz.

Standort: 7: 8° Fab. Rom. VI 4543 (nur Bd. 2); 70: Aleph 12/27 (1) (nur Bd. 1)
Nachweise: Schindel 2, 401; Goed 5, 477; Kosch 4, 3201; Heinsius 226; Kayser 147; MGT 8, 328; Ersch Rep III, Bd 2, XIV. 1412; Hadley 259; Germer 2, 124; Korn 4.

Begebenheiten des Ritters Wolfram von Veldigk. Ein Beitrag zur Geschichte der Mönchsintriguen vormaliger Zeiten. Herausgegeben von der Frau von Wallenrodt. - Berlin: Carl Ludwig Hartmann 1798. VI [4 S. Vorrede], 234, 4 ungez. S. [2 S. Verl.-Anz., 1 S. Druckf.-Verz.].

Standort: 1a: Yw 4867; 70
Ausg./Aufl.: ... 2. verm. Aufl. Berlin: Maurer 1816. Mit einem Kupfer. 2 ungez., 296, 8 ungez. S. [2 S. Druckf.-Verz., 6 S. Verl.-Anz.] - 1a: Yw 4867² (Kupfer fehlt).
Nachweise: Schindel 2, 401; Goed 5, 477; Kosch 4, 3201; Heinsius 26; Kayser 147; Hayn-G 1, 211; Holzm-Boh 1, 148; MGT 10, 787; MGT 21, 342; Ersch Rep III, Bd 2, XIV. 2173; Hadley 290.

Beschäftigungen meiner Feierstunden für Leser jeder Gattung von Fr. v. Wallenrodt. - Breslau: Adolph Gehr und Compagnie 1796. 2 ungez., 220 S., Frontispiz.

Standort: 3 (ohne Signatur)
Nachweise: Schindel 2, 401; Goed 5, 477; Kosch 4, 3201; Heinsius 4, 308; Kayser 6, 143; Holzm-Boh 1, 196; Ersch Rep II, Bd 2, XVI. 453. Alle Nachweise geben 1795 an.
Widmung: Friedrich Wilhelm, Reichsgraf von Hohenthal.
Bemerkungen: Enthält: S. 3-116: Timons, des Atheniensers, Grillen und Meinungen, S. 117-138: Versuch über die Verschiedenheit des Verstandes und der

Weisheit; eben so der Dummheit und Einfalt, S. 139-162: Über Geschmack, Täuschung, Vorurtheile und Freiheit, S. 163-200: Ismael, Abrahams Sohn, S. 201-220: Umschreibung der Bergpredigt, Matthäi Cap. 5, 6, 7.

Diogenes des Zweyten Beleuchtungen der Menschheit mit der Laterne bey Tage, oder wunderbare Reise in die Gemächer der Thorheit, herausgegeben von D- E-. – Wien und St. Petersburg [Leipzig]: [Friedrich Leopold] **Supprian** 1800. 2 ungez., IV, 482 S.

Standort: kein Bestandsnachweis
Ausg./Aufl.: nach NADB 58, 360f. zuerst ersch. u. d. T.: Egonen und Schnaken, s. dort.
Nachweise: Heinsius 1, 688; Kayser 2, 55; Hayn-G 2, 49f.; Holzm-Boh 6, 78; Weller Fing 188; Ersch Rep III, Bd 2, XIV. 1188 b; Hadley 319 und 333. – Titel folgt NADB, Weller Fing.

Die drey Spinnrocken oder Bertha von Salza und Hermann von Tüngen. Aus dem 12ten Jahrhundert. Von der Frau v. Wallenrodt. – Leipzig: Voß und Leo 1793. 4 ungez. [2 S. Reihentitel], 326 S., Frontispiz (= Bibliothek der grauen Vorwelt. 1. Bändchen).

Standort: **70: Aleph 12/29**
Nachweise: Schindel 2, 400; Schindel 3, 125 (Verf. Goldstein); Goed 5, 476; Goed 7, 436; Kosch 4, 3201; Heinsius 30 und 202; Kayser 17f.; Holzm-Boh 4, 107 (Verf. Goldstein); MGT 8, 327; Ersch Rep II, Bd 2, XIV. 3215; Korn 178.

Egonen und Schnaken beobachtet auf einer Reise. – Leipzig: Friedrich Leopold **Supprian** 1796. 4 ungez. [2 S. Zwischentitel], IV [Vorrede], 3-482 S., Frontispiz.

Standort: **1a: Yw 3766** (ohne Frontispiz); **19: Maassen 3851; 70**
Ausg./Aufl.: nach NADB 58, 360f. auch ersch. u. d. T.: Diogenes des Zweyten Beleuchtungen, s. dort.
Nachweise: Schindel 2, 401; Goed 5, 477; Kosch 4, 3201; Heinsius 53; Kayser 34; Holzm-Boh 2, 4; MGT 8, 328; Ersch Rep III, Bd 2, XIV. 1188 a; Hadley 259; Korn 43.
Bemerkungen: Im Ex. 1a fehlt der Anfang der Vorrede.
Auf dem Zwischentitel wie auch im laufenden Text heißt es stets „Schnacken".

Emma von Ruppin eine Geschichte voll Leiden, Freuden und Wunder aus dem 14ten Jahrhundert. Bdch. 1. 2. – Leipzig: Friedrich Gotthold Jacobäer 1794/ 1794. 2 ungez., 224 S., Frontispiz; 200 S.

Standort: 1a: Yw 3751 (nur Bd. 1, Frontispiz fehlt); 7: 8° Fab. Rom. VI 4541
Nachweise: Schindel 2, 400; Schindel 3, 125 (Verf. Goldstein); Goed 5, 476 (1792); Kosch 4, 3201 (1793); Heinsius 184; Kayser 117; Holzm-Boh 2, 21; MGT 8, 327; Ersch Rep II, Bd 2, XIV. 2035; Hadley 229; Korn 158.
Bemerkungen: Zur Autorschaft vgl. dies., Das Leben der Frau v. Wallenrodt, Bd. 2, S. 631.

Erzählungen und Anmerkungen gesammelt auf Reisen von Isabelle von Wallenrodt. Erster Band. – Prag und Leipzig: in Kommission bey Karl Barth 1807. 4 ungez. [2 S. Widmung], 387, 3 ungez. S. [Druckf.-Verz.], Frontispiz.

Standort: 14: 39 8° 10633 (nur Bd. 1)
Ausg./Aufl.: 1.: Ein weiterer Band der Ausgabe 1807 konnte nicht ermittelt werden, ebensowenig der in den Nachweisen genannte 3. Band der Ausgabe 1810.
2.: ... Bd. 1.2. Prag und Leipzig: in Kommission bey Karl Barth 1810/1810. 6 ungez. [2 S. Druckf.-Verz., 2 S. Widmung], 387, 1 ungez. S., Frontispiz; 2 ungez., 320 S., Frontispiz. – 1a: Yw 6808; 7: 8° Fab. Rom. VI 4545.
Nachweise: Schindel 2, 402 (Teil 1-3 1810); Goed 5, 477 (Teil 1-3 1810); Heinsius 4, 308 (Teil 1-3 Prag 1810); Kayser 6, 143 (1810); MGT 16, 143 (Teil 1-3 1810); Ersch 7, 162 (Teil 1-3 Prag 1810).
Widmung: Gräfin Johanna von Nostiz und Rhinek.
Bemerkungen: Das im Ex. 14 nach S. 358 eingeb. Kupfer ist im Ex. 1a als Frontispiz gebunden; das Frontispiz des Ex. 14 ist im Ex. 1a als Frontispiz des 2. Bandes eingeb.

Fantasien meiner schlaflosen Nächte. geschrieben [!] für fühlende Herzen und Leidende. – Halberstadt: Buchhandlung der Großschen Erben 1794. 6 ungez. [4 S. Widmung], 85, 3 ungez. S. [2 S. Verl.-Anz.].

Standort: 1a: Yw 3756
Nachweise: Schindel 2, 401; Goed 5, 477; Kosch 4, 3201; Kayser 4, 340; Holzm-Boh 3, 269; MGT 8, 328; Ersch Rep II, Bd 2, XIV. 1011.
Widmung: verw. Frau Professorin Julie Klodius.

*Fritz, der Mann wie er nicht seyn sollte oder die Folgen einer übeln Erziehung. Ein unterhaltender Roman von ihm selbst erzählt. 2 Thle. – Gera: Karl Gottlieb Haller und Sohn 1800.

Standort: kein Bestandsnachweis
Ausg./Aufl.: auch u. d. T.: Goldfritzel oder des Muttersöhnchens Fritz Nickel Schnitzers Leben und Thaten, s. dort.
Nachweise: Schindel 2, 401; Goed 5, 477; Heinsius 76; Kayser 46; Hayn-G 2, 464; Holzm-Boh 2, 128; MGT 10, 787; MGT 21, 342; Ersch Rep III, Bd 2, XIV. 1516 b; Hadley 272 und 334; Germer 2, 129. – Titel folgt Hayn-G.

Geistererscheinungen und Weißagungen besonders für unsere Zeiten merkwürdig. – Leipzig: Friedrich Leopold Supprian 1796. 6 ungez. [2 S. Zwischentitel, 2 S. Vorrede], 200 S., Titelvign.

Standort: 3: **Dd 5351 i**
Nachweise: Schindel 2, 401; Goed 5, 477; Kosch 4, 3201; Heinsius 80; Kayser 49; Holzm-Boh 2, 170; MGT 21, 341; Ersch Rep III, Bd 1, VI. 438; Hadley 259; Korn 66.

Goldfritzel oder des Muttersöhnchens Fritz Nickel Schnitzers Leben und Thaten von ihm selbst erzählt. In zwei Theilen. Mit einem Titelkupfer [als Frontispiz]. – Gera: Heinrich Gottlieb Rothe 1797/1797. 2 ungez., 399, 1 ungez. S.; 494 S.

Standort: 1a: Yw 4720/23; 77: Ag 3080 (nur T. 1)
Ausg./Aufl.: auch u. d. T.: Fritz, der Mann, wie er nicht seyn sollte, s. dort.
Nachdruck Hildesheim: Georg Olms Verlag (in Vorbereitung).
Nachweise: Schindel 2, 401; Goed 5, 477; Kosch 4, 3201; Heinsius 89; Kayser 55; Hayn-G 2, 646; Holzm-Boh 2, 231; MGT 8, 328; Ersch Rep III Bd 2, XIV. 1516 a; Hadley 272; Korn 73.

Heinrich Robers Begebenheiten. Aus den Jahren 1740 bis 80. Th. 1. 2. [in 1 Bd.] 3. – Leipzig und Riga: W. E. A. Müller 1794/1794/1794. 212 S., Titelvign.; 213-581, 1 ungez. S., Titelvign.; 583-1000 S., Titelvign.

Standort: 7: 8° **Fab. Rom. VI 4542**; Riga: Latvijas Bibliotheka (nur Bd. 1 = Teil 1.2)
Nachweise: Schindel 2, 401; Goed 5, 477; Kosch 4, 3201; Heinsius 175 (Verf. C. G. Cramer); Kayser 14 (Verf. C. G. Cramer); Holzm-Boh 1, 149; MGT 8, 328; Ersch Rep II, Bd 2, XIV. 2453; Hadley 222 (Verf. C. G. Cramer); Korn 151.

Der kleine Ritter. Geistergeschichte aus den grauesten Zeiten des Alterthums vom Verfasser des Substitut des Behemot. Bd. 1. 2. – Mainz: Gottfried Vollmer

1799/1799. 2 ungez., 240 S., Frontispiz; ... Geister- Hexen und Zaubergeschichte, ... Zweyter Theil. 2 ungez., 219, 1 ungez. S.

Standort: 7: 8° Fab. Rom. VI 4544 d; 46 (Film); Prag (in 1 Bd.)
Ausg./Aufl.: evtl. auch u. d. T.: Der Kleine, oder das Kind ohne Namen (Schindel, MGT).
Nachweise: Schindel 2, 402; Goed 5, 477; Kosch 4, 3201; Heinsius 174; Kayser 113; Hayn-G 6, 474; Holzm-Boh 3, 386; MGT 21, 341; Hadley 308.
Bemerkungen: Ex. Prag hat vor dem Frontispiz ein 2. Titelbl., das dem Titel von Bd. 2 entspricht (Bibliothek und Signatur des Prager Ex. gehen aus dem uns vorliegenden Film nicht hervor). Das Werk wird in den Nachweisen entweder anonym geführt oder – in den meisten Fällen – J. I. E. von Wallenrodt zugeschrieben. In keinem der Nachweise findet sich jedoch der Titelzusatz: ... vom Verfasser des Substitut des Behemot. Diese Verfasserangabe verweist auf den Titel: Der Substitut des Behemoth ... Bd. 1-3. Bagdad [Hamburg: Vollmer 1796] o. J., der Andreas Riem zugeschrieben wird (z. B. Kayser 137). Ob Wallenrodt sich diese Verfasserangabe angeeignet hat oder aber nicht Verfasserin dieses Werkes ist, war nicht zu ermitteln.

Das Leben der Frau von Wallenrodt in Briefen an einen Freund. Ein Beitrag zur Seelenkunde und Weltkenntniß. Bd. 1. Mit dem Portrait der Verfasserin nach der Jugend [als Frontispiz]. **Bd. 2. Mit dem Portrait der Verfasserinn, itzt als Wittwe** [als Frontispiz]. – Leipzig und Rostock: Stillersche Buchhandlung 1797/1797. IV [2 S. Vorrede], 604 S.; 674, 2 ungez. S. [Verl.-Anz.].

Standort: 1: Yw 3771ª; 1a: Yw 3771; 46: R ger 649 wall 3/875-2 (nur Bd. 2)
Ausg./Aufl.: Nachdruck mit einem Nachwort von Anita Runge. Hildesheim: Georg Olms Verlag 1992 (= Frühe Frauenliteratur in Deutschland. Hrsg. von Anita Runge. Bd. 12.1 und 12.2).
Nachweise: Schindel 2, 401; Goed 5, 477; Kosch 4, 3201; Heinsius 4, 308; Kayser 6, 143; MGT 8, 328; Ersch Rep III, Bd 2, XIV. 1538.

Prinz Hassan der Hochherzige bestraft durch Rache und glücklich durch Liebe. Eine morgenländische Urkunde. – Leipzig: Kleefeldsche Buchhandlung 1796. 164, 2 ungez. S. [Druckf.-Verz.], Frontispiz.

Standort: 1a: Yw 4504; 7: Fab. Rom. VI 4545
Ausg./Aufl.: Nachdruck mit einem Nachwort von Rose Scholl. Münster: Lit 1989 (= Historische Frauenromane. Bd. 1).
Nachweise: Schindel 2, 401; Goed 5, 477; Kosch 4, 3201; Heinsius 95; Kayser 60; Hayn-G 3, 101; Holzm-Boh 2, 266; MGT 8, 328; Ersch Rep III, Bd 2, XIV. 2369; Hadley 259; Korn 81.

Theophrastus Gradmann, einer von den seltnen Erdensöhnen. Ein Roman für Denker und Edle. Th. 1. 2. – Leipzig: Adam Friedrich Böhme 1794/1794. 308 S., Frontispiz; 574 S., 2 ungez. S. [1 S. Durckf.-Verz.], Frontispiz.

Standort: 1a: Yw 3768 (nur Teil 1); 15: Litt. Germ. 20360; 30: 17/93 (nur Teil 1); 46: R. ger 649 wall 3/874-2 (nur Teil 2, ohne Frontispiz, ohne Druckf.-Verz.)
Nachweise: Schindel 2, 401; Goed 5, 477; Kosch 4, 3201; Heinsius 90; Kayser 52; Holzm-Boh 2, 201; MGT 8, 327f.; Ersch Rep II, Bd 2, XIV. 2531; Hadley 229; Germer 2, 124; Korn 74.
Bemerkungen: Ex. 30, Teil 1, Frontispiz zwischen S. 8/9 gebunden.

Wie sich das fügt! oder die Begebenheiten zweier guten Familien in dem Zeitraume 1780-1784 in Dialogen, Briefen und verbindenden Erzählungen von der Fr. v. Wallenrodt. Bd. [1.] 2. – Leipzig: Schwickert 1793. XII [10 S. Vorrede], 276 S., Titelvign.; 391, 1 ungez. S.

Standort: 15: 55-6365 (Bd. 2 ohne Titelbl., nur Zwischentitel)
Ausg./Aufl.: Nachdruck Hildesheim: Georg Olms Verlag (in Vorbereitung).
Nachweise: Schindel 2, 400; Goed 5, 476; Kosch 4, 3201; Heinsius 231; Kayser 147; MGT 8, 327; Ersch Rep II, Bd 2, XIV. 2404; Hadley 215.

WARTENSLEBEN, CHARLOTTE WILHELMINE ISABELLE VON

1743 Itzehoe – 1811 b. Bautzen.
Geb. Gräfin von Lynar; verh. von Wartensleben. Vater königl. dänischer Minister; Ehemann kaiserl.-königl. Kämmerer.

Die Dulderin. Ein Auftritt aus dem Geisterreiche ... – o. O.: o. V. 1809.

Standort: kein Bestandsnachweis
Nachweise: Holzm-Boh 1, 420; MGT 21, 363.

WOBESER, WILHELMINE KAROLINE VON

1769 Berlin – 1807? Gut Wirschen b. Stolp/Pommern.
Geb. von Rebeur; verh. von Wobeser. Vater preußischer Kammerpräsident; Ehemann preuß. Offizier.

Elisa oder das Weib wie es seyn sollte. – Leipzig: Heinrich Gräff 1795. VIII [vielm. VI, 4 S. Vorrede], 2 ungez. [Widmung], 328 S.

Standort: **15**: Litt. Germ. 89235; **38**: 2 C 9244 (o. Widmung)
Ausg./Aufl.: 1.: 2. Aufl. 1797.
2.: ... Dritte verbesserte und mit sechs Kupfern von Penzel verschönerte Auflage. Leipzig: Gräff 1798. XVI [2 S. Widmung, 12 S. Vorreden], 351, 1 ungez. S., Frontispiz. – **1**: Yw 4446³; **115**: Z 11577.
3.: ... Vierte verbesserte und mit sechs neuen Kupfern verschönerte Auflage. Leipzig: Gräff 1799. XVI [2 S. Widmung, 12 S. Vorreden], 351, 1 ungez. S., Frontispiz. – **1a**: Yw 4446⁴ R; **355**: 20/G 588117.
4.: ... Fünfte verbesserte und mit sechs neuen Kupfern verschönerte Auflage. Leipzig: Gräff 1800. XVI [2 S. Widmung, 12 S. Vorreden], 351 1 ungez. S., Frontispiz. – **1a**: Yw 4446⁵ R.
5.: ... Sechste verbesserte und mit zwölf neuen Kupfern verschönerte Auflage. Leipzig: Gräff 1800. XVI [2 S. Widmung, 12 S. Vorreden], 351, 1 ungez. S. S., Frontispiz. – **1a**: Yw 4446⁶.
6.: ... Bd. 1.2. [in 1 Bd.] Neueste verbesserte und vermehrte Auflage. Wien: Auf Kosten und im Verlag bey David Hummel und Compagnie 1799. 2 ungez., X [2. Titelbl., 2 S. Widmung, 6 S. Vorreden], 11-157, 1 ungez. S., Titelvign., Frontispiz; 2 ungez., 143, 1 ungez. S., Titelvign., Frontispiz. – **Mar 1**.
7.: Nachdruck der 4. Auflage 1799 mit einem Nachwort von Lydia Schieth. Hildesheim: Georg Olms Verlag 1990 (= Frühe Frauenliteratur in Deutschland. Hrsg. von Anita Runge. Bd. 8).
Nachweise: Schindel 2, 438 (auch 1797); Goed 6, 428 (auch 1797, 1811); Kosch 4, 3425; Heinsius 56; Kayser 35 (auch 1816); Hayn-G 8, 12f.; Holzm-Boh 2, 18 (auch 1797); MGT 21, 655 (1796); Ersch Rep II, Bd. 2, XIV. 2551; Ersch Rep III, Bd 2, XIV. 1683 b; Ersch 1, 243; Ersch 7, 222; Hadley 244 (auch 1797); Germer 2, 125; Korn 46 (auch 1797).
Widmung: Allen teutschen Mädchen und Weibern gewidmet.
Bemerkungen: Ein 2. Band wurde v. Christian August Fischer verfaßt: Ueber den Umgang der Weiber mit Männern. Ein nothwendiger Anhang zu der bekannten Schrift: Elisa, oder das Weib, wie es seyn sollte. Leipzig: Gräff 1800. 96 S. – **1a**: Yw 4448. Zweyte Aufl. Leipzig: Gräff 1802. Von Chr. A. Fischer. 138 S. – **1a**: Yw 4448²; Nachdruck mit einem Nachwort von Lydia Schieth in: Wobeser, Elisa ... [s. oben Ausg./Aufl. 7.] Lydia Schieth spricht von insgesamt 26 Texten aus der Elisa-Nachfolge (in: Untersuchungen zum Roman von Frauen um 1800, hrsg. v. H. Gallas/M. Heuser, Tübingen 1990). Vgl. dazu Schindel 2, 439ff. Schieth bezweifelt für das Original Elisa ... die Autorschaft Wobesers bzw. eine weibliche Autorschaft überhaupt.
Übers. ins Engl. Leipzig: Gräff 1799, 1803; ins Franz. Leipzig: Gräff 1799, 1803; ins Holl. 1799; ins Dän. 1800 (Schindel, Goed).

WOLTMANN, KAROLINE VON

1782 Berlin – 1847 Berlin.
Pseud.: Luise Berg. Geb. Stosch; verh. Müchler; gesch.; verh. von Woltmann.
– Vater Arzt; erster Ehemann Schriftsteller; zweiter Ehemann Historiker und Schriftsteller. Verfaßte Teile ihres Werkes zusammen mit ihrem zweiten Ehemann; teilw. Mitverfasserin seiner Werke. Das Werk: Mathilde von Merveld ein Roman von Karl Ludwig Woltmann. Th. 1. Altenburg: Karl Heinrich Richter 1799 (155: Germ. 4852/1 [nur T. 1]) wird in den Quellen übereinstimmend Karl Ludwig Woltmann zugeschrieben.

Blätter der Liebe von Karl und Karoline Woltmann. Erstes und zweites Buch. – Berlin: Realschulbuchhandlung 1806. 4 ungez. [2 S. Reihentitel], 283, 1 ungez. S. (= Schriften von Karl und Karoline Woltmann. 3. Band).

Standort: 35: Lh 5550
Nachweise: Schindel 2, 456; Goed 6, 430; Heinsius 4, 463; Kayser 6, 286; MGT 16, 279; Ersch 8, 58.

Erzählungen von Karl und Karoline Woltmann. Th. 1. 2. – Berlin: Realschulbuchhandlung 1806/1806. 2 ungez., 336, 2 ungez. S. [1 S. Inh.-Verz.]; 2 ungez., 504 S.

Standort: 3: Dd 5634; 19: 8° Maassen 3949/1.2
Ausg./Aufl.: Erzählungen von Karl und Karoline Woltmann. Th. 1.2. Berlin: Realschulbuchhandlung 1806. 4 ungez. [2 S. Reihentitel], 336, 2 ungez. S. [1 S. Inh.-Verz.]; 4 ungez. [2 S. Reihentitel], 504 S. (= Schriften von Karl und Karoline Woltmann. Bd. 1.2) – 12: P. o. germ. 1639; 35: Lh 5550.
Nachweise: Schindel 2, 456; Goed 6, 430 (Schriften. Berlin 1809); Heinsius 4, 463; Kayser 6, 286; MGT 16, 279; Ersch 7, 112 und 161; Ersch 8, 58.
Bemerkungen: Teil 1 enthält: S. 3-88: Cäsar und Susanna, S. 89-174: Cäsar und Cälia, S. 175-254: Raimund, S. 255-336: Algiva's Sohn.
Teil 2 enthält: S. 3-140: Agathe, S. 141-201: Charitas, S. 202-241: Kleopatra, S. 242-256: Ottomar, S. 257-305: Kläre, S. 306-328: Wahnsinn und Liebe, S. 329-345: Genebald, S. 346-502: Arthur.

Euphrosyne. – Berlin: Johann Wilhelm Schmidt 1804. 2 ungez., II [Prolog in Versen], 200 S., Frontispiz.

Standort: 31: R 52 A 2792 (ohne Frontispiz); B 706: 4621 G
Ausg./Aufl.: andere Fassung u. d. T.: Heloise, s. dort.
Nachweise: Schindel 2, 456; Goed 6, 430; Kosch 4, 3457; Heinsius 65; Kayser 16; Holzm-Boh 2, 74; Holzm-Boh Ps 30; MGT 21, 704.

Heloise ein kleiner Roman herausgegeben durch Karl Ludwig von Woltmann.
– Berlin: Johann Friedrich Unger 1809. 8 ungez. [6 S. Vorrede des Hrsg.], 132 S.

Standort: 12: P. o. germ. 1639 c; 46: R ger 719 wolt 3/973
Ausg./Aufl.: lt. Vorrede des Hrsg. eine Umarbeitung des Titels Euphrosyne, s. dort.
Nachweise: Schindel 2, 456; Goed 6, 430; Kosch 4, 3457; Heinsius 97; Kayser 16; Holzm-Boh 2, 276; Holzm-Boh Ps 30; MGT 16, 279; MGT 21, 704; Ersch 7, 188.

Lebensbeschreibungen durch Karl und Karoline Woltmann. Th. 1. 2. [in 1 Bd.] – Berlin: Realschulbuchhandlung 1806. 4 ungez. [2 S. Reihentitel], 313, 1 ungez. S. (= Schriften von Karl und Karoline Woltmann. 5. Band).

Standort: 35: Lh 5550
Nachweise: Schindel 2, 456; Goed 6, 430; Heinsius 4, 463; Kayser 6, 286; MGT 16, 279; Ersch 6, 138; Ersch 7, 112; Ersch 8, 58.
Bemerkungen: Enthält: S. 1-174: Margaretha von Anjou, S. 175-313: Albrecht von Wallenstein.

WOLZOGEN, FRIEDERIKE SOPHIE CAROLINE AUGUSTE VON

1763 Rudolstadt – 1847 Jena.
Geb. von Lengefeld; verh. von Beulwitz; gesch.; verh. von Wolzogen. – Schwester von Schillers Frau Charlotte; erster Ehemann Fürstlicher Kammerjunker und Hofrichter; zweiter Ehemann Weimarer Oberhofmeister. Autobiographische Dokumente und eine von den Herausgebern verfaßte Lebensbeschreibung in: Literarischer Nachlaß der Frau Caroline von Wolzogen [hrsg. von Karl Hase und Rudolf Abeken]. Bd. 1.2. Leipzig 1848/1849. Ein Großteil ihrer Werke, auch Romane und Erzählungen, erschien nach 1810.

Agnes von Lilien. Th. 1. 2. – Berlin: Johann Friedrich Unger 1798/1798. X [8 S. Vorrede], 430 S.; 2 ungez., 390 S.

Standort: 1: Yw 4771^a R (ohne Vorrede); 1: Yw 4771^b R (in 1 Bd., Vorrede in Teil 2); 7: 8° Fab. Rom. VI 7230 (Vorrede in Teil 2); 35: LH/5553; 188: 14 L 716; B 706: 4122/4123 G (Vorrede in Teil 2); Mar 1, H (Vorrede in Teil 2); 18; 76: BL 5-6
Ausg./Aufl.: 1.: Wien und Prag: Franz Haas 1798 (Ersch Rep).
2.: ... 2. Auflage. Th. 1.2. Kreuznach: Ludwig Christian Kehr 1800/1800. 264 S.; 238 S. (in Teil 1 und 2 fehlen S. 3 und 4, Textbeginn jeweils S. 5)
– 36: 55/747; 188 (B 806): Pw 5995 sekr. [in 1 Bd.] (Teil 1 zusätzlich 6 S. Vorrede, S. 5 und 6 also doppelt paginiert).

3.: Neue Auflage 1808 (MGT 21, 705).
4.: ... Neu hrsg. und mit einem Vorworte versehen von Ludw. Salomon. Stuttgart: Levy und Müller 1881.
5.: auch in: Erzählende Prosa der Klassischen Periode. Hrsg. von Felix Bobertag. Teil 2. Agnes von Lilien. Berlin und Stuttgart: Spemann [1884]
- 188: 1 L 286-136/137.
6.: Nachdruck in: Caroline von Wolzogen. Gesammelte Schriften in 3 Bdn. Herausgegeben von Peter Boerner. Bd. 1. Agnes von Lilien. 2 Teile in einem Band. Mit einem Nachwort von Peter Boerner. Hildesheim: Georg Olms Verlag 1988.
Nachweise: Schindel 2, 460; Goed 5, 467; Kosch 4, 3459; Heinsius 129; Kayser 5; Holzm-Boh 1, 34; MGT 8, 622; MGT 10, 842; MGT 21, 705 (1808); Ersch Rep III, Bd 2, XIV. 1416 a-c; Ersch 7, 187; Hadley 290.
Bemerkungen: zuerst ersch. (Teil 1) in: Die Horen eine Monatsschrift herausgegeben von Schiller. Tübingen: J. G. Cottaische Buchhandlung, Jg. 1796, 10. St., 6-69; 12. St., 36-104; Jg. 1797, 2. St., 43-60; 5. St., 55-90.
Übers. ins Dän. Kobenhavn 1798 (Ersch Rep).

Walther und Nanny. Eine Schweitzergeschichte. Von der Frau von Wohlzogen [!], Verfasserinn der Agnes von Lilien. – Berlin: o. V. 1801. 2 ungez., 182 S., Frontispiz.

Standort: H 156: R 89 w 3 w 1
Ausg./Aufl.: ... Berlin: o. V. 1802. 146 S. – 1a: Yw 4781; B 706: 4125 G.
Nachweise: Schindel 2, 460; Goed 5, 467 (1802); MGT 10, 842.
Bemerkungen: zuerst erschienen in: Taschenbuch für Damen auf das Jahr 1800, S. 203-238 und ... auf das Jahr 1801. Tübingen: Cotta, S. 94-171 (Schindel 2, 460).

WÜRTEMBERG, MARIA ANNA HERZOGIN VON

1768 ? – ?
Geb. Prinzessin von Czartoryska; verh. Herzogin von Württemberg; gesch. – Vater hoher polnischen Offizier und Orientalist; Mutter adlige Gelehrte (Ehrenmitglied der Berliner Akademie der Künste, Präsidentin der Kommission für weibliche Erziehung im ehem. Herzogtum Warschau); Mitverfasserin der pädagogischen Schriften ihrer Mutter (polnisch), dort auch Erzählungen von ihr.

Liebe und Reue, ein Roman. — o. O.: o. V. o. J.

Standort: kein Bestandsnachweis
Nachweise: Schindel 2, 461.

ANHANG

A: Titel anonymer Verfasserinnen
B: Titel männlicher Verfasser unter weiblichem Pseudonym

Anhang A

Der Heyrathscontrast. Ein Buch für Verlobte. Th. 1. 2. [in 1 Bd.] – Leipzig: Friedrich Gotthold Jacobäer 1785/1785. 4 ungez. [2 S. Vorrede], 196 S., Titelvign.; 197-436 S.

Standort: **138: VI a 737**
Ausg./Aufl.: Leipzig 1805 (Kayser 3).
Nachweise: Heinsius 99; Kayser 63; Kayser 3, 91; Hayn-G 3, 262; Ersch Rep I, Bd 2, XIV. 1958; Hadley 123 (Heyrathscontract); Korn 86.
Bemerkungen: Bd. 1 beginnt mit einer Vorrede der Verfasserin. Hayn-G: „angebl. von einer Dame verfaßt".

Kinder der Phantasie, ein Roman mit 4 interessanten Erzählungen von Sophie v. R. – Leipzig: Jacobäer 1804.

Standort: kein Bestandsnachweis
Ausg./Aufl.: N. A. Altona: Aue 1815 (Kayser).
Nachweise: Heinsius 114; Kayser 74; Hayn-G 3, 551. – Titel folgt Heinsius.
Bemerkungen: Auflösungsversuch R., Sophie von, bisher vergeblich.

Mariane Rosenthal. Eine Geschichte. Etwas für Geist und Herz aus wahrer Menschenkunde von einem Frauenzimmer, in ihren einsamen Stunden geschrieben. – Anspach: in des Commerzien-Commissairs Benedict Friedrichs Haueisens privilegirten Buchhandlung 1791. 2 ungez., 188 S.

Standort: **1a: Yw 3506**
Nachweise: Heinsius 182; Kayser 116; Hayn-G 6, 545; Ersch Rep II, Bd 2, XIV. 2369; Hadley 189.
Bemerkungen: Verfasserschaft ungeklärt. – S. 3-10 Vorrede [über weibliches Schreiben], unterzeichnet: Die Verfasserin. In der AdB 112, 418 heißt es dazu: „Wenn wir dem glauben dürfen, was in der Vorrede gesagt wird, (die aber eher aus der Feder eines alten Dorfschulmeisters, als eines jungen Mädchens geflossen zu seyn scheint) so ist ein Frauenzimmer die Verfasserin dieses schlechten Romans. Sie sagt in jener Vorrede: sie wolle sich unter der Hand erkundigen, ob ihr Buch gefallen habe, und ob sie also mehr schreiben dürfe. Wir können

ihr aus der ersten Hand die Versicherung geben, daß ein solcher, ohne Menschen- und Sprachkenntniß geschriebener, überhaupt von allem, was ein Buch interessant machen kann, leerer Roman, keinem Leser von Geschmack gefallen, und daß sie ihre Zeit besser anwenden wird, wenn sie, wie es die Bestimmung ihres Geschlechts ist, sich mit der Nadel und andern häuslichen Arbeiten beschäfftigt. Dann werden auch die schwarzen Vorstellungen von der Bösartigkeit der Menschen ausbleiben, wovon sie, wie sie behauptet, so mannichfaltige Erfahrungen gemacht hat, die mit dem Vorgeben, daß sie ein junges Mädchen sey, sonderbar contrastiren."

Anhang B

Alexis und Nadine, oder Der Engländer in Amerika. Von Marie Charlotte Alexandrine von Sassen [d. i. Gerle, Wolfgang Adolf]. Verfasserinn des Koralli, oder die Liebe in heißern Zonen. – Leipzig: Im Verlag der Joseph Poltischen Buchhandlung. o. J. (1803). 156, 4 ungez. S. [Verl.-Verz.], Frontispiz.

Standort: 1a: Yw 5546
Nachweise: Goed 9, 131; Heinsius 11; Kayser 7 und 119; Hayn-G 7, 88.
Bemerkungen: Lt. Hayn-G und Goed Pseud. für Wolfg. Adolf Gerle (1783-1846).

Korally oder Die Liebe in heißern Zonen nach dem Englischen von M[arie] Ch[arlotte] A[lexandrine] von Sassen [d. i. Gerle, Wolfgang Adolf]. – Neustadt: im Magazin für Literatur o. J. [1802]. 2 ungez., 200 S., Frontispiz.

Standort: 1a: Yw 5483
Nachweise: Goed 9, 131; Kosch neu 6, 250; Heinsius 116; Kayser 75 und 119; Hayn-G 3, 606.

Leben der Madame Schuwitz, von ihr selbst aufgesezt[!]. Mit Titel-Silhouette. – Berlin: [?] 1792. 92 S., Titelvign.

Standort: Wroclaw: Univ.-Bibl.
Ausg./Aufl.: Lebensbeschreibung der Madam [!] Schuwitz, von ihr selbst aufgesetzt. O. O. 1792. 69 S.
Nachweise: [nur] Hayn-G 1, 315 (auch Lebensbeschreibung der Madam [!] ... O. O. 1792. 69 S.) – Titel folgt Hayn-G.
Bemerkungen: Die im Titelfeld genannte Lebensbeschreibung – ebenso wie diverse folgende – stammt nicht von Elise Schuwitz selbst; vgl. dazu Mercy, Josef Aloys: Apologie der Madame [Schuwitz], ein Sendschreiben im Namen derselben an den Verfasser ihrer Lebensbeschreibung. Berlin 1792 (12: Rem IV 2436).

Meine Freuden und Leiden als Jungfrau und Gattin. Ein Geschenk an alle meine Schwestern, die die ersten mit mir theilen, die zweyten vermeiden wollen, von Amalie Will [d. i. Rochlitz, Friedrich]. **Herausgegeben von Friedrich Rochlitz. Th. 1. 2. – Leipzig: Friedrich Leopold Supprian 1797.** 6 ungez. [2 S. Widmung des Hrsg., 2 S. Vorrede des Hrsg.], 354 S.
Teil 2: ... als Gattin und Mutter; eine Fortsetzung der Schrift: Meine Freuden und Leiden als Jungfrau und Gattin von Amalie Will. Herausgegeben von F. Rochlitz 1798. 415 S.

Standort: **3: AB 71 B 3/C,1** (nur Bd. 1); 7: **8° Fab. Rom. VI 6898** (nur Bd. 1); 155
Ausg./Aufl.: Amaliens Freuden und Leiden als Jungfrau, Gattin und Mutter. Von Friedrich Rochlitz. Zweyte, durchaus verbesserte Ausgabe. Th. 1.2. Leipzig: Friedrich Leopold Supprian 1802/1802. VIII [6 S. Vorrede von Friedrich Rochlitz], 408 S.; Titel Teil 2: ... als Gattin und Mutter. 2 ungez., 417, 1 ungez., III [Druckf.-Verz.], 1 ungez. S. – **1a: Yw 4856**; 38: 2 C 9171.
Nachweise: Schindel 2, 430; Goed 5, 485; Kosch 3, 2271; Heinsius 14 (nur 1802); Kayser 4, 528; Hayn-G 8, 540 (nur Teil 1); MGT 6, 389; MGT 10, 492; Ersch Rep III, Bd 1, VI. 838 a.b; Ersch 7, 223; Hadley 272 (nur Teil 1); Germer 2, 103 (nur Teil 1); Korn 60. – Titel Teil 2 folgt Ersch Rep.

QUELLEN- UND LITERATURVERZEICHNIS

AdB
Allgemeine deutsche Bibliothek. Hrsg. von Friedrich Nicolai. Insges. 118 und 21 Bde. Berlin: Nicolai 1765-1792; Hamburg: Bohn 1792-1798

ADB
Allgemeine Deutsche Biographie. Redig. von Rochus von Liliencron und Franz Xaver von Wegele. Bd. 1-56. Leipzig: A. Duncker 1875-1912

ALZ
Allgemeine Litteratur-Zeitung. Hrsg. von Ch. G. Schütz, G. Hufeland u. a. Weimar 1785-1849

Assing, Ludmilla: Sophie von La Roche, die Freundin Wieland's. Berlin: Otto Janke 1859

Bartels, Adolf: Geschichte der thüringischen Literatur. Bd. 1: Von den Anfängen bis zum Tode Goethes. Jena: Verlag der Frommannschen Buchhandlung Walter Biedermann 1938

Baur
[Baur, Samuel:] Deutschlands Schriftstellerinnen. Eine charakteristische Skize. King-Tsching in der kaiserlichen Druckerei [= Ulm] 1790

Beaujean, Marion: Der Trivialroman in der zweiten Hälfte des 18. Jahrhunderts. Die Ursprünge des modernen Unterhaltungsromans. Bonn: H. Bouvier 1964 (= Abhandlungen z. Kunst-, Musik- und Literaturwissenschaft. Bd. 22)

Becker, Eva D.: Der deutsche Roman um 1780. Stuttgart: J. B. Metzler (1963) (= Germanistische Abhandlungen. Bd. 5)

Becker-Cantarino
Becker-Cantarino, Barbara: Freundschaftsutopie: Die Fiktionen der Sophie La Roche. In: Gallas, Helga und Magdalene Heuser (Hgg.): Untersuchungen zum Roman von Frauen um 1800. Tübingen: Niemeyer 1990 (= Untersuchungen zur deutschen Literaturgeschichte. Bd. 55), S. 92-113

Bibra
Verzeichnis einiger jetztlebenden Deutschen Schriftstellerinnen und ihrer Schriften. In: Journal von und für Deutschland. Hrsg. v. Philipp Anton Sigmund v. Bibra. Bd. 6 (1789) bis Bd. 9 (1792)

BLC
The British Library General Catalogue of Printed Books to 1975. Vols. 1-360; suppl. vols 1-6. London u. a.: K. G. Saur 1979-1988

BMC
The British Museum Catalogue of Printed Books. Vols. 1-58; suppl. vols. 1-10. London: William Clowes and Son 1881-1900. (Nachdruck: Michigan: Edwards Brothers 1946-1950)

Brieger, Lothar: Ein Jahrhundert deutscher Erstausgaben. Die wichtigsten Erst- und Originalausgaben von etwa 1750 bis etwa 1880. Stuttgart: Julius Hoffmann 1925 (= Taschenbibliographien für Büchersammler, Bd. 2)

Brinker-Gabler, Gisela (Hrsg.): Deutsche Dichterinnen vom 16. Jahrhundert bis zur Gegenwart. (Frankfurt/M.:) Fischer Taschenbuch Verlag 1978

Brinker-Gabler, Gisela (Hrsg.): Deutsche Literatur von Frauen. Bd. 1. Vom Mittelalter bis zum Ende des 18. Jahrhunderts. München: C. H. Beck 1988

Brinker-Gabler, Gisela, Karola Ludwig und Angela Wöffen: Lexikon deutschsprachiger Schriftstellerinnen 1800-1945. München: dtv 1986

Brüggemann, Theodor in Zusammenarbeit mit Hans-Heino Ewers: Handbuch zur Kinder- und Jugendliteratur. Von 1750 bis 1800. Stuttgart: J. B. Metzler 1982

Brüm (1)
Brümmer, Franz: Deutsches Dichter-Lexikon. Biographische und bibliographische Mittheilungen über deutsche Dichter aller Zeiten. Bd. 1. 2. Eichstätt & Stuttgart: Krüll'sche Buchhandlung 1876-1877

Brüm (2)
Brümmer, Franz: Lexikon der deutschen Dichter und Prosaisten von den ältesten Zeiten bis zum Ende des 18. Jahrhunderts. Leipzig: Philipp Reclam jun. 1884

Carlsohn, Erich: Lebensbilder Leipziger Buchhändler. Erinnerungen an Verleger, Antiquare, Exportbuchhändler, Kommissionäre, Gehilfen und Markthelfer. Vorwort von Erwin Friedrich-Erbisdorff. Meersburg: List & Francke 1987

Denina, Giacomo: La prusse littéraire sous Fréderic II. Bd. 1, 2. Berlin: Rottmann 1790/91. Nachdruck Genf: Slatkine 1968

DBI/DBA
Deutscher Biographischer Index. Hrsg. v. Willi Gorzny. Bearb. v. Hans-Albrecht Koch, Uta Koch und Angelika Koller. Bd. 1-4. München u. a.: K. G. Saur 1986. Dazu: DBA: Deutsches Biographisches Archiv. 1431 Microfiches

Dorsch, Nikolaus: „Sich rettend aus der kalten Würklichkeit". Die Briefe Benedikte Nauberts. Edition - Kritik - Kommentar. Frankfurt/M., Bern, New York: Peter Lang 1986. (= Marburger Germanistische Studien. Bd. 6)

Eckart, Rudolf: Lexikon der Niedersächsischen Schriftsteller von den ältesten Zeiten bis zur Gegenwart. Bearb. von Rudolf Eckart. Osterwieck/Harz: A. W. Zickfeldt 1891

Ehrmann
Ehrmann, Theophil Friedrich: Denkmal der Freundschaft und Liebe der verewigten Frau Marianne Ehrmann errichtet, und allen ihren Gönnerinnen, Freundinnen und Leserinnen geweiht. Leipzig: Heinrich Gräff 1796

Engelmann, Wilhelm (Hrsg.): Bibliotheca Geographica. Verzeichnis der seit der Mitte des vorigen Jahrhunderts bis zu Ende des Jahres 1856 in Deutschland erschienenen Werke über Geographie und Reisen mit Einschluss der Landkarten, Pläne und Ansichten. Mit einem ausführlichen Sachregister. Leipzig: Engelmann 1858

Enslin
Enslin, Theodor Christian Friedrich und Wilhelm Engelmann: Bibliothek der schönen Wissenschaften oder Verzeichnis der vorzüglichsten, in älterer und neuerer Zeit, bis zur Mitte des Jahres 1845 in Deutschland erschienenen Romane, Gedichte, Schauspiele... Zwei Bände in einem Band. Hildesheim: Gerstenberg 1978

Ersch
Ersch, Johann Samuel: Handbuch der deutschen Literatur seit der Mitte des achtzehnten Jahrhunderts bis auf die neueste Zeit systematisch bearbeitet und mit den nöthigen Registern versehen. Bd. 1-8. Amsterdam und Leipzig: Kunst- und Industrie-Comptoir 1812-1814

Ersch Rep I-III
[Ersch, Johann Samuel:] Allgemeines Repertorium der Literatur für die Jahre 1785 bis 1800. Bd. 1-8 in 3 Abteilungen. Jena: Expedition der allgemeinen Literatur-Zeitung (später Weimar: Verlag des Landes-Industrie-Comptoirs) 1793-1807. Neudruck Bern: Herbert Lang AG 1969-1970. [Zitiert als: Ersch Rep I (3 Bde. 1785-1790), II (3 Bde. 1791-1795), III (2 Bde. 1796-1800)]

Fischer, Ernst: Der Buchmarkt der Goethezeit. Eine Dokumentation. Zusammengestellt und mit einem Nachwort versehen von Ernst Fischer. Bd. 1. 2. Hildesheim: Gerstenberg 1986 (= Texte zum literarischen Leben um 1800, Bd. 15)

Flessau, Kurt-Ingo: Der moralische Roman. Studien zur gesellschaftskritischen Trivialliteratur der Goethezeit. Köln und Graz: Böhlau 1968

Frederiksen
Frederiksen, Elke (Ed.): Women Writers of Germany, Austria, and Switzerland. An Annotated Bio-Bibliographical Guide. New York, Westport (Conn.), Lon-

don: Greenwood Press 1989 (= Bibliographies and Indexes in Women's Studies. No. 8)

Friedrichs
Friedrichs, Elisabeth: Die deutschsprachigen Schriftstellerinnen des 18. und 19. Jahrhunderts. Ein Lexikon. Stuttgart: J. B. Metzler 1981

Friedrichs, Elisabeth: Literarische Lokalgrößen 1700-1900. Verzeichnis der in regionalen Lexika und Sammelwerken aufgeführten Schriftsteller. Stuttgart: J. B. Metzler 1967 (= Repertorien zur Deutschen Literaturgeschichte, Bd. 3)

Gallas/Heuser
Gallas, Helga und Magdalene Heuser (Hgg.): Untersuchungen zum Roman von Frauen um 1800. Tübingen: Niemeyer 1990 (= Untersuchungen zur deutschen Literaturgeschichte. Bd. 55)

Geiger, Ludwig: Therese Huber 1764 bis 1829. Leben und Briefe einer deutschen Frau. Stuttgart: Cotta'sche Buchhandlung Nachfolger 1901

Germer 1
Germer, Helmut: The German Novel of Education from 1764 to 1792. A complete Bibliography and Analysis. Berne and Frankfurt/M.: Peter Lang 1982 (auch als European University Studies. Reihe I. Band 550)

Germer 2
Germer, Helmut: The German Novel of Education 1792-1805. A complete Bibliography and Analysis. Berne: Herbert Lang 1968 (= German Studies in America. No. 3)

GV
Gesamtverzeichnis des deutschsprachigen Schrifttums (GV) 1700-1910. Bearb. unter der Leitung von Hilmar Schmuck und Willi Gorzny. Bibliographische und redaktionelle Beratung: Hans Popst und Rainer Schöller. München u. a.: K. G. Saur 1979-1987

Goed
Goedeke, Karl: Grundriß zur Geschichte der deutschen Dichtung. Bd. 4,1-15. Dresden: Ehlermann 1916; 2. Aufl. Bd. 17, Lieferung 1.2. Berlin: Akademie-Verlag 1989

Grätz, Manfred: Das Märchen in der deutschen Aufklärung. Vom Feenmärchen zum Volksmärchen. Stuttgart: J. B. Metzler 1988 (= Germanistische Abhandlungen. Bd. 63)

Griep, Wolfgang (Hrsg.): Reiseliteratur und Geographica in der Eutiner Landesbibliothek. Bd. 1. 2. (Heide:) Boyens 1990

Grimm-Liste
Quart-Blatt „Werke der Madame Naubert in Naumburg". Nachlaß der Brüder Grimm. Staatsbibliothek Preußischer Kulturbesitz, N1 Grimm 255

Gross
Gross, Heinrich: Deutschlands Dichterinnen und Schriftstellerinnen. Eine literarhistorische Skizze. 2. Ausg. Wien: Carl Gerold's Sohn 1882

Hadley
Hadley, Michael: Romanverzeichnis: Bibliographie der zwischen 1750-1800 erschienenen Erstausgaben. Bern, Frankfurt/M., Las Vegas: Peter Lang 1977

Hayn-G
Hayn, Hugo und Alfred N. Gotendorf: Bibliotheca Germanorum Erotica & Curiosa. Verzeichnis der gesamten deutschen Literatur mit Einschluß der Übersetzungen, nebst Beifügung der Originale. Zugleich dritte, ungemein vermehrte Aufl. von Hugo Hayns Bibliotheca Germanorum erotica. Bd. 1-9. München: Georg Müller 1912-1929. Bd. 9 (Ergänzungsband) hrsg. v. Paul Englisch. Nachdruck Hanau a. M.: Müller und Kiepenheuer 1968

Heidenreich
Heidenreich, Bernd: Sophie von La Roche – eine Werkbiographie. Frankfurt/M., Bern, New York: Peter Lang 1986 (= Frankfurter Hochschulschriften zur Sprachtheorie und Literaturästhetik, Bd. 5)

Heine, Carl: Verzeichnis der in den Jahren 1774-1778 gedruckten Romane. In: ders., Der Roman in Deutschland von 1774-1778. Halle 1892, S. 4-18

Heinsius
Heinsius, Wilhelm: Allgemeines Bücher-Lexikon oder vollständiges Alphabetisches Verzeichniß der von 1700 bis zu Ende 1810 erschienenen Bücher, welche in Deutschland und in den durch Sprache und Literatur damit verwandten Ländern gedruckt worden sind. (Bd. 1-19). Bd. 4, Anhang: Romane und Schauspiele. Leipzig: Johann Friedrich Gleditsch 1813. Unveränd. fotomechan. Nachdruck Leipzig: Zentralantiquariat der Deutschen Demokratischen Republik 1972
(Heinsius 14 bezieht sich auf Spalte 14 des Anhangs Romane in Bd. 4)

Heinsius Anh Romane
Heinsius, Wilhelm: Allgemeines Bücher-Lexikon oder vollständiges Alphabetisches Verzeichnis ... Bd. 1-19. Leipzig: Johann Friedrich Gleditsch (später F. A. Brockhaus) 1812-1894.
(Heinsius 6, 510 bezieht sich auf Spalte 510 in Bd. 6; Heinsius 6 Anh Romane 46 bezieht sich auf Spalte 46 des Anhangs Romane in Bd. 6)

[Herloßsohn, C. Hrsg.:] Damen Conversations-Lexicon. 2. unveränderte Ausg. Bd. 1-10 [in 5 Bdn.]. Adorf: Verlags-Bureau 1846

Holzm-Boh
Holzmann, Michael und Hanns Bohatta: Deutsches Anonymen-Lexikon 1501-1850. Aus den Quellen bearbeitet. Bd. 1-7. Weimar: Gesellsch. d. Bibliophilen 1902-1928

Holzm-Boh Ps
Holzmann, Michael und Hanns Bohatta: Deutsches Pseudonymen-Lexikon. Aus den Quellen bearbeitet. Wien und Leipzig 1906. Nachdruck Hildesheim: Georg Olms 1961

Jöcher
Jöcher, Christian Gottlieb: Allgemeines Gelehrtenlexikon, worin die Schriftsteller aller Stände ... beschrieben werden. Hrsg. von Chr. G. Jöcher. (Fortges.) von Johann Christoph Adelung, Heinrich Wilhelm Rotermund, Otto Günther. Unveränd. Nachdr. d. Ausg. Leipzig 1750-1897. Bd. 1-4, Erg. Bd. 1-7. Hildesheim: Georg Olms 1960/1961

Jördens, Karl Heinrich: Lexikon deutscher Dichter und Prosaisten. Bd. 1-6. Leipzig: Weidmannsche Buchhandlung 1806-1811

Journal des Luxus und der Moden. Hrsg. von Fr. Just. Bertuch, Carl Bertuch und G. M. Kraus. Jg. 1786-1827 Weimar: Verlag des Industrie-Comptoirs

Kammler, Eva: Zwischen Professionalisierung und Dilettantismus. Romane und ihre Autorinnen um 1800. Opladen: Westdeutscher Verlag 1992 (= Kulturwissenschaftliche Studien zur deutschen Literatur)

Kayser
Kayser, Christian Gottlob: Vollständiges Bücher-Lexicon enthaltend alle von 1750 bis zu Ende des Jahres 1832 in Deutschland und in den angrenzenden Ländern gedruckte Bücher. (Bd. 1-36. Leipzig: Ludwig Schumann 1834-1963). Bd. 6, Anhang Romane. Leipzig: Ludwig Schumann 1836. Unveränd. fotomechan. Nachdruck Leipzig: Zentralantiquariat der Deutschen Demokratischen Republik 1972
(Kayser 24 bezieht sich auf S. 24 des Anhangs Romane in Bd. 6; Kayser 6, 230 bezieht sich auf S. 230 in Bd. 6)

Kehrein, Joseph: Lexikon der katholischen Dichter, Volks- und Jugendschriftsteller im 19. Jahrhundert. 2. Ausg. Bd. 1. 2. Würzburg: Leo Woerl 1872

Koch
Koch, Herbert: Charlotte von Ahlefeld. 6.12.1777 – 27.7.1849. Bd. 1. Mainz: Heimatliche Verlags- und Vertriebsges. m.b.H. 1977

Koppitz s. Korn

Korn

Korn, Wilhelm Gottlieb: Geschichts- und Romanen-Litteratur der Deutschen. Zur Kunde der unterhaltenden prosaischen Schriften aus dem Gebiete der Wissenschaften, in einen [!] Verzeichniß von 2866 der vorzüglichsten Schriften mit Preisen welche in einem Zeitraum von einem halben Jahrhundert erschienen sind. Mit einem Nachwort von Hans-Joachim Koppitz. Breslau: Wilhelm Gottlieb Korn 1798

Kosch

Kosch, Wilhelm: Deutsches Literatur-Lexikon. Biographisches und bibliographisches Handbuch. 2., vollst. neubearb. und stark erw. Aufl. Bd. 1-4. Bern: Francke 1949-1958

Kosch neu

Kosch, Wilhelm: Biographisch-bibliographisches Handbuch. 3., völlig neu bearb. Aufl. Bd. 1-13 München und Bern: Francke Verlag 1968-1991 [noch unvollst., bis Salzmann]

Kügler, Clementine: Caroline Auguste Fischer (1764-1842). Eine Werk-Biographie. Phil. Diss. Berlin 1989

Lüb, Lüb N

Lübker, D. L und H. Schröder: Lexikon der Schleswig-Holstein-Lauenburgischen und Eutinischen Schriftsteller, von 1796 bis 1828. Bd. 1. 2. und N[achtrag]. Altona: K. Busch Nachf. K. Aue (später Schleswig: Taubstummen-Institut) 1829-1831

Madland, Helga Stipa: An Introduction to the Works and Life of Marianne Ehrmann (1755-95): Writer, Editor, Journalist. In: Lessing Yearbook XXI 1989, pp. 171-196

Maltzahn, Wendelin von: Deutscher Bücherschatz des 16., 17. und 18. bis um die Mitte des 19. Jahrhunderts. Mit einem Register von Georg Völcker. Nachdruck der Ausgaben Jena und Frankfurt/M. 1875-1882 Hildesheim: Georg Olms 1966

Maurer, Michael: Das Gute und das Schöne. Sophie von La Roche (1730-1807) wiederentdecken? In: Euphorion 79, 1985, S. 111-138

Maurer, Michael (Hrsg.): Ich bin mehr Herz als Kopf. Sophie von La Roche. Ein Lebensbild in Briefen. München: C. H. Beck 1983

Meise, Helga: Die Unschuld und die Schrift. Deutsche Frauenromane im 18. Jahrhundert. Berlin, Marburg: Guttandin & Hoppe 1983, Neuauflage Frankfurt/M.: Ulrike Helmer 1992

Merkur, Der Neue Teutsche Merkur
Der Teutsche Merkur. Hrsg. von Christoph Martin Wieland 1773-1789; fortges. als Neuer Teutscher Merkur von Wieland, Karl Reinhold und K. A. Böttiger 1790-1810

Meyer, Reinhart: Das deutsche Trauerspiel des 18. Jahrhunderts. Eine Bibliographie. München: Fink 1977

Meusel Lex
Meusel, Johann Georg: Lexikon der vom Jahr 1750 bis 1800 verstorbenen teutschen Schriftsteller. Bd. 1-15. Leipzig: Fleischer d. J. 1802-1816

MGT
Hamberger, Georg Christoph und (fortges. v.) Johann Georg Meusel: Das gelehrte Teutschland oder Lexikon der jetzt lebenden Teutschen Schriftsteller. 5. durchaus vermehrte u. verbesserte Aufl. Bd. 1-24 (Reg.). Lemgo: Meyersche Buchhandlung 1796-1834

Milch, Werner: Sophie La Roche. Die Großmutter der Brentanos. Frankfurt/M.: Societäts-Verlag 1935

Mitzschke, Paul: Naumburger Parnaß. Übersicht der Dichter, Erzähler und Schilderer, die dauernd oder zeitweise in Naumburg a. d. Saale gelebt haben. Naumburg: H. Sieling 1921

NADB
Neue Allgemeine deutsche Bibliothek. Hrsg. von Carl Ernst Bohn, ab 1801 von Friedrich Nicolai. 107 und 10 Bde. Hamburg: Bohn 1793-1805. [Forts. von AdB]

Neue deutsche Biographie. Hrsg. von der Historischen Kommission bei der Bayerischen Akademie der Wissenschaften. Bd. 1 ff. Berlin: Duncker & Humblot 1953 ff.

Nenon, Monika: Autorschaft und Frauenbildung. Das Beispiel Sophie von La Roche. Würzburg: Königshausen & Neumann 1988

N Nekr
Neuer Nekrolog der Deutschen. Hrsg. von Friedrich August Schmidt. Jg. 1-30 (1823-1852). Ilmenau: Bernh. Friedr. Voigt 1824-1854

Nowack, Karl Gabriel: Schlesisches Schriftsteller-Lexikon ... der im zweiten Viertel des 19. Jahrhunderts lebenden schlesischen Schriftsteller. H. 1-6. Breslau: W. G. Korn 1836-1843

NUC
The National Union Catalog. Pre-1956 Imprints. Vols. 1-754. London: Mansell 1968-1981

Pataky, Sophie (Hrsg.): Lexikon deutscher Frauen der Feder. Eine Zusammenstellung der seit dem Jahre 1840 erschienenen Werke weiblicher Autoren, nebst Biographien der lebenden und einem Verzeichnis der Pseudonyme. Bd. 1. 2. Nachdruck der Ausgabe Berlin: Verlagsbuchhandlung von Carl Pataky 1898 Bern: Herbert Lang 1971

Plaul, Hainer: Bibliographie deutschsprachiger Veröffentlichungen über Unterhaltungs- und Trivialliteratur vom letzten Drittel des 18. Jahrhunderts bis zur Gegenwart. München u. a.: K. G. Saur 1980

Raßmann, Friedrich: Literarisches Handwörterbuch der verstorbenen deutschen Dichter und zur schönen Literatur gehörenden Schriftsteller in Acht Zeitabständen, von 1137 bis 1824. Leipzig: Wilhelm Lauffer 1826

Raßmann, Friedrich: Pantheon deutscher jetzt lebender Dichter und in die Belletristik eingreifender Schriftsteller; begleitet mit kurzen biographischen Notizen und der wichtigsten Literatur. Helmstedt: C. G. Fleckeisensche Buchhandlung 1823

Raßmann, Fr[iedrich]: Fr. Rassmann's kurzgefaßtes Lexicon deutscher pseudonymer Schriftsteller von der ältern bis auf die jüngste Zeit aus allen Fächern der Wissenschaften. Mit einer Vorrede über Sitte der literarischen Verkappung von J. W. S. Lindner. Leipzig. Wilhelm Nauck 1830

Recke
Recke, Johann Friedrich von und Karl Eduard Napiersky: Allgemeines Schriftsteller- und Gelehrtenlexikon der Provinzen Livland, Estland und Kurland. Bd. 1-5. Neudr. d. Originalausg. 1827-61. Berlin 1966 [Bd 5 = N(achträge) 1 u. 2]

Ridderhoff
Ridderhoff, Kuno: Einleitung. In: La Roche, Sophie von: Geschichte des Fräuleins von Sternheim. Neudruck der Ausgabe Leipzig: Weidmanns Erben und Reich 1771 (= Deutsche Literaturdenkmale des 18. und 19. Jahrhunderts. Bd. 138), S. V-XXXIX

Ridderhoff Diss
Ridderhoff, Kuno: Sophie von La Roche, die Schülerin Richardsons und Rousseaus. Phil. Diss. Göttingen 1895

Schieth, Lydia: Die Entwicklung des deutschen Frauenromans im ausgehenden 18. Jahrhundert. Ein Beitrag zur Gattungsgeschichte. Frankfurt/M. u. a.: Peter Lang 1987

Schindel
Schindel, Carl Wilhelm Otto August von: Die deutschen Schriftstellerinnen des neunzehnten Jahrhunderts. Th. 1-3. Leipzig: Brockhaus 1823/1825/1825

Schmid, Gotthold Otto: Marmontel, seine moralischen Erzählungen und die deutsche Literatur. Phil. Diss. Freiburg 1935

Schmidl, Michael: Beytrag zur Enthüllung falschnahmiger (pseudonymer) deutscher Schriftsteller, noch lebend, oder erst im 19. Jahrhundert gestorben. In: Literarischer Anzeiger 2, 1820, Nr. 26-28; 4, 1822, Nr. 3

Schmidt
Schmidt, Andreas Gottfried: Anhalt'sches Schriftsteller-Lexikon, oder historisch-literarische Nachrichten über die Schriftsteller, welche in Anhalt geboren sind oder gewirkt haben... Bernburg: Wilhelm Gröning 1830

Schmidt, Rudolf: Deutsche Buchhändler. Deutsche Buchdrucker. Beiträge zu einer Firmengeschichte des deutschen Buchgewerbes. 6 Bde. in 1 Bd. Hildesheim: Georg Olms 1979

Schmidt/M
Schmidt, Valentin Heinrich und Daniel Gottlieb Mehring: Neuestes gelehrtes Berlin oder literarische Nachrichten von jetzt lebenden berlinischen Schriftstellern und Schriftstellerinnen. T. 1. 2. Berlin: Maurer 1795

Schreinert, Kurt: Benedikte Naubert. Ein Beitrag zur Entstehungsgeschichte des historischen Romans in Deutschland. Berlin 1941. (= Germanische Studien, Heft 230) Nendeln/Liechtenstein: Kraus Reprint 1969

Schröder, Hans (Begr.): Lexikon der hamburgischen Schriftsteller bis zur Gegenwart. Bd. 1-8. Hamburg: Mauke in Komm. 1851-1883

Schüling, Hermann [Hrsg.]: Hain, Ulrich u. Jörg Schilling: Katalog der Sammlung „Trivialliteratur des 19. Jahrhunderts" in der Univ. Bibl. Giessen. Giessen: Universitätsbibliothek 1970 (= Berichte und Arbeiten aus der Universitätsbibliothek Giessen Bd. 20)

Stock, Karl F., Rudolf Heilinger und Marylène Stock: Personalbibliographien österreichischer Dichter und Schriftsteller. Von den Anfängen bis zur Gegenwart. Mit Auswahl einschlägiger Bibliographien, Nachschlagewerke, Sammelbibliographien, Literaturgeschichten und Anthologien. Pullach bei München: Verlag Dokumentation 1972

Touaillon
Touaillon, Christine: Der deutsche Frauenroman des 18. Jahrhunderts. Wien u. Leipzig: Wilhelm Braumüller 1919

Weber/M
Weber, Ernst und Christine Mithal: Deutsche Originalromane zwischen 1680 und 1780. Eine Bibliographie mit Besitznachweisen (Bundesrepublik Deutschland und Deutsche Demokratische Republik). Berlin: Erich Schmidt 1983

Wegehaupt
Wegehaupt, Heinz und Edith Fichtner: Alte deutsche Kinderbücher. Bibliographie 1507-1850. Zugleich Bestandsverzeichnis der Kinder- und Jugendbuchabteilung der Deutschen Staatsbibliothek zu Berlin. Bd. 1. Hamburg: Ernst Hauswedell (1979)

Weller Fing
Weller, Emil: Die falschen und fingierten Druckorte. Repertorium der seit Erfindung der Buchdruckerkunst unter falscher Firma erschienenen deutschen, lateinischen und französischen Schriften. Bd. 1 (Die deutschen und lateinischen Schriften). Nachdruck der 2. vermehrten u. verbesserten Aufl. Leipzig 1864 Hildesheim: Georg Olms 1960

Weller, Emil: Lexicon Pseudonymorum. Wörterbuch der Pseudonymen aller Zeiten und Völker oder Verzeichniss jener Autoren, die sich falscher Namen bedienten. 2., durchaus verbesserte u. vermehrte Aufl. Regensburg: Alfred Coppenrath 1886

Pompecki, Bruno: Literaturgeschichte der Provinz Westpreußen. Ein Stück Heimatkultur. Danzig: Kafemann 1915

Wiede-Behrendt, Ingrid: Lehrerin des Schönen, Wahren, Guten. Literatur und Frauenbildung im ausgehenden 18. Jahrhundert am Beispiel Sophie von La Roche. Frankfurt/ M. u. a.: Peter Lang 1987 (= Europäische Hochschulschriften. Reihe I. Deutsche Sprache und Literatur. Bd. 997)

Wilpert, Gero von und Adolf Gühring: Erstausgaben deutscher Dichtung. Eine Bibliographie zur deutschen Literatur 1600-1960. Stuttgart: Alfred Kröner 1967

Wurzbach
Wurzbach, Constant von: Biographisches Lexikon des Kaiserthums Oesterreich, enthaltend die Lebensskizzen der denkwürdigen Personen, welche 1750 bis 1850 im Kaiserstaate und in seinen Kronländern gelebt haben. Bd. 1-60. Wien: Verlag Univ.-Buchdruckerei von L. C. Zamarski 1856-1891

VERFASSERINNEN- UND WERKREGISTER

Titel, die in den Quellen der jeweiligen Autorin fälschlich zugeordnet werden, sind kursiv gesetzt, ebenso Titel anonymer Verfasserinnen und männlicher Verfasser unter weiblichem Pseudonym.

Adelung: Emma oder Liebe und Täuschung 1810 23
Ahlefeld: Die Bekanntschaft auf der Reise 1801 24
— Briefe auf einer Reise durch Deutschland und die Schweiz 1810 24
— Einfache Darstellungen 1799 24
— Die Frau von vierzig Jahren 1829 s. Huber, Therese 73
— Klosterberuf 1812 s. Huber, Therese: Erzählungen von Therese Huber 72
— Die Kokette 1810 24
— Liebe und Entsagung 1805 25
— Liebe und Trennung 1798 25
— Louise und Meiland 1802 25
— Marie Müller 1799 26
— Die Stiefsöhne 1810 26
— Therese 1805 26
Albrecht: Aramena 1782-1786 27
— Erzählungen aus dem Dunkel der Vorzeit 1801 s. dies.: Trümmer der Vergangenheit, Bd. 3 29
— Fragmente aus dem Tagebuche einer Unglüklichen 1785 s. dies.: Gedichte 27
— Frömmigkeit wird belohnt 1797 s. dies.: Trümmer der Vergangenheit, Bd. 2 29
— Gedichte und prosaische Fragmente 1785 27
— *Geheime Geschichte eines Rosenkreuzers* 1791 (Lebensdaten) 27
— Graumännchen oder die Burg Rabenbühl 1799 28
— Das höfliche Gespenst 1797 28
— Ida von Duba das Mädchen im Walde 1805 28
— Ida von Dueben 1807 s. dies.: Ida von Duba 28
— Legenden von S. A. 1797 28
— Die reiche Anna 1801 s. dies.: Trümmer der Vergangenheit, Bd. 3 29
— Romantische Dichtungen aus der ältern christlichen Kirche 1808 29
— Trümmer der Vergangenheit 1796-1801 29
Anonym: Der Heyratscontrast 1785 (Anhang A) 177
— *Kinder der Phantasie 1804* (Anhang A) 177
— *Mariane Rosenthal 1791* (Anhang A) 177
Anschel: Kleine Romane und Erzählungen 1811 29

Baldinger: Lebensbeschreibung von Friderika Baldinger 1791 31
Bamberger: Ein Brief eines verheuratheten Frauenzimmers 1778 31

Bandemer: Gedichte und prosaische Kleinigkeiten 1811 (Lebensdaten) 32
— Klara von Bourg 1798 32
— Schreiben einer deutschen Gräfin und Dichterin 1797 (Lebensdaten) 32
— Schreiben einer Mutter 1791 (Lebensdaten) 32
— Zerstreute Blätter 1821 s. dies.: Klara von Bourg 32
— Zufällige Gedanken 1811 (Lebensdaten) 31
Barthel: Marie oder die Phantasie der Liebe 1804 32
Becker: Briefe einer Curländerinn 1791 33
Berger: Ida und Claire 1807 33
— Kleine Romane 1818 34
— Die sonderbare Burg des Ritters Renno 1807 34
— Sophia oder die Folgen des Leichtsinns 1807 34
— Das Wunderbare Verlöbniß 1807 34
Berlepsch: Caledonia 1802-1804 35
— Einige Bemerkungen zur ... Schweitzer-Revolution 1799 (Lebensdaten) 34
— Sommerstunden 1794 s. dies.: Caledonia 35
Bernard: Briefe während meines Aufenthalts in England und Portugal 1802 35
— Gesammelte Blätter 1806 36
Bernhardi, E. E.: Julie und Friederike 1799 36
— Reise einer Tante 1817 (Lebensdaten) 36
— Ungewöhnliche Menschen in gewöhnlichen Begebenheiten 1801 36
— Ein Wort zu seiner Zeit 1798 37
Bernhardi, S.: Bambocciaden. Dritter Theil 1800 37
— Evremont 1836 (Lebensdaten) 37
— Julie Saint Albain 1801 38
— Wunderbilder und Träume 1802 38
Blumenthal: Lebensbeschreibung Hans Joachims von Zieten 1797 38
Brachmann: Auserlesene Dichtungen 1834 (Lebensdaten) 39
Brockes: Natur, Roman und Empfindung 1781 39
Brun: Abendtraum s. dies.: Gedichte sowie dies.: Prosaische Schriften, Bd. 2 41
— Auszüge aus einem Tagebuche über Rom s. dies.: Prosaische Schriften, Bd. 3 und 4 41
— Cyane und Amandor 1792 40
— Episoden aus Reisen, Bd. 1-4, 1806-1818 40
— Gedichte 1795 41
— Prosaische Schriften 1799-1801 41
— Reise von Genf in das südliche Frankreich und nach Italien s. Episoden aus Reisen ..., Bd. 3 40
— Die Schöpfung der Alpenrose 1791 s. dies.: Gedichte sowie dies.: Prosaische Schriften, Bd. 2 41
— Sitten- und Landschaftsstudien von Neapel ... 1818 42

Brun: Tagebuch einer Reise durch die östliche, südliche und italienische Schweiz 1800 42
— Tagebuch meiner ersten Reise 1782 43
— Tagebuch über Rom s. dies.: Prosaische Schriften, Bd. 3 und 4 41
— Wahrheit aus Morgenträumen 1824 (Lebensdaten) 40
Bürger: Irrgänge des weiblichen Herzens 1799 43
— Mein Taschenbuch 1804 43
— Schein und Wahrheit 1799 44
— Über meinen Aufenthalt in Hannover 1801 44

Carus: Armand und Angela 1803/1804 45
Chézy: Euryanthe. Große romantische Oper 1824 s. dies.: Geschichte der tugendsamen Euryanthe 45
— Französische Miscellen 1803-1807 (Lebensdaten) 45
— Geschichte der tugendsamen Euryanthe 1804 45
— Leben und Kunst in Paris 1805/1806 46
— Leben und romantische Dichtungen der Tochter der Karschin s. Klencke, Karoline Luise von 79
— Unvergessenes 1858 (Lebensdaten) 45
Clodius: Eduard Montrefeuil 1806 46
Curtius: Antonie 1809 47
— Die Flucht aus dem Vaterhause 1815 (Lebensdaten) 47
— Franziska oder die Verkettung des Schicksals 1815 (Lebensdaten) 47
— *Merckwürdiges und Wunderbahres Schicksahl ANTONII *** 1776* (Lebensdaten) 47

Dapping: Das schwarze Haus in Weiß-Rußland 1810 48

Eberhard: Fünf und vierzig Jahre aus meinem Leben 1802 49
— Das Weib ohne physische Liebe 1803 49
Ehrmann: Amalie 1788 50
— Amalie und Minna s. dies.: Amalie 50
— Amaliens Erholungstunden 1790-1792 (Lebensdaten) 49
— Amaliens Feyerstunden 1796-1798 50
— Amaliens Schreibtafel 1796 51
— Antonie von Warnstein 1798 51
— Die Einsiedlerinn aus den Alpen 1793-1794 (Lebensdaten) 49
— Erzählungen 1795 51
— Flora 1793 (Lebensdaten) 50
— Frauenzimmerzeitung 1787 (Lebensdaten) 50
— Graf Bilding 1788 52
— Kleine Fragmente für Denkerinnen 1789 (Lebensdaten) 50

Ehrmann: Müssige Stunden eines Frauenzimmers 1784 52
— Nina's Briefe an ihren Geliebten 1788 52
— Philosophie eines Weibs 1784 52
Engelhard: Gesammelte Briefe von Julien 1806-1809 53

Feldhahn: Der Schatz in der Waldburg 1798 54
Fischer: Clementine s. dies.: Die Honigmonathe 55 sowie dies.: Mährchen 56
— *Elisa oder das Weib wie es seyn sollte. Zweyter Theil* 1800 (Lebensdaten) 54
— Der Günstling 1809 54
— Gustavs Verirrungen 1801 55
— Die Honigmonathe 1802 55
— Kleine Erzählungen und romantische Skizzen 1818 55
— Mährchen 1802 56
— Margarethe 1812 56
— *Ueber den Umgang der Weiber mit Männern* 1800 (Lebensdaten) 54
— Vierzehn Tage in Paris 1801 57
Frömmichen: Briefwechsel der Familie von Bernheim 1799 57
— Emilie von Wilmar 1798 57
— Kinderalmanach oder die Familie von Bernheim 1795 58
— Kinderalmanach oder Emilie von Wilmar 1798 58
— Lida 1801 58
Frohberg: Louise oder kindlicher Gehorsam und Liebe in Streit 1808 59
— Schmerz der Liebe 1810 59
Froriep: Amalie von Nordheim 1783 59

Gensel: Elisens von Honau und ihrer Erzieherinn ... Unterredung in Briefen 1803/
    1806 60
— Kleine Gemälde für fühlende Herzen 1811 (Lebensdaten) 60
— Sophron und Problemimus 1822 (Lebensdaten) 60
Gensicke: Rosamunde oder Die Pfänder der Treue 1811 60
Gersdorf: Esther Raphael oder die Prosyliten 1797 61
— Die Familie Walberg 1792 61
— Familienscenen 1799 61
— Glycerens Blumenkranz 1791-1792 (Lebensdaten) 61
— Die Kreuzfahrerinnen 1794 (Lebensdaten) 61
— Mnemosyne 1797/1798 62
— Romantische Scenen der Würklichkeit 1794 62
— Situationen, oder Geschichte Ottiliens 1794 62
— Der Tod Leopolds II. 1792 (Lebensdaten) 61
Giovane di Girasole: Auf/Über die Aufhebung der Leibeigenschaft in Böhmen
    s. dies.: Gesammelte Schriften 63
— Gesammelte Schriften 1793 63

Giovane di Girasole: Idyllen s. dies.: Gesammelte Schriften 63
— Über den Vesuv 1783 64
— Die vier Weltalter s. dies.: Gesammelte Schriften 63
Gleim: Erzählungs- und Bilderbuch 1810-1817 (Lebensdaten) 64
— Erziehung und Unterricht 1810 (Lebensdaten) 64
— Kindermoral in Beispielen 1809-1810 (Lebensdaten) 64
Goldstein: Adelaide 1807 64
— Astolpho 1804 65
— Erzählungen und dramatisch bearbeitete Scenen 1800 65
— Kollmar und Klaire 1793/1795 65
— Laura de Vastella 1804 66
— Das Mädchen Wunderhold 1810 66
— Sammlung theils dialogisirter Geschichten s. dies.: Erzählungen und dramatisch bearbeitete Scenen 65
— Stolz und Liebe 1804 66
— Der Traum und das Erwachen 1809 66
Gründler: Antonie Westau 1806 67
Günderrode: Geschichte eines Braminen 67 s. La Roche, Sophie von, Herbsttage 94

Haugwitz: Bergblumen 1812 (Lebensdaten) 68
— Nanny und Adelinde 1808 68
— Waldblumen 1809 (Lebensdaten) 68
Hedwig: Briefe junger Fräulein 1778 68
Hille: Geschichte der gräflichen Familie von R.. 1800 68
Hollmann: Hinko von Waldstein 1794/1797 69
Holst: Bemerkungen über die Fehler unserer modernen Erziehung 1791 (Lebensdaten) 69
— Briefe an eine Freundin über Elisa 1799 (Lebensdaten) 69
— Über die Bestimmung des Weibes zur höhern Geistesbildung 1802 69
Huber: Abentheuer auf einer Reise nach Neu-Holland 1793 (Lebensdaten) 70
— Bemerkungen über Holland 1811 70
— Die Blumenwelt 1833 70
— Denkwürdigkeiten des Kapitän Landolph 1825 70
— Die Ehelosen 1829 71
— Ellen Percy 1822 71
— Erzählungen von L. F. Huber 1801-1802 71
— Erzählungen von Therese Huber 1830-1833 72
— Die Familie Seldorf 1795/1796 73
— Die Frau von vierzig Jahren 1800 73
— Die Geschichte des Cevennen-Kriegs 1834 74
— Hannah 1821 74

Huber: Hubers gesammelte Erzählungen fortgesetzt 1819 74
— Jugendmuth 1824 75
— Luise 1796 75
— Die Weihe der Jungfrau 1831 75
Hübner: Asteria, oder der Partherkrieg 1810 76
— Kleeblätter 1816-1818 (Lebensdaten) 76
Hülsen: Erzählungen 1806 76

Katharina II.: Erzählungen und Gespräche 1783 77
— Katharina II. in ihren Memoiren 1916 (Lebensdaten) 77
— Das Märchen vom Zarewitsch Chlor 1782 77
— Das Märchen vom Zarewitsch Fewei s. dies.: Erzählungen und Gespräche 77
— Obidah 1786 78
Keyserling: Nachrichten aus dem Monde 1781 78
Khaser: Briefe eines Frauenzimmers 1780 78
Klencke: August und Julie s. dies.: Leben und romantische Dichtungen 79
— Cäcilie 1780 79
— Charakteristische Beobachtungen und Erfahrungen 1793 79
— Leben und romantische Dichtungen der Tochter der Karschin 1805 79
Knab: Tagebuch einer jungen Ehefrau 1780 79
Krockow: Briefe einer Vaterlandsfreundinn 1794 80
Krook: Briefe einer reisenden Dame aus der Schweitz 1786 80
Krosigk: Das Dörfchen Larcy 1806 81
— Novellen 1805 81
Krüdener: Valerie 1804 82
Kühn: *Cäsar Cassarelli* 1803 (Lebensdaten) 82
— Eduard und Amanda 1803 82
— Gustav Moraldino 1803 83
— Die schöne Mathilde 1802 83
— Die Stürme des Schicksals, oder der Verführer 1800 83
— Verbildung und Leichtsinn 1800 83
— *Die Wahl der Braut* 1803 (Lebensdaten) 82

La Motte-Fouqué: Drei Mährchen 1806 85
— Die Frau des Falkensteins 1810 85
— Kleine Erzählungen 1811 85
— Kleine Romanenbibliothek von für Damen 1810-1817 86
— Magie der Natur 1812 87
— Neue Erzählungen 1817 87
— Rodrich 1806/1807 87
La Roche: Briefe an Lina (als Mädchen) 1785 (Bd. 1) 89
— Briefe an Lina als Mutter 1795/1797 (Bd. 2.3.) 89 f

La Roche: Briefe an Sophia 1820 90
— Briefe über Mannheim 1791 90
— Der Eigensinn der Liebe 1772 90
— Empfindungen der Verfasserin 1782 91
— Erinnerungen aus meiner dritten Schweizerreise 1793 91
— Erscheinungen am See Oneida 1798 91
— Fanny und Julia 1801/1802 91
— Freunde und Freundinnen von zwei sehr verschiedenen Jahrhunderten 1789 92
— Freundschaftliche Frauenzimmerbriefe s. dies.: Rosaliens Briefe 99
— Geschichte des Fräuleins von Sternheim 1771 92
— Geschichte von Miß Lony 1789 93
— Die glückliche Reise 1783 93
— Herbsttage 1805 94
— Joseph II. 1781 94
— Journal einer Reise durch die Schweitz s. dies.: Tagebuch einer Reise durch die Schweiz 100
— Journal einer Reise durch Frankreich 1787 94
— Kleiner Hausbedarf für Frauenzimmer 1798/1800 95
— Lebensbeschreibung von Friderika Baldinger s. Baldinger 31
— Liebe-Hütten 1803/1804 95
— Mein Schreibetisch 1799 95
— Melusinens Sommer-Abende 1806 95
— Moralische Erzählungen 1783/1784 96
— Moralische Erzählungen, 2. Aufl., 1799 97
— Moralische Erzählungen im Geschmack Marmontel's s. dies.: Moralische Erzählungen 1783/1784 96
— Moralische Erzählungen, Nachlese 1787 97
— Mütterlicher Rath für junge Mädchen 1797 98
— Neuere moralische Erzehlungen 1786 98
— *Oeconomisch-moralischer Hausbedarf* 1798-1799 (Lebensdaten) 88
— Reise von Offenbach nach Weimar 1800 98
— Rosalie und Cleberg 1791 99
— Rosaliens Briefe 1779-1781 99
— Schattenrisse abgeschiedener Stunden s. dies.: Reise von Offenbach nach Weimar 98
— Schönes Bild der Resignation 1795/1796 100
— Der schwermüthige Jüngling 1783 100
— Tagebuch einer Reise durch die Schweitz 1787 100
— Tagebuch einer Reise durch Holland und England 1788 101
— Waldone 1784 101
— Die zwey Schwestern 1784 101

Lichtenau: Apologie der Gräfin Lichtenau 1808 102
Liebeskind: Anbury [Aubury] Reisen 1791 (Lebensdaten) 102
— Für junge Frauenzimmer 1791 103
— Maria 1784 103
Liemann: Amaliens von Liemann Reisen 1794 103
Löwenstein-Wertheim-Virneburg: Zween Spaziergänge 1779 104
Lohmann: Antonie 1799 104
— Clare von Wallburg 1796 104
— Claudine Lahn 1802/1803 105
— Geschichte zweyer Frauen aus dem Hause Blankenau 1811 105
— Herbstblumen meines Geistes 1810 105
— Die Irrgänge des häuslichen Lebens 1798 s. dies.: Weihestunden der Muse, Bd. 3 106
— Jacobine 1794 105
— Leben und Dichtung, in Erzählungen 1820 (Lebensdaten) 104
— Leichtsinn und Wahn 1805 106
— Marie oder die Geheimnisse 1806 106
— Der Schein trügt s. dies.: Weihestunden der Muse, Bd. 1 106
— Der Steinbruch 1797 s. dies.: Weihestunden der Muse, Bd. 2 106
— Weihestunden der Muse 1796-1799 106
— Das Wiedersehen im Kriege 1799 107
— Winterabende 1801 107
Ludecus: *Cäcilie* 1816 (Lebensdaten) 107
— Luise oder die unseligen Folgen des Leichtsinns 1800 107
— Sophie von Normann 1806 108
Ludwig: Die arme Familie 1799 108
— Der arme Mann 1802 109
— Aufsätze eines Frauenzimmers vom Lande 1787 109
— Erzählungen von guten, und für gute Seelen 1799/1800 109
— Die Familie Hohenstam(m) 1793-1796 110
— Gemählde häuslicher Scenen 1789-1791 110
— Henriette, oder das Weib, wie es seyn kann 1800 111
— Juda, oder der erschlagne Redliche 1791 111
— Lohn der Tugend 1805 112
— Moralische Erzählungen 1802 112
— Seleniden 1809 112
Lützow: Briefe einer Hofdame 1789 112
Luther: Briefe über die Erziehung 1809/1811 113

Mahlmann: Die Familie Zederström 1802 114
Mayer: Briefe für junge Mädchen 1809 s. dies.: Nützliche Unterhaltung 114
— Nützliche Unterhaltung für junge Mädchen 1810 114

Mayer: Romantische Erzählungen 1828 (Lebensdaten) 114
Mereau: Amanda und Eduard 1803 115
— Das Blüthenalter der Empfindung 1794 115
— Bunte Reihe kleiner Schriften 1805 115
— Fiammetta 1806 (Lebensdaten) 114
— Kalathiskos 1801-1802 (Lebensdaten) 114
— Die Margarethenhöle 1803 116
— Die Prinzessin von Cleves 1799 116
— Sammlung neuer Romane s. dies.: Die Margarethenhöle 116
— Sapho und Phaon 1806 (Lebensdaten) 114
— Spanische und Italienische Novellen 1804/1806 116
Meynier: Kleine dramatische Kinderromane 1802 117
— Mythologische Unterhaltungen 1804/1805 117
Möller: Was ich geredet habe 1789 118
— Zum Andenken 1785 118

Naubert: Alexis und Louise 1819 119
— Alf von Dülmen 1791 119
— Alme oder Egyptische Mährchen 1793-1797 120
— Amalgunde 1787 120
— Die Amtmannin von Hohenweiler 1788 120
— Attilas Schwert 1808 121
— Barbara Blomberg 1790 121
— Benedicte Naubert's letzte Original-Romane 1827 121
— Blumenlese aus den Schriften s. dies.: Der kurze Mantel und Ottilie 131
— Brunilde 1790 122
— Der Bund des armen Konrads 1795 122
— Corelia 1803 122
— Edwy und Elgiva 1791 122
— Elfride 1788 123
— Elisabeth Lezkau 1808 123
— Elisabeth, Erbin von Toggenburg 1789 123
— Eudocia 1806/1807 124
— Fontanges 1805 124
— *Fonts Bella und Clarissa* 1805 (Lebensdaten) 119
— Friedrich der Siegreiche Churfürst 1796 125
— Gebhard Truchses von Waldburg 1791 125
— Geschichte der Gräfin Thekla von Thurn 1788 125
— Geschichte des Lord Fitzherbert 1790 126
— Geschichte Emma's 1785 126
— Geschichte Heinrich Courtlands 1791 126
— Die Gräfin von Frondsberg 1806 126

Naubert: Graf Adolph der Vierte 1791 126
— Graf Heinrich von Nassau 1791 127
— Graf Rosenberg 1791 127
— Hatto, Bischoff von Maynz 1789 127
— Heerfort und Klärchen 1779 128
— Heinrich von Plauen 1793 128
— Heitere Träume 1806 128
— Herrmann von Unna 1788 129
— Irrungen 1808 129
— Joseph Mendez Pinto 1802 129
— Kleine Romane und Erzählungen 1800 130
— Konrad und Siegfried von Feuchtwangen 1792 130
— Konradin von Schwaben 1788 130
— Der kurze Mantel und Ottilie 1819 131
— Lioba und Zilia 1804 131
— Lord Heinrich von Holland 1791 132
— Lucinde 1792 132
— Marie Fürst 1792 132
— Mathurin 1809 132
— Merkwürdige Begebenheiten der gräflichen Familie von Wallis 1791 133
— Miß Louise Fox 1792 133
— Neue Volksmärchen der Deutschen 1789-1792 133
— *Nicolaus Zriny* 1808 (Lebensdaten) 119
— Ottilie 1791 134
— Pauline Frankini 1789 134
— Philippe von Geldern 1792 134
— Rosalba 1818 135
— Sammlung der merkwürdigsten altdeutschen Geschichten s. dies.: Geschichte der Gräfin Thekla von Thurn 125; Hatto, Bischoff von Maynz 127; Konradin von Schwaben 130; Werner, Graf von Bernburg 138
— Sitten und Launen der Grossen 1794 135
— Turmalin und Lazerta 1820 135
— Ulrich Holzer 1793 135
— Velleda 1795 136
— Wallfahrten oder Erzählungen der Pilger 1793 136
— Walter von Montbarry 1786 137
— Walter von Stadion 1794 137
— Wanderungen der Phantasie 1806 137
— Werner, Graf von Bernburg 1790 138
Neuenhagen: Der Graurock 1801 138
— Klaudine oder die treue Gattin 1802 139
— Laura's Briefwechsel mit ihren Zöglingen 1799 139

Oehme: Fatimens Morgenstunden 1799 140
Otto: Antonius 1810 140

Paulus: Adolph und Virginie 1811 141
— Natalie Percy 1811 141
— Wilhelm Dümont 1805 141
Pfranger: Auszüge aus dem Tagebuch einer traurenden Wittwe 1803 141
Pichler: Agathokles 1808 142
— Denkwürdigkeiten aus meinem Leben 1844 (Lebensdaten) 142
— Eduard und Malvina 1805 143
— Frauenwürde 1818 (Lebensdaten) 142
— Leonore 1804 143
— Olivier 1804 144
— Sie war es dennoch 1807 144
Pradatsch: Der Sieg der Natur 1790 145

Rave: Molly's Bekenntnise 1804 146
— Der Regenstein 1816 146
Rebenack: Reise eines jungen Frauenzimmers 1800/1804 146
Recke, von der: Bruchstücke aus Neanders Leben 1804 147
— Nachricht von des berüchtigten Cagliostro Aufenthalte 1787 147
— *Stender's Leben* 1805 (Lebensdaten) 147
Reclam: Briefe der Demoiselle S*** 1775 148
Reitzenstein: Aurora von Clari 1805 148
Reussing: Carl Strube 1784-1788 149
Riedesel: Die Berufs-Reise nach America 1800 149
Roth: Fabeln und moralische Geschichten 1802 150
Rudolphi: Gemälde weiblicher Erziehung 1807 150

Sagar: Karolinens Tagebuch 1774 151
— Die verwechselten Töchter 1771 151
Sassen (d. i. Gerle, Wolfgang Adolf): Alexis und Nadine 1803 (Anhang B) 178
— *Korally 1802* (Anhang B) 178
Schiller: Autun und Manon 1801 151
Schlegel: Florentin 1801 152
-- Geschichte des Zauberers Merlin 1804 152
— Lother und Maller 1805 153
Schopenhauer: Carl Ludwig Fernow's Leben 1810 153
— Jugendleben und Wanderbilder 1839(Lebensdaten) 153
Schuwitz: Leben der Madame Schuwitz 1792 (Anhang B) 178
Spieß: Emilie oder die belohnte Treue 1801 154
Sprenger: Marianens Reisen und Schicksale 1801 154

Steinwendler: Moralisches Lesebuch 1807 154
Stroth: Henriette von Aspach 1781 155
— Julie von Rheinstein 1781 155

Tarnow: Kleine Erzählungen 1815 156
— Natalie 1811 156
Thielau: Friederike Weiß und ihre Töchter 1805 156
Thon: Briefe von Carl Leuckfort 1782 157
— Julie von Hirtenthal 1780-1783 157
— Leithold 1782 157
— Mariane von Terville 1798 158
Tresenreuter: Geist der Memoiren 1789-1790 158
— Häusliches Glück 1798 158
— Lotte Wahlstein 1791/1792 158

Unger: Albert und Albertine 1804 160
— Bekenntnisse einer schönen Seele 1806 160
— Die Franzosen in Berlin 1809 160
— Gräfinn Pauline 1800 161
— Julchen Grünthal 1784/1798 161
— Der junge Franzose und das deutsche Mädchen 1810 162
— Marie Müller s. Ahlefeld, Charlotte von 26
— Melanie, das Findelkind 1804 162
— Prinz Bimbam 1802 162
— Rosalie und Nettchen 1801 163
— Vermischte Erzählungen und Einfälle 1783-1786 163
Uthke: Der weibliche Eremitenblick auf das Theater der Welt 1797 163

Vetter: Augusta 1793 164
— Das Kind der Liebe o. J. 164
Voigt: Cäcilie. Erzählungen und Novellen 1816 s. Ludecus (Lebensdaten) 107

Wahl: Adolphine 1794 165
— Emiliens Reise nach Paris 1791 165
— Minna's Feierstunden 1792 165
Wallenrodt: Adolph und Sidonie von Wappenkron 1796/1797 166
— Begebenheiten des Ritters Wolfram von Veldigk 1798 166
— Beschäftigungen meiner Feierstunden 1796 166
— Diogenes des Zweiten Beleuchtungen der Menschheit 1800 167
— Die drey Spinnrocken 1793 167
— Egonen und Schnaken 1796 167
— Emma von Ruppin 1794 168

Wallenrodt: Erzählungen und Anmerkungen 1807 168
— Fantasien meiner schlaflosen Nächte 1794 168
— Fritz, der Mann wie er nicht seyn sollte 1800 168
— Geistererscheinungen und Weißagungen 1796 169
— Goldfritzel 1797 169
— Heinrich Robers Begebenheiten 1794 169
— Der kleine Ritter 1799 169
— Das Leben der Frau von Wallenrodt 1797 170
— Prinz Hassan 1796 170
— Theophrastus Gradmann 1794 171
— Was fordert Pflicht und Vortheil der Deutschen? 1794 (Lebensdaten) 166
— Wie sich das fügt 1793 171
Wartensleben: Die Dulderin 1809 171
Will (d. i. Rochlitz, Friedrich): *Meine Freuden und Leiden als Jungfrau und Gattin 1797* (Anhang B) 179
Wobeser: Elisa oder das Weib wie es seyn sollte 1795 171
Woltmann: Blätter der Liebe 1806 173
— Erzählungen 1806 173
— Euphrosyne 1804 173
— Heloise ein kleiner Roman 1809 174
— Lebensbeschreibungen 1806 174
Wolzogen: Agnes von Lilien 1798 174
— Literarischer Nachlaß 1848-1849 (Lebensdaten) 174
— Walther und Nanny 1801 175
Württemberg: Liebe und Reue o. J. 175

TITELREGISTER

Titel, die in den Quellen der jeweiligen Autorin fälschlich zugeordnet werden, sind kursiv gesetzt, ebenso Titel anonymer Verfasserinnen und Titel männlicher Verfasser unter weiblichem Pseudonym.

Abendtraum s. Brun, Friederike: Gedichte sowie dies.: Prosaische Schriften, Bd. 2 41
Abentheuer auf einer Reise nach Neu-Holland s. Huber, Therese (Lebensdaten) 70
Adelaide s. Goldstein, Auguste von 64
Adolph und Sidonie von Wappenkron s. Wallenrodt, Eleonore von 166
Adolph und Virginie s. Paulus, Caroline 141
Adolphine s. Wahl, Helmine 165
Agathokles s. Pichler, Caroline 142
Agnes von Lilien s. Wolzogen, Caroline von 174
Albert und Albertine s. Unger, Helene 160
Alexis und Louise s. Naubert, Benedikte 119
Alexis und Nadine s. Anhang B 178
Alf von Dülmen s. Naubert, Benedikte 119
Alme oder Egyptische Mährchen s. Naubert, Benedikte 120
Amalgunde s. Naubert, Benedikte 120
Amalie s. Ehrmann, Marianne 50
Amalie und Minna s. Ehrmann, Marianne 50
Amalie von Nordheim s. Froriep, Amalie 59
Amaliens Erholungsstunden s. Ehrmann, Marianne (Lebensdaten) 49
Amaliens Feyerstunden s. Ehrmann, Marianne 50
Amaliens Freuden und Leiden als Jungfrau und Gattin s. Anhang B 179
Amaliens Schreibtafel s. Ehrmann, Marianne 51
Amaliens von Liemann Reisen s. Liemann, Amalie von 103
Amanda und Eduard s. Mereau, Sophie 115
Die Amtmannin von Hohenweiler s. Naubert, Benedikte 120
Anbury [Aubury] Reisen s. Liebeskind, Sophie Dorothea Margarete (Lebensdaten) 102
Antonie s. Curtius, Amalie 47
Antonie s. Lohmann, Friederike 104
Antonie von Warnstein s. Ehrmann, Marianne 51
Antonie Westau s. Gründler, Charlotte 67
Antonius s. Otto, Amöne 140
Apologie der Gräfin Lichtenau s. Lichtenau, Wilhelmine von 102
Aramena s. Albrecht, Sophie 27
Armand und Angela s. Carus, Johanne Caroline 45

Die arme Familie s. Ludwig, Sophie 108
Der arme Mann s. Ludwig, Sophie 109
Asteria, oder der Partherkrieg s. Hübner, Emilie 76
Astolpho s. Goldstein, Auguste von 65
Attilas Schwert s. Naubert, Benedikte 121
Auf/Über die Aufhebung der Leibeigenschaft in Böhmen s. Giovane di Girasole, Juliana: Gesammelte Schriften 63
Aufsätze eines Frauenzimmers vom Lande s. Ludwig, Sophie 109
August und Julie s. Klencke, Karoline von: Leben und romantische Dichtungen der Tochter der Karschin 79
Augusta s. Vetter, Cecilie 164
Aurora von Clari s. Reitzenstein, Friederike von 148
Auserlesene Dichtungen s. Brachmann, Louise (Lebensdaten) 39
Auszüge aus dem Tagebuch einer traurenden Wittwe s. Pfranger, Albertine 141
Auszüge aus einem Tagebuche über Rom s. Brun, Friederike: Prosaische Schriften, Bd. 3 und 4 41
Autun und Manon s. Schiller, Charlotte von 151

Bambocciaden 3 s. Bernhardi, Sophie 37
Barbara Blomberg s. Naubert, Benedikte 121
Begebenheiten des Ritters Wolfram von Veldigk s. Wallenrodt, Isabella von 166
Die Bekanntschaft auf der Reise s. Ahlefeld, Charlotte von 24
Bekenntnisse einer schönen Seele s. Unger, Helene 160
Beleuchtungen der Menschheit mit der Laterne s. Wallenrodt, Isabella von: Diogenes des Zweiten Beleuchtungen ... 167
Bemerkungen über die Fehler unserer modernen Erziehung s. Holst, Amalia (Lebensdaten) 69
Bemerkungen über Holland s. Huber, Therese 70
Benedicte Naubert's letzte Original-Romane s. Naubert, Benedikte 121
Bergblumen, gepflückt in den Trümmern des Kynasts s. Haugwitz, Karoline Louise von (Lebensdaten) 68
Die Berufs-Reise nach America s. Riedesel, Friederike von 149
Beschäftigungen meiner Feierstunden s. Wallenrodt, Isabella von 166
Bibliothek der grauen Vorwelt, Bd. 1 s. Wallenrodt, Isabella von: Die drey Spinnrocken 167
Biographische Skizze der Madame Ri(e)tz s. Lichtenau, Wilhelmine von: Apologie der Gräfin Lichtenau 102
Blätter der Liebe s. Woltmann, Karoline von 173
Das Blüthenalter der Empfindung s. Mereau, Sophie 115
Blumenlese aus den Schriften von Benedikte Naubert s. Naubert, Benedikte: Der kurze Mantel und Ottilie 131
Die Blumenwelt s. Huber, Therese 70

Titelregister

Ein Brief eines verheuratheten Frauenzimmers s. Bamberger, Antoinette 31
Briefe an eine Freundin über Elisa s. Holst, Amalia (Lebensdaten) 69
Briefe an Lina (als Mädchen) s. La Roche, Sophie von 89
Briefe an Lina als Mutter s. La Roche, Sophie von 89
Briefe an Sophia s. La Roche, Sophie von 90
Briefe auf einer Reise durch Deutschland und die Schweiz s. Ahlefeld, Charlotte von 24
Briefe der Demoiselle S*** s. Reclam, Marie Henriette Charlotte 148
Briefe einer Curländerinn s. Becker, Sophie 33
Briefe einer Hofdame s. Lützow, Frau von 112
Briefe einer reisenden Dame aus der Schweitz s. Krook, Anna Helena von 80
Briefe einer Vaterlandsfreundinn s. Krockow, Louise von 80
Briefe eines Frauenzimmers s. Khaser, Anna Theresia 78
Briefe für junge Mädchen s. Mayer, Julie: Nützliche Unterhaltung 114
Briefe junger Fräulein s. Hedwig, Clara Benedicte 68
Briefe über die Erziehung s. Luther, Charlotte 113
Briefe über Mannheim s. La Roche, Sophie von 90
Briefe von Carl Leuckfort s. Thon, Eleonore 157
Briefe während meines Aufenthalts in England und Portugal s. Bernard, Esther 35
Briefwechsel der Familie von Bernheim s. Frömmichen, Sophie 57
Bruchstücke aus Neanders Leben s. Recke, Elisa von der 147
Brunilde s. Naubert, Benedikte 122
Der Bund des armen Konrads s. Naubert, Benedikte 122
Bunte Reihe kleiner Schriften s. Mereau, Sophie 115

Cäcilie. Erzählungen und Novellen s. Ludecus, Karoline (Lebensdaten) 107
Cäcilie s. Klencke, Karoline von 79
Cäsar Cassarelli s. Kühn, Friederike Henriette (Lebensdaten) 82
Caledonia s. Berlepsch, Emilie von 35
Carl Ludwig Fernow's Leben s. Schopenhauer, Johanna 153
Carl Strube s. Reussing, Marianne 149
Charakteristische Beobachtungen und Erfahrungen einer Mutter s. Klencke, Karoline von 79
Clare von Wallburg s. Lohmann, Friederike 104
Claudine Lahn s. Lohmann, Friederike 105
Clementine s. Fischer, Auguste: Die Honigmonathe 55 sowie dies.: Mährchen 56
Clementine s. Lohmann, Friederike: Weihestunden der Muse, Bd. 1 106
Corelia s. Naubert, Benedikte 122
Cyane und Amandor s. Brun, Friederike 40

Denkwürdigkeiten aus meinem Leben s. Pichler, Caroline (Lebensdaten) 142
Denkwürdigkeiten des Kapitän Landolph s. Huber, Therese 70

Diogenes des Zweiten Beleuchtungen der Menschheit s. Wallenrodt, Isabella von 167
Das Dörfchen Larcy s. Krosigk, Ernestine von 81
Drei Mährchen s. La Motte-Fouqué, Caroline de 85
Die drey Spinnrocken s. Wallenrodt, Isabella von 167
Die Dulderin s. Wartensleben, Charlotte Wilhelmine Isabelle von 171

Eduard Montrefeuil s. Clodius, Julie 46
Eduard und Amanda s. Kühn, Friederike Henriette 82
Eduard und Malvina s. Pichler, Caroline 143
Edwy und Elgiva s. Naubert, Benedikte 122
Egonen und Schnaken s. Wallenrodt, Isabella von 167
Die Ehelosen s. Huber, Therese 71
Der Eigensinn der Liebe s. La Roche, Sophie von 90
Einfache Darstellungen s. Ahlefeld, Charlotte von 24
Einige Bemerkungen zur ... Schweitzer-Revolution s. Berlepsch, Emilie (Lebensdaten) 34
Die Einsiedlerinn aus den Alpen s. Ehrmann, Marianne (Lebensdaten) 49
Elfride s. Naubert, Benedikte 123
Elisa oder das Weib wie es seyn sollte s. Wobeser, Karoline von 171
Elisa ... Zweyter Theil s. Fischer, Auguste (Lebensdaten) 54
Elisabeth Lezkau s. Naubert, Benedikte 123
Elisabeth, Erbin von Toggenburg s. Naubert, Benedikte 123
Elisens von Honau und ihrer Erzieherinn Eulalia Waller Unterredung in Briefen s. Gensel, Charlotte 60
Ellen Percy s. Huber, Therese 71
Emilie oder die belohnte Treue s. Spieß, Theone 154
Emilie von Wilmar s. Frömmichen, Sophie 57
Emiliens Reise nach Paris s. Wahl, Helmine 165
Emma oder Liebe und Täuschung s. Adelung, Friederike 23
Emma von Ruppin s. Wallenrodt, Isabella von 168
Empfindungen der Verfasserin s. La Roche, Sophie von 91
Episoden aus Reisen s. Brun, Friederike 40
Erinnerungen aus meiner dritten Schweizerreise s. La Roche, Sophie von 91
Erscheinungen am See Oneida s. La Roche, Sophie von 91
Erzählungen 1795 s. Ehrmann, Marianne 51
Erzählungen 1806 s. Hülsen, Henriette von 76
Erzählungen 1806 s. Woltmann, Karoline von 173
Erzählungen aus dem Dunkel der Vorzeit s. Albrecht, Sophie 29
Erzählungen und Anmerkungen s. Wallenrodt, Isabella von 168
Erzählungen und dramatisch bearbeitete Scenen s. Goldstein, Auguste von 65
Erzählungen und Gespräche s. Katharina II. 77

Erzählungen von guten, und für gute Seelen s. Ludwig, Sophie 109
Erzählungen von L. F. Huber s. Huber, Therese 71
Erzählungen von Therese Huber s. Huber 72
Erzählungs- und Bilderbuch s. Gleim, Betty (Lebensdaten) 64
Erziehung und Unterricht s. Gleim, Betty (Lebensdaten) 64
Esther Raphael oder die Prosyliten s. Gersdorf, Wilhelmine von 61
Eudocia s. Naubert, Benedikte 124
Euphrosyne s. Woltmann, Karoline von 173
Euryanthe. Große romantische Oper s. Chézy, Helmina von: Geschichte der tugendsamen Euryanthe 45
Evremont s. Bernhardi, Sophie (Lebensdaten) 37

Fabeln und moralische Geschichten s. Roth, Albertine 150
Die Familie Hohenstam(m) s. Ludwig, Sophie 110
Die Familie Seldorf s. Huber, Therese 73
Die Familie von Bernheim s. Frömmichen, Sophie: Kinderalmanach oder die Familie von Bernheim 58
Die Familie Walberg s. Gersdorf, Wilhelmine von 61
Die Familie Zederström s. Mahlmann, Louise 114
Familienscenen s. Gersdorf, Wilhelmine von 61
Fanny und Julia s. La Roche, Sophie von 91
Fantasien meiner schlaflosen Nächte s. Wallenrodt, Isabella von 168
Fatimens Morgenstunden s. Oehme, Sophie Constance Theodore 140
Fiammetta s. Mereau, Sophie (Lebensdaten) 114
Flora s. Ehrmann, Marianne (Lebensdaten) 50
Florentin s. Schlegel, Dorothea 152
Die Flucht aus dem Vaterhause s. Curtius, Amalie (Lebensdaten) 47
Fontanges s. Naubert, Benedikte 124
Fonts Bella und Clarissa s. Naubert, Benedikte (Lebensdaten) 119
Fragmente s. Albrecht, Sophie: Gedichte 27
Franziska oder die Verkettung des Schicksals s. Curtius, Amalie (Lebensdaten) 47
Französische Miscellen s. Chézy, Helmina von (Lebensdaten) 45
Die Franzosen in Berlin s. Unger, Helene 160
Die Frau des Falkensteins s. La Motte-Fouqué, Caroline de 85
Die Frau von vierzig Jahren 1800 s. Huber, Therese 73
Die Frau von vierzig Jahren 1829 s. Ahlefeld, Charlotte von 24
Frauenwürde s. Pichler, Caroline (Lebensdaten) 142
Frauenzimmerzeitung s. Ehrmann, Marianne (Lebensdaten) 50
Freunde und Freundinnen von zwei sehr verschiedenen Jahrhunderten s. La Roche, Sophie von 92
Freundschaftliche Frauenzimmerbriefe s. La Roche, Marie Sophie von: Rosaliens Briefe, Bd. 4 99

Friederike Weiß und ihre Töchter s. Thielau, Antoinette von 156
Friedrich der Siegreiche Churfürst s. Naubert, Benedikte 125
Fritz, der Mann wie er nicht seyn sollte s. Wallenrodt, Isabella von 168
Frömmigkeit wird belohnt s. Albrecht, Sophie: Trümmer der Vergangenheit, Bd. 2 29
Fünf und vierzig Jahre aus meinem Leben s. Eberhard, Wilhelmine 49
Für junge Frauenzimmer s. Liebeskind, Sophie Dorothea Margarete 103

Gebhard Truchses von Waldburg s. Naubert, Benedikte 125
Gedichte s. Brun, Friederike 41
Gedichte und prosaische Aufsätze s. Albrecht, Sophie 27
Gedichte und prosaische Kleinigkeiten s. Bandemer, Susanne von (Lebensdaten) 32
Geheime Geschichte eines Rosenkreuzers s. Albrecht, Sophie (Lebensdaten) 27
Geist der Memoiren s. Tresenreuter, Sophie von 158
Geistererscheinungen und Weißagungen s. Wallenrodt, Isabella von 169
Gemählde häuslicher Scenen s. Ludwig, Sophie 110
Gemälde weiblicher Erziehung s. Rudolphi, Caroline 150
Gesammelte Blätter s. Bernard, Esther 36
Gesammelte Briefe von Julien s. Engelhard, Caroline 53
Gesammelte Schriften s. Giovane di Girasole, Juliana 63
Geschichte der Gräfin Thekla von Thurn s. Naubert, Benedikte 125
Geschichte der gräflichen Familie von R.. s. Hille, Rosine Dorette 68
Geschichte der tugendsamen Euryanthe s. Chézy, Helmina von 45
Die Geschichte des Cevennen-Kriegs s. Huber, Therese 74
Geschichte des Fräuleins von Sternheim s. La Roche, Sophie von 92
Geschichte des Lord Fitzherbert s. Naubert, Benedikte 126
Geschichte des Zauberers Merlin s. Schlegel, Dorothea 152
Geschichte eines Bramines s. Günderrode, Karoline von 67
Geschichte Emma's s. Naubert, Benedikte 126
Geschichte Heinrich Courtlands s. Naubert, Benedikte 126
Geschichte von Miß Lony s. La Roche, Sophie von 93
Die Geschichte von Pythicus und der Prinzessin Save s. Naubert, Benedikte: Alme oder Egyptische Mährchen, Teil 5 120
Geschichte zweyer Frauen aus dem Hause Blankenau s. Lohmann, Friederike 105
Die glückliche Reise s. La Roche, Sophie von 93
Glycerens Blumenkranz s. Gersdorf, Wilhelmine (Lebensdaten) 61
Goldfritzel s. Wallenrodt, Isabella von 169
Die Gräfin von Frondsberg s. Naubert, Benedikte 126
Gräfinn Pauline s. Unger, Helene 161
Graf Adolph der Vierte s. Naubert, Benedikte 126
Graf Bilding s. Ehrmann, Marianne 52
Graf Heinrich von Nassau s. Naubert, Benedikte 127

Graf Rosenberg s. Naubert, Benedikte 127
Graumännchen oder die Burg Rabenbühl s. Albrecht, Sophie 28
Der Graurock s. Neuenhagen, Wilhelmine 138
Der Günstling s. Fischer, Auguste 54
Gustav Moraldino s. Kühn, Friederike Henriette 83
Gustavs Verirrungen s. Fischer, Auguste 55

Häusliches Glück s. Tresenreuter, Sophie von 158
Hannah s. Huber, Therese 74
Hatto, Bischoff von Maynz s. Naubert, Benedikte 127
Heerfort und Klärchen s. Naubert, Benedikte 128
Heinrich Robers Begebenheiten s. Wallenrodt, Isabella von 169
Heinrich von Plauen s. Naubert, Benedikte 128
Heitere Träume s. Naubert, Benedikte 128
Heloise ein kleiner Roman s. Woltmann, Karoline von 174
Henriette von Aspach s. Stroth, Christiane 155
Henriette, oder das Weib, wie es seyn kann s. Ludwig, Sophie 111
Herbstblumen meines Geistes s. Lohmann, Friederike 105
Herbsttage s. La Roche, Sophie von 94
Herrmann von Unna s. Naubert, Benedikte 129
Der Heyrathscontrast s. Anhang A 177
Hinko von Waldstein s. Hollmann, Elisabeth 69
Das höfliche Gespenst s. Albrecht, Sophie 28
Die Honigmonathe s. Fischer, Auguste 55
Hubers gesammelte Erzählungen fortgesetzt s. Huber, Therese 74

Ida und Claire s. Berger, Julie 33
Ida von Duba das Mädchen im Walde s. Albrecht, Sophie 28
Ida von Dueben s. Albrecht, Sophie: Ida von Duba 28
Idyllen s. Giovane di Girasole, Juliana: Gesammelte Schriften 63
Die Irrgänge des häuslichen Lebens s. Lohmann, Friederike: Weihestunden der Muse, Bd. 3 106
Irrgänge des weiblichen Herzens s. Bürger, Elise 43
Irrungen s. Naubert, Benedikte 129

Jacobine s. Lohmann, Friederike 105
Joseph II. nahe bei Speier s. La Roche, Sophie von 94
Joseph Mendez Pinto s. Naubert, Benedikte 129
Journal einer Reise durch die Schweitz s. La Roche, Sophie von: Tagebuch einer Reise durch die Schweiz 100
Journal einer Reise durch Frankreich s. La Roche, Sophie von 94
Juda, oder der erschlagne Redliche s. Ludwig, Sophie 111

Jugendleben und Wanderbilder s. Schopenhauer, Johanna (Lebensdaten) 153
Jugendmuth s. Huber, Therese 75
Julchen Grünthal s. Unger, Helene 161
Julie Saint Albain s. Bernhardi, Sophie 38
Julie und Friederike s. Berhardi, Elisabeth Eleonore 36
Julie von Hirtenthal s. Thon, Eleonore 157
Julie von Rheinstein s. Stroth, Christiane 155
Der junge Franzose und das deutsche Mädchen s. Unger, Helene 162

Kalathiskos s. Mereau, Sophie (Lebensdaten) 114
Karolinens Tagebuch s. Sagar, Maria Anna 151
Katharina II. in ihren Memoiren s. dies.: (Lebensdaten) 77
Das Kind der Liebe s. Vetter, Cecilie 164
Kinder der Phantasie s. Anhang A 177
Kinderalmanach oder die Familie von Bernheim s. Frömmichen, Sophie 58
Kinderalmanach oder Emilie von Wilmar s. Frömmichen, Sophie 58
Kindermoral in Beispielen s. Gleim, Betty (Lebensdaten) 64
Klara von Bourg s. Bandemer, Susanne von 32
Klaudine oder die treue Gattin s. Neuenhagen, Wilhelmine 139
Kleeblätter s. Hübner, Emilie (Lebensdaten) 76
Kleine dramatische Kinderromane s. Meynier, Luise 117
Kleine Erzählungen s. La Motte-Fouqué, Caroline de 85
Kleine Erzählungen s. Tarnow, Fanny 156
Kleine Erzählungen und romantische Skizzen s. Fischer, Auguste 55
Kleine Fragmente für Denkerinnen s. Ehrmann, Marianne (Lebensdaten) 50
Kleine Gemälde für fühlende Herzen s. Gensel, Charlotte (Lebensdaten) 60
Der kleine Ritter s. Wallenrodt, Isabella von 169
Kleine Romane s. Berger, Julie 34
Kleine Romane und Erzählungen s. Anschel, Clara 29
Kleine Romane und Erzählungen s. Naubert, Benedikte 130
Kleine Romanenbibliothek von und für Damen s. La Motte-Fouqué, Caroline de 86
Kleiner Hausbedarf für Frauenzimmer s. La Roche, Sophie von 95
Klosterberuf s. Huber, Therese: Erzählungen von Therese Huber 72
König Remphis oder das Labyrinth s. Naubert, Benedikte: Alme oder Egyptische Mährchen, Bd. 2 120
Die Kokette s. Ahlefeld, Charlotte von 24
Kollmar und Klaire s. Goldstein, Auguste von 65
Konrad und Siegfried von Feuchtwangen s. Naubert, Benedikte 130
Konradin von Schwaben s. Naubert, Benedikte 130
Korally s. Anhang B 178
Die Kreuzfahrerinnen s. Gersdorf, Wilhelmine von (Lebensdaten) 61

Titelregister

Der kurze Mantel und Ottilie s. Naubert, Benedikte 131

Laura de Vastella s. Goldstein, Auguste von 66
Laura's Briefwechsel mit ihren Zöglingen s. Neuenhagen, Wilhelmine 139
Das Leben der Frau von Wallenrodt s. Wallenrodt, Isabella von 170
Leben der Madame Schuwitz s. Anhang B 178
Leben und Dichtung, in Erzählungen s. Lohmann, Friederike (Lebensdaten) 104
Leben und Kunst in Paris s. Chézy, Helmina von 46
Leben und romantische Dichtungen der Tochter der Karschin s. Klencke, Karoline von 79
Lebensbeschreibung Hans Joachims von Zieten s. Blumenthal, Luise Johanna Leopoldine von 38
Lebensbeschreibung von Friderika Baldinger s. Baldinger 31
Lebensbeschreibungen s. Woltmann, Karoline von 174
Legenden aus den Zeiten der Wunder und der Erscheinungen s. Albrecht, Sophie: Legenden von S. A. 28
Legenden von S. A. s. Albrecht, Sophie 28
Leichtsinn und Wahn s. Lohmann, Friederike 106
Leithold s. Thon, Eleonore 157
Leonore s. Pichler, Caroline 143
Lida s. Frömmichen, Sophie 58
Liebe und Entsagung s. Ahlefeld, Charlotte von 25
Liebe und Reue s. Würtemberg, Maria Anna Herzogin von 175
Liebe und Trennung s. Ahlefeld, Charlotte von 25
Liebe-Hütten s. La Roche, Sophie von 95
Lioba und Zilia s. Naubert, Benedikte 131
Literarischer Nachlaß s. Wolzogen, Caroline von (Lebensdaten) 174
Lohn der Tugend s. Ludwig, Sophie 112
Lord Heinrich von Holland s. Naubert, Benedikte 132
Lother und Maller s. Schlegel, Dorothea 153
Lotte Wahlstein s. Tresenreuter, Sophie von 158
Louise oder kindlicher Gehorsam und Liebe in Streit s. Frohberg, Regina 59
Louise und Meiland s. Ahlefeld, Charlotte von 25
Lucinde s. Naubert, Benedikte 132
Luise oder die unseligen Folgen des Leichtsinns s. Ludecus, Karoline 107
Luise. Ein Beitrag zur Geschichte der Konvenienz s. Huber, Therese 75

Das Mädchen Wunderhold s. Goldstein, Auguste von 66
Mährchen s. Fischer, Auguste 56
Das Märchen vom Zarewitsch Chlor s. Katharina II. 77
Das Märchen vom Zarewitsch Fewei s. Katharina II.: Erzählungen und Gespräche 77

Magie der Natur s. La Motte-Fouqué, Caroline de 87
Margarethe s. Fischer, Auguste 56
Die Margarethenhöle s. Mereau, Sophie 116
Maria s. Liebeskind, Sophie Dorothea Margarete 103
Mariane Rosenthal s. Anhang A 177
Mariane von Terville s. Thon, Eleonore 158
Marianens Reisen und Schicksale s. Sprenger, Marianne 154
Marie Fürst s. Naubert, Benedikte 132
Marie Müller s. Ahlefeld, Charlotte von 26
Marie oder die Geheimnisse s. Lohmann, Friederike 106
Marie oder die Phantasie der Liebe s. Barthel, Marie 32
Mathurin s. Naubert, Benedikte 132
Mein Schreibetisch s. La Roche, Sophie von 95
Mein Taschenbuch s. Bürger, Elise 43
Meine (Amaliens) Freuden und Leiden als Jungfrau und Gattin s. Anhang B 179
Melanie, das Findelkind s. Unger, Helene 162
Melusinens Sommer-Abende s. La Roche, Sophie von 95
*Merckwürdiges und Wunderbahres Schicksahl ANTONII*** s. Curtius, Amalie (Lebensdaten) 47
Merkwürdige Begebenheiten der gräflichen Familie von Wallis s. Naubert, Benedikte 133
Minna's Feierstunden s. Wahl, Helmine 165
Miß Louise Fox s. Naubert, Benedikte 133
Mnemosyne s. Gersdorf, Charlotte Eleonore Wilhelmine von 62
Molly's Bekenntnisse s. Rave, Judith 146
Moralische Erzählungen s. La Roche, Sophie von 96 und 97
Moralische Erzählungen s. Ludwig, Sophie 112
Moralische Erzählungen im Geschmack Marmontel's s. La Roche, Sophie von: Molische Erzählungen 1783/1784 96
Moralische Erzählungen, Nachlese s. La Roche, Sophie von 97
Moralisches Lesebuch s. Steinwendler, Emma 154
Müssige Stunden eines Frauenzimmers s. Ehrmann, Marianne 52
Mütterlicher Rath für junge Mädchen s. La Roche, Sophie von 98
Mythologische Unterhaltungen s. Meynier, Luise 117

Nachricht von des berüchtigten Cagliostro Aufenthalte s. Recke, Elisa von der 147
Nachrichten aus dem Monde s. Keyserling, Charlotte Amalie und Heinrich Christian von 78
Nanny und Adelinde s. Haugwitz, Karoline Louise von 68
Natalie s. Tarnow, Fanny 156
Natalie Percy s. Paulus, Caroline 141
Natur, Roman und Empfindung s. Brockes, Frau von 39

Neue Erzählungen s. La Motte-Fouqué, Caroline de 87
Neue Reise durch England und Portugal s. Bernard, Ester: Briefe während meines Aufenthalts 35
Neue Volksmärchen der Deutschen s. Naubert, Benedikte 133
Neuere moralische Erzehlungen s. La Roche, Sophie von 98
Nicolaus Zriny s. Naubert, Benedikte (Lebensdaten) 119
Nina's Briefe an ihren Geliebten s. Ehrmann, Marianne 52
Novellen s. Krosigk, Ernestine von 81
Nützliche Unterhaltung für junge Mädchen s. Mayer, Julie 114

Obidah s. Katharina II. 78
Oeconomisch-moralischer Hausbedarf s. La Roche, Sophie von (Lebensdaten) 88
Olivier s. Pichler, Caroline 144
Ottilie s. Naubert, Benedikte 134

Pauline Frankini s. Naubert, Benedikte 134
Philippe von Geldern s. Naubert, Benedikte 134
Philosophie eines Weibs s. Ehrmann, Marianne 52
Prinz Bimbam s. Unger, Helene 162
Prinz Hassan s. Wallenrodt, Isabella von 170
Die Prinzessin von Cleves s. Mereau, Sophie 116
Prosaische Schriften s. Brun, Friederike 41

Der Regenstein s. Rave, Judith 146
Die reiche Anna s. Albrecht, Sophie: Trümmer der Vergangenheit, Bd. 3 29
Reise durch das südliche Frankreich ... und durch die Schweiz s. Brun, Friederike: Prosaische Schriften, Bd. 1 und 2 41
Reise einer Tante s. Bernhardi, Elisabeth Eleonore (Lebensdaten) 36
Reise eines jungen Frauenzimmers s. Rebenack, Caroline 146
Reise von Genf in das südliche Frankreich und nach Italien s. Brun, Friederike: Episoden aus Reisen ..., Bd. 3 40
Reise von Offenbach nach Weimar s. La Roche, Sophie von 98
Rodrich s. La Motte-Fouqué, Caroline de 87
Romantische Dichtungen aus der ältern christlichen Kirche s. Albrecht, Sophie 29
Romantische Erzählungen s. Mayer, Julie (Lebensdaten) 114
Romantische Scenen der Würklichkeit s. Gersdorf, Wilhelmine von 62
Rosalba s. Naubert, Benedikte 135
Rosalie und Cleberg s. La Roche, Sophie von 99
Rosalie und Nettchen s. Unger, Helene 163
Rosaliens Briefe s. La Roche, Sophie von 99
Rosamunde oder Die Pfänder der Treue s. Gensicke, Wilhelmine 60

Sam und Siuph oder die Rache s. Naubert, Benedikte: Alme oder Egyptische Mährchen, Teil 4 120, sowie dies.: Velleda 136
Sammlung der merkwürdigsten altdeutschen Geschichten s. Naubert, Benedikte 125, 127, 130, 138
Sammlung neuer Romane s. Mereau, Sophie: Die Margarethenhöle 116
Sammlung theils dialogisirter Geschichten s. Goldstein, Auguste von: Erzählungen und dramatisch bearbeitete Scenen 65
Sapho und Phaon s. Mereau, Sophie (Lebensdaten) 114
Schattenrisse abgeschiedener Stunden s. La Roche, Sophie von: Die Reise von Offenbach nach Weimar 98
Der Schatz in der Waldburg s. Feldhahn, Charlotte 54
Der Schein trügt. Ein Fragment s. Lohmann, Friederike: Weihestunden der Muse, Bd. 1 106
Schein und Wahrheit s. Bürger, Elise 44
Schmerz der Liebe s. Frohberg, Regina 59
Die schöne Mathilde s. Kühn, Friederike Henriette 83
Schönes Bild der Resignation s. La Roche, Sophie von 100
Die Schöpfung der Alpenrose s. Brun, Friederike: Gedichte sowie dies.: Prosaische Schriften, Bd. 2 41
Schreiben einer deutschen Gräfin und Dichterin s. Bandemer, Susanne von (Lebensdaten) 32
Schreiben einer Mutter s. Bandemer, Susanne von (Lebensdaten) 32
Das schwarze Haus in Weiß-Rußland s. Dapping 48
Der schwermüthige Jüngling s. La Roche, Sophie von 100
Seleniden s. Ludwig, Sophie 112
Sie war es dennoch s. Pichler, Caroline 144
Der Sieg der Natur s. Pradatsch, Babette 145
Sitten und Launen der Grossen s. Naubert, Benedikte 135
Sitten- und Landschaftsstudien von Neapel ... s. Brun, Friederike 42
Situationen, oder Geschichte Ottiliens s. Gersdorf, Wilhelmine von 62
Sommerstunden s. Berlepsch, Emilie von: Caledonia 35
Die sonderbare Burg des Ritter Renno s. Berger, Julie 34
Sophia oder die Folgen des Leichtsinns s. Berger, Julie 34
Sophie von Normann s. Ludecus, Karoline 108
Sophron und Problemimus s. Gensel, Charlotte (Lebensdaten) 60
Spanische und Italienische Novellen s. Mereau, Sophie 116
Der Steinbruch s. Lohmann, Friederike: Weihestunden der Muse, Bd. 2 106
Stender's Leben s. Recke, Elisa von der (Lebensdaten) 147
Die Stiefsöhne s. Ahlefeld, Charlotte von 26
Stolz und Liebe s. Goldstein, Auguste von 66
Die Stürme des Schicksals, oder der Verführer s. Kühn, Friederike Henriette 83

Tagebuch einer jungen Ehefrau s. Knab, Susanne Barbara 79
Tagebuch einer Reise durch die östliche, südliche und italienische Schweiz s. Brun, Friederike 42
Tagebuch einer Reise durch die Schweitz s. La Roche, Sophie von 100
Tagebuch einer Reise durch Holland und England s. La Roche, Sophie von 101
Tagebuch meiner ersten Reise s. Brun, Friederike 43
Tagebuch über Rom s. Brun, Friederike: Prosaische Schriften, Bd. 3 und 4 41
Taschenbuch für Frauen und Mädchen s. Bürger, Elise: Mein Taschenbuch 43
Theophrastus Gradmann s. Wallenrodt, Isabella von 171
Therese s. Ahlefeld, Charlotte von 26
Der Tod Leopolds II. s. Gersdorf, Wilhelmine von (Lebensdaten) 61
Das Todtengericht oder Geschichte der Pyramiden von Dsyse und Suchis oder der Isisschleyer s. Naubert, Benedikte: Alme oder Egyptische Mährchen, Teil 3 120
Der Traum und das Erwachen s. Goldstein, Auguste von 66
Trümmer der Vergangenheit s. Albrecht, Sophie 29
Turmalin und Lazerta s. Naubert, Benedikte 135

Ueber den Umgang der Weiber mit Männern s. Fischer, Auguste (Lebensdaten) 54
Über den Vesuv s. Giovane di Girasole, Juliana 64
Über die Bestimmung des Weibes zur höhern Geistesbildung s. Holst, Amalia 69
Über meinen Aufenthalt in Hannover s. Bürger, Elise 44
Ulrich Holzer s. Naubert, Benedikte 135
Ungewöhnliche Menschen in gewöhnlichen Begebenheiten s. Bernhardi, Elisabeth Eleonore 36
Unvergessenes s. Chézy, Helmina von (Lebensdaten) 45

Valerie s. Krüdener, Juliane von 82
Velleda s. Naubert, Benedikte 136
Verbildung und Leichtsinn s. Kühn, Friederike Henriette 83
Vermischte Erzählungen und Einfälle s. Unger, Helene 163
Die verwechselten Töchter s. Sagar, Maria Anna 151
Die vier Weltalter s. Giovane di Girasole, Juliana: Gesammelte Schriften 63
Vierzehn Tage in Paris s. Fischer, Auguste 57
Volksmährchen der Deutschen s. Naubert, Benedikte: Neue Volksmährchen 133

Die Wahl der Braut s. Kühn, Friederike Henriette (Lebensdaten) 82
Wahrheit aus Morgenträumen s. Brun, Friederike (Lebensdaten) 40
Waldblumen, in Tannenhains Thälern gesammelt s. Haugwitz, Karoline Louise von (Lebensdaten) 68
Waldone s. La Roche, Sophie von 101
Wallfahrten oder Erzählungen der Pilger s. Naubert, Benedikte 136
Walter von Montbarry s. Naubert, Benedikte 137

Walter von Stadion s. Naubert, Benedikte 137
Walther und Nanny s. Wolzogen, Caroline von 175
Wanderungen der Phantasie s. Naubert, Benedikte 137
Was fordert Pflicht und Vortheil der Deutschen? s. Wallenrodt, Isabella von (Lebensdaten) 166
Was ich geredet habe s. Möller, Wendula Hedwig 118
Das Weib ohne physische Liebe s. Eberhard, Wilhelmine 49
Der weibliche Eremitenblick auf das Theater der Welt s. Uthke, Sigismunde 163
Die Weihe der Jungfrau s. Huber, Therese 75
Weihestunden der Muse s. Lohmann, Friederike 106
Werner, Graf von Bernburg s. Naubert, Benedikte 138
Wie sich das fügt s. Wallenrodt, Isabella von 171
Das Wiedersehen im Kriege s. Lohmann, Friederike 107
Wilhelm Dümont s. Paulus, Caroline 141
Winterabende s. Lohmann, Friederike 107
Ein Wort zu seiner Zeit s. Bernhardi, Elisabeth Eleonore 37
Das Wunderbare Verlöbniß s. Berger, Julie 34
Wunderbilder und Träume s. Bernhardi, Sophie 38

Zerstreute Blätter s. Bandemer, Susanne von: Klara von Bourg 32
Zufällige Gedanken s. Bandemer, Susanne von (Lebensdaten) 31
Zum Andenken s. Möller, Wendula Hedwig 118
Zween Spaziergänge s. Löwenstein-Wertheim-Virneburg, Charlotte von 104
Die zwey Schwestern s. La Roche, Sophie von 101

NAMENVERWEISE

Aufgenommen sind alle Geburts- und Ehenamen sowie sämtliche Pseudonyma, letztere immer unter dem ersten Buchstaben, auch wenn es sich um einen Vornamen handelt (z. B.: Eleonore F. unter E; Eleutheria Holberg unter E). Nicht aufgenommen wurden Pseudonyma, die auf frühere Titel der jeweiligen Autorin verweisen („Verfasserin von ..."), es sei denn, der betreffende Titel ist nicht autoptisch erfaßt.

A. CL. s. Curtius
Adelheid s. Gründler
Amalie (von) Berg s. Ludecus
Amalie Clarus s. Curtius
Amalie von Obyrn s. Otto
Amalie von Sel(d)t s. Hülsen
Amalie Will s. Anhang B
Anhang-Zerbst-Dornburg
   s. Katharina II.
A. O. s. Otto
Arminia s. Haugwitz
Auguste s. Fischer

Baumann s. Feldhahn
Baumer s. Albrecht
Becker s. Froriep
Beulwitz, von s. Wolzogen
Bohlen, von s. Bandemer
Boysen s. Stroth
Bradatsch S. Pradatsch
Brauneck, von s. Krockow
Breitkopf s. Oehme
Brentano, Marianne s. Ehrmann
Brentano, Sophie s. Mereau
Briest, von s. La Motte-Fouqué

C. s. Ahlefeld
C. s. Carus
Cäcilie s. Ludecus
Cappel s. Anschel
Caroline Auguste s. Fischer
Chézy s. Klencke

Christiani s. Fischer
Clara s. Adelung
Czarnewsky s. Recke
Czartoryska s. Württemberg

von einer Dame s. Anschel
Demoiselle S*** s. Reclam
Dietz, von s. Krook
Domeier s. Bernard

Ei(c)kstädt, von s. Brockes
Eleonore F. s. Gersdorf
Eleutherie Holberg s. Paulus
Elisa, -e s. Recke
Elisabeth Selbig s. Ahlefeld
Elise von Hon a. Gensel
Emma s. Krosigk
Enck s. Lichtenau
Enkelin der Karschin s. Chézy

Ernestine s. Ahlefeld
Ernestine K. s. Krosigk

F. P. E. Richter s. Gersdorf
F. T. s. Tarnow
Fanny s. Tarnow
Fioraventi s. Kühn
Fölsch s. Goldstein
For(c)kel s. Liebeskind
Forster s. Huber
Fouqué s. La Motte-Fouqué
Fr. v. W. s. Wallenrodt

Franklin s. Bandemer
Frederici s. Mayer
Friedländer s. Frohberg
Frit(z)sche s. Ludwig

Gad s. Bernard
Gatterer s. Engelhard
Girasole s. Giovane di Girasole
Glycere s. Gersdorf
Göppel, von s. Krockow
Greiner, von s. Pichler
Grünier s. Pichler
Gutbier s. Baldinger
Gutermann s. La Roche
Gyllenband, von s. Keyserling

Häbler s. Lohmann
Hahn, Elise s. Bürger
Hahn, Sophie s. Albrecht
Harm(e)s, von s. Berlepsch
Hastfer, von s. Chézy
Hebenstreit, s. Naubert
Heinemann s. Rebenack
Helmina, -e s. Chézy
Hempel s. Klencke
Henriette Steinau s. Hübner
Hermann s. Hübner
Herold s. Otto
Herz s. Gensi(c)ke(n)
Heyne s. Huber
Hieronymi s. Pfranger
Holderieder s. Naubert
Honrodt, von s. Thielau
Hornemann s. Carus

Ion s. Günderrode

J. van der Hall s. Gersdorf
Jedermann s. Kühn
Jenny s. Thon
Julie Nordheim s. Mayer
Julie s. Engelhard
Justi, von s. Holst

Karoline Auguste s. Fischer
Karsch s. Klencke
Kaser s. Khaser
Klara s. Adelung
Klarfeld s. Brachmann
Klencke, von s. Chézy
Knorring, von s. Bernhardi, Sophie
Köhler s. Eberhard
Koppy, von s. Wallenrodt
Kotzebue s. Ludecus
Kretschmar s. Curtius
Krüger s. Krosigk

La Motte s. Knab
Lengefeld, Caroline von s. Wolzogen
Lengefeld, Charlotte von s. Schiller
Lenke s. Gründler
Lottchen s. Gründler
Luise B. s. Brachmann
Luise Berg s. Woltmann
Lynar, von s. Wartensleben

M. A. S. s. Sagar
Massow, von s. Riedesel
Medem, von s. Recke
Mendelssohn s. Schlegel
Meyer, Louise Juliane s. Mayer
Minna s. Gersdorf
Molly s. Rave
Mudersbach, von s. Giovane di Girasole
Müchler s. Woltmann
Münter s. Brun

Natalie s. Ahlefeld

Oppeln, von s. Berlepsch
Otterbein s. Dapping

P. Frederici s. Mayer
Packisch, von s. Uthke
Parasky s. Luther
Philogyn s. Bernhardi, Elisabeth
  Eleonore

Pilgerin nach dem Heimatlande
 s. Bürger
Platen, von s. Blumenthal

Radoschny s. Sagar
Rebeur s. Wobeser
Redwitz, von s. Giovane di Girasole
Rietz s. Lichtenau
Ritter s. Lohmann
Rochow, von s. La Motte-Fouqué
Röder s. Thon
Rohr, von s. Haugwitz
Roskoschny s. Sagar
Rothenburg, von s. Unger

S. A. s. Albrecht
S. L. R. s. La Roche
Sack s. Bamberger
Saling s. Frohberg
Salm, zu s. Löwenstein-Wertheim-
 Virneberg
Salomo s. Frohberg
Salzberger s. Hedwig
Sassen, von s. Anhang B
Scheither, von s. Rave
Schindler s. Pradatsch
Schubart, -bert s. Mereau
Schwarz s. Becker
Seebach, von s. Ahlefeld
Seraphine s. Mereau
Serena s. La Motte-Fouqué
Singer s. Wahl
Sophie s. Becker
Sophie Auguste s. Katharina II.
Spitznas, von s. Reitzenstein
Sternheim s. Brachmann
Sternheim s. Ehrmann
Stölzel s. Clodius
Stosch, Marie Henriette Charlotte
 s. Reclam
Stosch, Karoline s. Woltmann
Susanne v. B. s. Bandemer

Sylvandra, -y s. Chézy

Theodora s. Anschel
Theodora s. Bürger
Therese (H.) s. Huber
Thum s. Roth
Thyme s. Gensel
Thomson s. Tresenreuter
Tian s. Günderrode
Tieck s. Bernhardi, Sophie
Tochter der Karschin s. Klencke
Trosiener s. Schopenhauer
Truchses(s)-Waldburg s. Keyserling

Veit s. Schlegel
Venturini s. Fischer
Verfasserin ...
– der Briefe über weibliche Bildung
 s. La Motte-Fouqué
– der Erna s. Ahlefeld
– der Felicitas s. Ahlefeld
– der Geschichte Amaliens s. Ehrmann
– des Korally s. Anhang B
– der Pomona s. La Roche
– des Substitut des Behemot s. Wallenrodt
– Vietinghoff, von s. Krüdener

W. v. G. s. Gersdorf
W. v. Morgenstern s. Gersdorf
W. W. s. Gensi(c)ke(n)
Wallenheim s. Goldstein
Wallenrodt, Auguste von s. Goldstein
Wedekind, Sophie Dorothea Margarete
 s. Liebeskind
Wedekind, Marianne s. Reussing
Wenzel s. Neuenhagen
Werner s. Hollmann
Wilhelmine Willmar, -mer
 s. Gensi(c)ke(n)
Wölkern s. Mayer

MIX
Papier aus verantwortungsvollen Quellen
Paper from responsible sources
FSC® C105338

If you have any concerns about our products,
you can contact us on
ProductSafety@springernature.com

In case Publisher is established outside the EU,
the EU authorized representative is:
**Springer Nature Customer Service Center GmbH
Europaplatz 3, 69115 Heidelberg, Germany**

Printed by Libri Plureos GmbH
in Hamburg, Germany